# 新时代高校师德师风建设研究

张保同 ◎ 著

河北出版传媒集团
河北人民出版社
石家庄

图书在版编目（ＣＩＰ）数据

新时代高校师德师风建设研究 / 张保同著. -- 石家
庄：河北人民出版社，2022.7
ISBN 978-7-202-15881-4

Ⅰ.①新… Ⅱ.①张… Ⅲ.①高等学校－师德－研究
Ⅳ.①G645.16

中国版本图书馆CIP数据核字(2022)第136540号

| 书　　名 | 新时代高校师德师风建设研究 |
| --- | --- |
|  | XIN SHIDAI GAOXIAO SHIDE SHIFENG JIANSHE YANJIU |
| 著　　者 | 张保同 |
| 责任编辑 | 陈冠英 |
| 美术编辑 | 李　欣 |
| 封面设计 | 优盛文化 |
| 责任校对 | 余尚敏 |
| 出版发行 | 河北出版传媒集团　河北人民出版社 |
|  | （石家庄市友谊北大街330号） |
| 印　　刷 | 石家庄汇展印刷有限公司 |
| 开　　本 | 710 毫米 × 1000 毫米　　1/16 |
| 印　　张 | 14.5 |
| 字　　数 | 230 000 |
| 版　　次 | 2022 年 7 月第 1 版　　2022 年 7 月第 1 次印刷 |
| 书　　号 | ISBN 978-7-202-15881-4 |
| 定　　价 | 88.00 元 |

# 目 录

# 序 言

百年大计，教育为本；教育大计，教师为本；师德师风，为师之本。教师是人类最古老的职业之一，担负着传承文明、塑造心灵、培育人才的神圣使命和重要责任。从古到今，教师这一职业也在历史的滚滚长河中不断演化发展、迭代传承。在中国，教师又被尊称为"人民教师"，这更加突出了其使命的神圣性。师德是教师的政治思想、道德素养、心理素质、人格修养和知识才学的集中体现，是教师的立业之基、从教之要。职业的特点和特质决定了教师首先应该是一个道德高尚的人，是一个纯粹的人，是一个有奉献精神的人。好的教师必须是以德立身和以德施教的楷模，只有自己身上有正气，心中有大爱，才能让学生信赖和佩服。教师是学校进行教育工作的主体，也是学校精神文明建设的主体。

随着社会的不断发展和产业革命的不断演进，高校教师不仅应具备教学科研能力，还应不断提高自身的学识和修养，要以德立身、以德施教，真正成为学生学习上的良师、生活中的益友和人格上的楷模。高校教师的师德师风建设影响着学生的培养质量、成长与发展，关乎高校的形象、声誉以及高等教育事业的持续健康发展。高校教师队伍是高校提高人才培养质量的重要力量，加强师德师风建设是高校提高人才培养质量的重要举措。高校要坚持立德树人这个根本，大力加强师德师风建设，引导广大教师以德立身、以德立学、以德施教，成为先进思想文化的传播者、党执政的坚定支持者，更好地承担起学生健康成长指导者和引路人的责任。因此，如何加强高校师德师风建设就成为当前需要重点研究的问题，更是一所师范大学需要高度重视的一项极为重要的工作。

党的十八大以来，习近平总书记多次看望、慰问教师，就教师队伍建设发表重要讲话、作出重要指示，高度肯定教师的突出贡献，高度评价教师职业的特殊意义，同时对广大教师提出了殷切希望，向各级党委和政府提出了明确要求。于是，基于认识论、方法论、修养论、作用论等诸维度的一整套系统完整的尊师敬教思想得以形成，此为新时代的"新师说"，引领新时代教师队伍建设迈向新征程。从 2013 年至今的每一年教师节，习近平总书记都会通过不同形式表达对教师的敬意，就教师队伍发展提出重要言论。

2013 年 9 月 9 日，习近平向全国广大教师致慰问信，提出"三个牢固树立"的殷切希望。2014 年 9 月 9 日，习近平同北京师范大学师生代表座谈，提出好老师"四有标准"，引导教师做有理想信念、有道德情操、有扎实学识、有仁爱之心的党和人民满意的好老师，造就一支师德高尚、业务精湛、结构合理、充满活力的高素质专业化教师队伍。2015 年 9 月 9 日，习近平给"国培计划（2014）"北京师范大学（以下简称北师大）贵州研修班参训教师回信。2016 年 9 月 9 日，习近平在北京八一学校考察，向教师提出了做"四个引路人"的期望。2018 年 9 月 10 日，习近平出席全国教育大会并发表重要讲话，提出"九个坚持""六个下功夫"。2019 年 9 月 10 日，习近平会见全国教育系统先进集体和先进个人代表，向全国广大教师和教育工作者致以节日的问候。2020 年 9 月 9 日，习近平向全国广大教师和教育工作者致以节日的祝贺和诚挚慰问，希望广大教师不忘立德树人初心，牢记为党育人、为国育才的使命，积极探索新时代的教育教学方法，不断提升教书育人的本领，为培养德智体美劳全面发展的社会主义建设者和接班人作出新的更大贡献。2021 年 9 月 8 日，在第三十七个教师节来临之际，习近平给全国高校黄大年式教师团队代表回信，并向全国广大教师致以节日的祝贺和诚挚的祝福。同时，强调好老师要做到学为人师，行为世范，立德修身，潜心治学，开拓创新，真正把为学、为事、为人统一起来，当好学生成长的引路人，为培养德智体美劳全面发展的社会主义建设者和接班人、全面建设社会主义现代化国家不断作出新贡献。这些重要论述饱含了习近平总书记对教师队伍的殷殷嘱托，充分体现了其对师德师风建设的高度关注。

作为以培养教师为主要任务的高等学府，河北师范大学党委高度重视师德师风建设工作，坚持以习近平新时代中国特色社会主义思想为指导，坚决贯彻落实党中央、省委及校党委的决策部署，持续聚焦立德树人根本任务，完善师德师风建设的组织领导，把师德师风建设当作教师队伍建设的首要工作，建立上下贯通、全员覆盖的教师工作体系，引导广大教师争做"四有"好老师、当好"四个引路人"，努力建立起以制度建设为统领，集教育、宣传、考核、监督、奖惩"五位一体"的师德师风建设制度体系和有效的师德师风建设长效机制。学校成立了师德建设委员会，党委书记、校长任主任，分管人事工作的副校长任副主任，各相关职能处室负责人为成员，专门负责落实国家和学校关于师德师风建设的有关规定，研究决定师德师风建设工作的重大事项。学校成立党委教师工作部，统筹开展师德师风建设工作，对师德师风建设工作进行研究、规划和部署；加强对师德师风建设的宣传力度，将师德师风宣传融入学校日常宣传工作中，持之以恒，常抓不懈；出台系列制度，构建完整制度体系，同时搭建行之有效、多种形式的师德师风监督举报平台。学校在校园网建立了师德投诉举报平台和教师资格监督举报平台，加强警示教育，把师德教育纳入"党风廉政宣传月"和"周四党员学习日"中，引导教师时刻自重、自省、自警、自励。学校还组织教师节表彰、从教三十年慰问、荣休仪式、送生日祝福等活动，旨为增强教师的职业荣誉感。

河北师范大学将进一步贯彻习近平总书记关于教育的重要论述，特别是关于教师工作的重要指示批示精神，紧紧围绕学校"高水平综合性师范大学"的办学目标，以师德师风建设为先导和基石，努力建设一支政治素质过硬、业务能力精湛、育人水平高超的高素质教师队伍。同时，充分尊重教师的主体地位，注重宣传教育、示范引领、实践养成相统一，政策保障、制度规范、法律约束相衔接，建立教育、宣传、考核、监督与奖惩相结合的师德建设工作机制，引导广大教师自尊、自律、自强，做学生敬仰爱戴的品行之师、学问之师，做社会主义道德的示范者、诚信风尚的引领者、公平正义的维护者，以优良的师风带动教风，促进学风，优化校风，为培养中国特色社会主义事业的合格建设者和可靠接班人作出新贡献。

2022年金秋时节，河北师范大学即将迎来建校120周年校庆。谨以此书作为河北师范大学百廿校庆的一份纪念。

是为序。

编者

2022 年 2 月 20 日

# 第一章　新时代师德师风建设的时代需求

## 第一节　落实立德树人根本任务的内在需要

学生是教育的对象。从一定意义上讲，教育是为了学生而存在的。在当今社会，尽管有不少人认为现代人的教育是一个特别困难的问题，但是几乎所有的国家都认为，教育问题是人类社会最重要的问题。因此，无论时代如何变化，学生的健康成长都离不开教师的辛勤培养。教师师德建设是促进学生健康成长的必然要求。

第一，学生未成熟性的特点决定。

教师与学生在人格上是平等的，但人格上的平等并不妨碍教师教育学生。事实上，教师在学生的成长中可起到别人难以起到的积极作用。这一方面缘于教师的职业角色，但更重要的是教师所面对的教育对象是一群正在长大的青少年。换言之，教育之所以可能，乃是由学生的未成熟性特点所决定的。

首先，学生的未成熟性源自人的未完成性。人的未完成性包括自然属性和社会属性两大方面。就自然属性而言，人是一个自然的生命体，与其他生物相比，人天生是软弱的；就生理成熟而言，人的成长有个过程，不仅不能拔苗助长，更不可能一蹴而就。从某种意义上讲，"人永远不会变成一个成人，他的生存是个无止境的完善过程与学习过程。人和其他生物的不同点主要在于他的未完成性。事实上，他必须在他所处的环境中不断学习那些自然和本能所没有赋予他的生存技术。为了求生存和求发展，他不得不继续学习"①。就社会属性而论，人不仅仅是自然的人，还是在现实社会关系中生活的人。诚如马克思所说："人的本质不是单个人所固有的抽象物，在其现实性上，它是一切社会关系的总和。"② 这也是人之为人、人与其他动物根本区别之所在。人在成长过程中会受外在社会文化环境的制约和影响；人离开了社会、离开了社会关系就不再是人了，狼孩就是一个很好的例子。人生的价值在于奉献，而非索取。人是有需求的，不仅有物质方面的需求，而且有精神方面的需求。而精神需求并非生来就有或自然而成，是需要教育和引导的。总之，人是未完成而需要不断完善的存在，人来到世界上，为的是完成自身完善的使命。"个人的整个一生只不过是使他自己诞生的过程。"③

其次，学生的未成熟性决定了人的受教育性。夸美纽斯说得好："凡生而为人者都有受教育的必要。"④ 康德也认为："人只有靠教育才能成人。人完全是教育的结果。"⑤ 中国古代也有"玉不琢，不成器。人不学，不知义"的教育思想。这些都充分说明，人有接受教育的必要。有必要是否有可能？答案也是肯定的。学生的未成熟性决定了他的可教育性。人的未完成性虽然使人具有先天的缺陷，"是所有动物中最无能的，但是这种生物学意义上的软弱性正是人之力量的基础，也是人所独有的特性之发展的基本原因"⑥。它使得"人类并不是一个已经不再发展的固定的族类，不像动物是不可改变的"⑦，而是存在无限发展的可能性。教育作为培养人的社会实践活动，正是使学生由未成熟走向成熟的重要手段和途径。

在现代社会里，越来越需要教师为培养学生的判断力和责任感作出贡献。对美国教育制度进行研究后提出尖锐批评的查尔斯·斯伯曼认为，"以任务为方向，专为工作而设计"的美国教育之所以失败，缺少"能够指导并使学生

① 联合国教科文组织国际教育发展委员会：《学会生存——教育世界的今天和明天》，教育科学出版社 1996 年版，第 196-197 页。
② 中共中央马克思恩格斯列宁斯大林著作编译局：《马克思恩格斯文集（第 1 卷）》：人民出版社 2009 年版，第 505 页。
③ 第斯多惠：《德国教师培养指南》，袁一安译，人民教育出版社 2001 年版，第 505 页。
④ 夸美纽斯：《大教学论》，人民教育出版社 1979 年版，第 40 页．
⑤ 康德：《康德教育论》，商务印书馆 1926 年版，第 5 页。
⑥ 弗洛姆：《为自己的人》，孙依依译，生活·读书·新知三联书店 1988 年版第 5 页．
⑦ 雅斯贝尔斯：《什么是教育》，邹进译，生活·读书·新知三联书店 1991 年版第 64 页。

走上有个人创造性、有目的与意义的道路"这样的"目的性"是重要原因之一。①

第二，学生向师性的特点决定。

学生是教师工作的对象，是教师工作的起点，也是整个教育工作的落脚点。好的教育应该起到好的作用。这是由学生的向师性特点决定的。向师性是学生的本质属性，也是教育教学取得良好效果非常重要的前提和基础。现代教育心理学研究表明，学生具有天然的向师性，就像花草树木趋向阳光那样趋向教师。学生具有仿效教师的天性，仿效教师是学生学习最重要和最有效的途径。一位深受学生喜爱的教师往往能够成为学生最直接的榜样，进而影响学生的思想和行为，甚至一生，原因即在于此。

所谓向师性，通俗地讲，就是学生从幼儿园到小学，从小学到中学，从中学到大学再到研究生阶段，都有趋向、接近甚至模仿教师的心理倾向。这是一种非常重要、非常神奇而又非常普遍的心理现象。向师性表现在学生身上，其一就是学生感，即"因为我是一个学生，所以要学习，要听老师的话"。俗话说："存在决定意识。"一般来说，学生都会有这种比较神奇的心理属性。不难设想，如果学生没有向师性和学生感，教育教学工作通常难以开展，就是开展了也难以取得好的效果。其二就是学生都希望有一个好老师。这个"希望"表明教师对学生太重要了。因为学生的大部分生活是在教师的影响下，甚至是在教师的支配下进行的。学生在学校里能不能过得好，能不能学得好，能不能非常愉快、健康地成长，都跟教师有密切的关系，所以他们热切期待有个好老师。其三就是学生希望得到教师的关注甚至偏爱。俗话说，"亲其师"，才能"信其道"。年龄越小的孩子，其向师性越强。幼小阶段的孩子常常对教师有一种特殊的信赖感。在他们心目中，教师的形象是异常高大的，知识是渊博的，品德是高尚的。许多在家里令家长束手无策的"小皇帝""小公主"，一旦到了学校，往往都成了教师的"忠实信徒"。"老师就是这么说的"，常常成为他们进行争辩的一个最有杀伤力的武器，成为他们为人处世的"不二法则"。当然，随着年龄的增长、阅历的丰富，将教师神化的现象会有所减少甚至慢慢地消失。但神化现象的减少甚至消失并不意味着向师性的消失。遗憾的是，在现实的学校生活中，学生讨厌、憎恨教师，

① 布勒、埃伦：《人本主义心理学导论》，陈宝铠译，华夏出版社1990年版，第106页。

上课打瞌睡、吵闹、看小说或逃课，否定教师及教师的劳动等现象并不鲜见。导致向师性缺失现象出现的原因多种多样，如与部分教师师表不彰、素质不高、教育精神及人格力量缺乏是有密切关系的。

第三，由教师重要他人的角色所决定。

重要他人（signifcant others）是心理学和社会学都很关注的一个重要概念。关于这个概念的提出，有人认为最初是由美国社会学家米尔斯（C.W.Mills）提出的，也有人认为是研究精神病学的美国心理学家哈里·斯塔克·沙利文（Harry Stack Sulivan）于1953年最早提出的。当然，对本研究来说，是谁最早提出这个概念并不重要，重要的是这个概念带给我们的重要启示。

所谓重要他人，主要指在个体社会化以及心理人格形成过程中具有重要影响的具体人物。重要他人可能是家庭中的父母长辈、兄弟姐妹，也可能是学校里的教师、同学，或者团体中的知心朋友，还可能是萍水相逢的路人或素不相识的他人。重要他人一般分为互动性重要他人和偶像性重要他人两大类。互动性重要他人，主要是指在个体日常交往过程中对其影响较大的重要人物。偶像性重要他人，主要是指在个体成长过程中对其影响较大的偶像式的重要人物。尽管平时我们可能不会刻意地去关注重要他人这个概念，但其作为一种重要的社会和心理现象，确实是客观存在的。有人形象地说，在一个人的成长过程中，同发育时期的钙和鱼肝油会进入骨骼一样，重要他人的影子会自然而然地进入儿童的心理年轮。重要他人说过的话、做过的事，他们的喜怒哀乐和行为方式，常常会因一种近乎魔法的力量，种植在我们心灵最隐秘的地方，进而生根发芽。当回首往事的时候，我们常常会发现，自己刻意要记住的事情和人物，很可能湮没在岁月的灰烬中，但某些特定的人和事却挥之不去，影响我们的一生。事实上，我们的某些性格和反应模式，由于重要他人的影响，而被打上了深深的烙印。重要他人的出现往往受个体年龄阶段的影响，一般而言，父母在早期占优势，然后是教师和同辈群体。

很显然，教师是青少年儿童成长过程中不可忽略的重要他人。

其一，教师是引领青少年儿童成长的精神偶像。"在教育青年不仅满怀信心去迎接未来，而且以坚定和负责任的方式亲自建设未来方面，教师的贡献是至关重要的。"教师作为变革的因素，在促进相互理解和宽容方面，其作用的重要性从未像现在这样不容置疑。狭隘的民族主义应让位于普遍主义，种族和文化偏见应让位于宽容、理解和多元化，一个由某些人拥有特权的不公社会，应被以知识技术型人才为主导的社会所取代。这一变革迫切需要赋予教师以巨大职责，他们要为培养新一代人的性格和精神作出贡献。这事关重大，它把人的童年和一生中所得到的精神价值置于首要地位。

其二，教师是引导青少年儿童健康成长的重要榜样。"教师的巨大力量在于做出榜样。"虽然"知识可以各种方式获取，而且远距离教学和在教学方面使用新技术已表明卓有成效。但是，对于全部学生，尤其是尚未掌握思考和学习方法的学生而言，教师仍是无法取代的"[①]。实践告诉我们，要想用自己健全而独特的人格魅力来影响和教育学生，引领青少年儿童健康成长，教师首先应该是一个师德高尚、充满独特人格魅力的人。"爱学生"是教师人格的灵魂，也是师德的核心。苏霍姆林斯基说："一个好教师意味着什么？首先意味着他热爱孩子，感到跟孩子交往是一种乐趣，相信每个孩子都能成为一个好人，善于跟他们交朋友，关心孩子的快乐和悲伤，了解孩子的心灵，时刻都不忘记自己也曾是个孩子。"[②] 教师要以爱动其心，以爱导其行，为学生提供一个心理安全的环境，为学生营造一个和谐的教育氛围。所有学生，无论是智商高的还是智商低的，无论是家庭条件好的还是家庭条件差的，无论是听话的还是调皮捣蛋的，都十分需要教师的爱。教师的爱与尊重是照亮学生心灵窗户的盏盏蜡烛。美好的人生是为爱所唤起并为知识所引导的。

其三，教师的人格风范是青少年儿童健康成长不可或缺的因素。应该承认，在社会转型期，教师队伍中的确出现了令人不齿的不良和犯罪现象，但这并非教师队伍的主流，以黄大年、李保国、张桂梅等一批杰出人物为代表的教师队伍，总体上是值得肯定的。他们行善助学、勇挑重担的高尚情怀，忠诚教育、关爱学生的职业操守，务实工作、追求卓越的敬业精神，激励着广大教师以教书育人为己任，忠诚教育，热爱学生，爱岗敬业，无私奉献，真正起到了学生健康成长过程中重要他人的积极作用。

---

① 联合国教科文组织国际 21 世纪教育委员会.《教育：财富蕴藏其中》[EB/OL].(2008-10-13)
② 苏霍姆林斯基：《给教师的一百条建议》，杜殿坤编译，教育科学出版社1984年版，第81页。

# 第二节 实现教师主体发展的自我需要

教师与学生，作为教育学范畴中的一对概念，犹如一枚硬币的正反面，可以说没有教师就没有学生，同样没有学生也就无所谓教师。孔子说："学然后知不足。"这说明学习对于人来说很重要。可是，人该向谁学，又该如何学呢？按照孔子的说法，那就是"三人行，必有我师焉。择其善者而从之，其不善者而改之"。当然，这是广义上的"师"，与我们这里所说的作为一项专门职业的教师还是有区别的。所谓职业，是指人们从事的负有特定社会责任、具有专门业务技能、以获得物质报酬作为主要生活来源的工作，它是人们社会地位、经济收入、生活方式的一般性表征。作为一项古老的职业，在社会相对封闭、发展相对缓慢的时代，教师因为得道、学业、成熟在先，"传道、授业、解惑"便成了其不言自明的重要职能，也是其之所以能够为师的重要原因。但是在历史的车轮已经进入 21 世纪的今天，师生平等、教学相长的理念已经深入人心，成为时代的一大风景。教师要想成为学生学习方面的良师益友，就需要不断提高自身的职业素养，丰富和完善自身的素质。可见，教师师德的构建，不仅是社会发展的需要，是促进学生成长的需要，而且是教师实现自我完善的需要，是教师不断丰富和完善自身素质的重要方面。

第一，职业精神完善的需要。

教书育人是教师的天职。要履行好教书育人的工作职责，教师必须有正确的价值观做指导，因为教师自身的价值观不仅直接影响其治学态度和教学行为，而且会潜移默化地影响受教育者的价值判断和价值选择。要想实现我国教育事业改革发展战略目标，就必须建设一支师德高尚、业务精湛、结构合理、充满活力的高素质专业化教师队伍。师德高尚是高素质专业化教师队伍发展的前提和基础。随着时代的发展和科技的进步，社会对教师职业的要求越来越高。所谓新型教师，更加强调的是教师的专业化问题。从教师专业发展的角度讲，作为现代教师，不仅要有从事教育教学活动的能力，能够创造性地改进教育教学工作，而且要有崇高的教育理想和执着的教育信念，这是其摆脱"教书匠"困惑、平凡工作得以升华、变得更富有价值的关键所在。

现在不少教师的人生观和价值观都偏离了正确的方向，很多人想的都是回报、荣耀和待遇，却没想到本职工作，没想到工作之外应该做什么。这与教师的专业发展是格格不入的。特别是在文化多样、价值多元的社会大背景下，受拜金主义、享乐主义、极端个人主义的影响，在现实生活中，一些教师已不能进行科学的价值判断、价值选择和价值追求，出现价值观偏离甚至混乱的现象。在这样的大背景下，主张或提倡加强对教师师德的引导无疑是十分重要的。但仅有外界的教育引导是不够的，还必须从促进教师专业发展的角度出发，引导教师自觉建构和践行教师师德师风建设。教师，与其说是一种职业，不如说是一种事业。它要求教师具有崇高的社会责任感、民族精神，将培育国家所需人才作为自己的神圣使命和重要职责，将培育合格的社会公民作为自己的工作目的，为整个民族素质的提高，为人类文明的进步作出自己应有的贡献。无数事实证明，教师只有具有立德树人的伦理精神与教育追求，才会把全部身心都奉献给教育事业，才会用更高的理性自觉和百倍的热情，去努力钻研专业发展与教学实践，克服专业发展中碰到的种种困难，最终品尝作为教师的专业幸福，更好地促进自身的专业发展。

第二，和谐身心发展的需要。

培育和践行社会主义核心价值观，是我们党从全面建设小康社会、开创中国特色社会主义事业新局面的全局出发明确提出的战略任务。从建设和谐社会的角度来说，主要包括五大方面：一是个人自身的和谐；二是人与人之间的和谐；三是社会各系统、各阶层之间的和谐；四是个人、社会与自然之间的和谐；五是整个国家与外部世界的和谐。由此不难看出，个人自身的和谐乃是其他四个方面和谐的前提和基础。近年来，媒体报道过多起校园里发生的恶性刑事案件。案件发生后，对其产生的原因和如何化解这样的问题，有识之士从不同层面、不同角度进行了深刻剖析和探寻，也提出了不少富有启发性的对策和建议。但美中不足的是，从教师心理健康对学生心理健康影响的角度进行分析的不多，事实上，这也是其不容忽视的重要原因之一。众所周知，心理健康是对教师的基本要求，也是教师应具备的基本素质。教师的职业特点决定教师必须具备健康的心理素质。教师的心理健康不仅直接影响教育教学工作的效果，而且影响学生的身心健康。日常生活经验和有关研究均表明，教师心理健康水平与学生心理健康水平成正比。一般而言，只有心理健康的教师才能培养出心理健康的学生。

那么，现在教师的心理健康状况到底如何呢？中国中小学生心理健康课题组曾对国内中小学教师的心理进行了检测，结果表明，约五成教师存在心理障碍，比如说自卑心理严重、嫉妒情绪突出、焦虑水平偏高等。这一结果比目前我国正常人群心理障碍发生率高出一倍还多。有学者通过研究认为，教师的心理问题表现为四大症状：一是生理—心理症状，主要表现为抑郁，精神不振，对学生漠然、冷淡，焦虑，对外界担心和过分忧虑，有说不出原因的不安感，无法入睡；一些人表现为不关心身边的事情，但是对以后可能发生的事却忍不住担忧，还常常表现为身体症状。二是人际关系症状，如有些教师在与他人的交往中沉溺于倾诉自己的不满，没有耐心听取他人的劝告和建议，拒绝从另一个角度看问题；有的教师则表现出攻击性行为，包括冲家人发脾气、体罚学生等。三是职业行为症状，如逐渐对学生失去爱心和耐心，并开始疏远学生；备课不认真甚至不备课，教学中缺乏新意，讲课乏味；对教学中出现的问题小题大做，出现过激反应，处理方法简单粗暴，甚至体罚、打骂学生；有的教师则缺乏责任感，对学生中出现的问题不及时处理，听之任之。四是教师出现职业倦怠现象。教师心理不健康受害最大的无疑是学生。现在大家都说青少年儿童的心理问题很多，其中非常重要的一个原因就是教师心理不健康。教师毕竟不是生活在真空中。作为社会人，他们也有自己的七情六欲。尤其是在这个带有"火车加速拐弯"特征的社会转型期，教师面对的现实问题非常多，如教学任务重、升学压力大、工作超负荷等，因此身心健康方面的问题越来越多。特别是由于教师的"社会代表者"角色，社会对其抱有的期望、提出的要求历来较高。

虽然教师对所要传授的社会主流文化有时并不一定接受和赞同，但社会代表者的角色不允许他们发表与社会主流文化不一致的言论，所谓"学术研究无禁区，课堂教学有纪律"说的就是这个意思。诚如有学者所说，"社会代表者这一角色的基本特征是'社会规范性'。它'迫使'教师不仅必须向学生示明何谓符合社会要求的文化，而且其自身首先就必须成为这些特定文化的范型，以保证对学生进行有效的文化引导与文化熏陶。诚然，教师也是活生生的人，有其自身的各种需要与认识，当这些需要与认识同社会要求相抵触时，教师自然很难认同并乐意占有与社会要求相符合的文化。但是，即便在这种情况下，教师常常也只能隐匿自己的需要与认识，仍然要求学生学习符合社会要求的文化"①。可见教师出现心理问题的原因很多，既与当前社会变化的冲击、市场经济带来的压力有关，也与社会、家庭、学校对考试升学率的片面重视及有关教育体制政策的不合理有关，还与教师的教育信念、职业理想不够坚定甚至不会自我调节等自身素质有关。因此，从教师自身来说，培养良好的师德，关爱学生，严谨笃学，淡泊名利，自尊自律，乐于奉献，调适自我，对于和谐身心健康，促进学生发展都是极为重要的。

第三，实现人生价值的需要。

人是一种价值性的存在，这是人与动物最明显的区别所在。很显然，个体的生活都是在其价值观的指导下进行的，因为"人在生活的各个方面都有价值观念，不是这样的价值观念，就是那样的价值观念，总会有一种价值观念为人所把握，总会有价值观念为他解释生活的意义"。世界著名管理大师彼得·德鲁克在《个人的管理》中用他自己的经历作了最好的阐述。他说："多年以前，我也必须在自己擅长与成功的方面和自己的价值观之间做出取舍。20世纪30年代中期，我在伦敦作为年轻的投资银行家干得极其出色，这份工作显然适合我的长处。但是，我并不认为自己当一名普通的资产管理人是在作贡献。我明白自己的价值观，而且无意成为公募里的首富。在当时的大萧条时期，我既缺钱又没有工作，前途渺茫。"②所谓人生价值，通常包括自我价值和社会价值两个方面。前者表现为社会对个人需要的尊重和满足，后者则表现为个人对社会和他人的责任和贡献。当然，认识是多种多样的，人所追求和所要实现的价值也是多种多样的，要求不同的人都要实现同样的人生价值是不切实际的，也是完全没有必要的。一般意义上，我们更看重的人生价值主要是指社会价值，亦即个人对社会和他人的责任和贡献。"在平等主义社会中，领袖并不施加强制的力量，对于那些善做社会尊敬之事的人来说，自我满足即是主要的报酬"③，这里的"自我满足"其实指的就是人生的社会价值的一种实现。中国传统的价值观主要是以社会本位为主的价值观，所谓"修身、齐家、治国、平天下"，强调的是将个人的价值目标与家国命运联系在一起，崇尚高远理想、鸿鹄之志，强调舍生取义、杀身成仁。改革开放以来，尽管对个人自由、个性发展和个体利益的尊重超过了历史上的任何时期，

---

① 吴康宁：《教育社会学》，人民教育出版社1998年版，第204页。

② 德鲁克：《个人的管理》，沈国华译，上海财经大学出版社2003年版，第3页。

③ 墨菲：《文化与社会人类学引论》，王卓君、吕迺基译，商务印书馆1991年版，第205页。

而且人们对自我的关切也较之以往任何时期都更为强烈，但是整个社会所提倡和鼓励的主流价值观，与那种极端的个人主义显然是水火不容、格格不入的。其实，即便是在以个人本位为主的西方社会，他们同样认为人是社会的人，个人的生存与发展不可能脱离社会和他人，个人价值的实现也是通过服务社会而得到检验和体现的。比如，莎士比亚认为，无论一个人的天赋如何优异，外表或内心如何美好，也必须在他德性的光辉照耀到他人身上发生了热力，再由感受他的热力的人把那热力反射到自己身上的时候，才能体会到他本身的价值。世界著名物理学家爱因斯坦也认为，人只有献身于社会，才能找出那实际上是短暂而有风险的生命的意义。由此可见，人生在世，个体应该对自己的人生价值有一个准确的定位。需求层次论的提出者、美国人本主义心理学家马斯洛认为，人生有五种需要，像阶梯一样从低到高、按层次逐级递升，分别为生理的需要、安全的需要、情感和归属的需要、尊重的需要和自我实现的需要。"自我实现的需要"是其中最高层次的需要。所谓自我实现，是指个体努力发掘自己的潜力，使自己逐步成为自己所期望的人物。

教师是世界上组织最严密的职业之一，也是一个需要奉献、讲究奉献的职业。这是由教师职业的特殊性所决定的，而这种特殊性又与教师作为"社会代言人"这种特殊的职业角色密切相关。师德是教师职业的灵魂，教书是教师职业的主要表征，育人是教师职业的根本目的之所在。作为教师，教书不仅是其谋生的重要手段，而且是其实现人生价值的主要载体。教书与育人，两者应是有机统一、不可分割的整体，缺一不可。知识要靠知识来传授，人格需要人格来熏陶，道德要由道德来养成。为人必须立德，这是人之为人的根本。教师尤须立德，因为教师不仅是科学知识的传播者和创造者、教育改革创新的倡导者和实践者、良好社会风气的引领者和带动者，而且是学生健康成长路上的指导者和引路者。作为"社会代言人"，在人类历史的沧桑流变中，教师始终承担着承前启后、传承文明、教化万民的重任。立德树人、教书育人，不仅是教师职业应该肩负的神圣使命，更是教师职业区别于其他职业最重要的表征。师者，范也。汉唐以后，国人将"师"与"天、地、君、亲"并列，不仅是对教师深厚学养和高尚人格的高度尊崇，而且从某种意义上讲更是寄托了人们对教师这个群体的无限厚望，期望教师能够成为社会良知的代表、社会良俗的助推器、社会公正的代言人。教师能否成为社会良知的代表、社会良俗的助推器、社会公正的代言人，正是衡量教师群体师德的试金石。教师劳动作为一项塑造人、培养人的伟大工程，实质是一项具有示范性的、复杂的、艰苦的、长周期性的、需要创造精神和协作精神的劳动。教师人生价值实现的路径，主要体现在教书育人的劳动过程之中。应该说，目前教师队伍的整体素质是好的，但是也存在不少突出问题：教师讥讽、歧视、侮辱学生，体罚和变相体罚学生的行为时有发生；科研工作中弄虚作假、抄袭剽窃等违背学术规范，侵占他人劳动成果的学术不端行为常有所闻；招生、考试等工作中的不正之风和违纪违法行为屡禁不止；道德失范、败坏教师声誉的失德行为仍然存在。这些问题虽然不是主流，但其危害性极大，影响极其恶劣。特别是面对理想和信仰越来越现实化和功利化的现代社会，面对"范跑跑"事件所反映出的师德堕落和社会基本道德价值观念模糊的窘境，面对"躲避崇高""追求时尚""崇尚消解"的年轻一代，教师要想引领学生成长，实现自己的人生价值，就必然离不开师德的指引。换言之，当代教师师德建设，是教师实现人生价值的需要。在思想道德方面，诚如有些学者所说，作为教师，要注意向学生学习，做到五个"不要以为"，即"不要以为年长者在思想道德方面一定高于年幼者；不要以为教师在思想道德方面一定高于学生；不要以为学历高者在思想道德方面一定高于学历低者；不要以为社会地位高者在思想道德方面一定高于社会地位低者；不要以为从事道德教育者在思想道德方面一定高于非从事道德教育者"[①]。教师的社会角色决定了其有责任、有义务为未成年人的健康成长创造良好的环境和条件。

## 第三节　促进社会快速发展的现实需要

历史发展的车轮走到今天，关于时代发展的特点，不同学者、不同流派已有诸多表述，但这并不妨碍我们对时代发展特点有自己的看法。当今时代是一个工具理性占绝对主导的时代，价值理性不仅显得软弱无力，而且似乎也是可有可无的。放眼全球，可谓物质主义甚嚣尘上、功利主义盛极一时。在这种大的社会背景下，个人感性欲望无限膨胀，对物质和"他者"的无限占有几乎达到了前所未有的程度。"什么是幸福？""人为什么要活着？""我

---

① 班华：《确立社会主义荣辱观重在道德践行》，《南京师大学报（社会科学版）》，2006 年第 3 期。

从哪里来？将要到哪里去？"对于这些看似简单却绵延至今的古老话题，人们不仅没有一个明晰的答案，而且显得越发迷茫。究其根源，在于人们的价值观出了问题。从某种意义上讲，诚如马斯洛所说，我们正处在一个旧价值观体系已经陷入困境而新的价值观体系尚未完全确立的断裂时代。重构价值观无可避免地成为当今时代难以回避且必须加以解决的重大问题。教育是一个国家最根本的事业，是一个国家发展的基石，它影响乃至决定一个国家和民族的未来。教师又是教育事业发展的基础，是推动社会发展和进步不可或缺的重要力量。可见，构建当代教师核心价值观，培育教师良好师德，不仅是促进学生成长和教师自我完善的需要，更是社会发展的必然要求。

第一，加强教师队伍建设，推进教育事业科学发展的需要。

其一，推动经济发展及社会进步必须重视教育。世界越是发展，教育的重要性就越发明显。毋庸讳言，随着人口的增加、环境的恶化、资源的枯竭，特别是价值观念的冲突，当今世界国家之间竞争的激烈程度可以说超越了历史上的任何时代。这种竞争表面上看是科技的竞争、人才的竞争，实际上是教育的竞争。因为教育是培养人才和提高人的素质的关键之所在。1979年诺贝尔经济学奖获得者、美国著名经济学家舒尔茨在《教育的经济价值》中指出，教育和知识的进步是经济发展的主要源泉，而教育作为经济发展源泉，其作用远远超过被看作实际价值的建筑物、设施、库存物等物力资本。尽管科学技术是第一生产力的观念已深入人心，但是科学技术能否变成现实生产力，关键还在于这种技术能否为生产力中最活跃的因素——劳动者所掌握。现代化的核心是人的现代化。"现代科学技术的长足发展以及随之而来的生产方式的变化，特别要求人们能欣然接受和迅速适应生活方式的改变，成为头脑中沸腾着创造和革新思想的人。现代化机构和制度鼓励工作人员努力进取，讲求办事效率，积极、主动地承担责任，严格遵守操作规程和纪律。一言以蔽之，那些先进的现代制度要获得成功，取得预期的效果，必须依赖运用它们的人的现代人格、现代品质。无论哪个国家，只有人民从心理、态度和行为上，都能与各种现代形式的经济发展同步，相互配合，这个国家的现代化才能够真正得以实现。"[①] 正因如此，世界各国对教育的重视也可以说是前所未有的。换言之，重视教育是当今世界各国应对激烈竞争的重要法宝。

---

① 英格尔斯：《人的现代化》，殷陆君译，四川人民出版社1985年版，第15页。

　　教育是民族振兴、社会进步的基石，是提高国民素质、促进人的全面发展的根本途径。强国必先强教。新中国成立以来，党和国家始终高度重视教育。经过七十多年，特别是改革开放四十余年的不懈努力，开辟了中国特色社会主义教育发展道路，建成了世界最大规模的教育体系，保障了亿万人民群众接受教育的权利，取得了举世瞩目的伟大成就。我国教育事业不断发展，极大地提高了国民素质，有力推进了科技创新和文化繁荣，推动我国实现了从人口大国向人力资源大国的转变，为我国经济社会发展作出了不可替代的重大贡献。科教兴国和人才强国作为基本国策已经深入人心。兴国必先兴教。把教育放在改善民生和加强社会建设之首，不仅体现了党和国家对教育的高度重视，而且是党和国家对教育在改善民生和加强社会建设中的重要性认识的体现。其实，关于教育的重要作用，联合国教科文组织国际 21 世纪教育委员会早在《教育——财富蕴藏其中》报告中谈到，必须正视现有的已成为 21 世纪问题之焦点的主要紧张关系，以便更好地予以消除。同时关于教育，其给予了高度评价："教育的使命是多么崇高啊！它需要根据每个人的传统和信仰，在充分尊重多元化的情况下，促使每个人将其思想和精神境界提高到普遍行为模式和在某种程度上超越自我的高度。"当然，"教育并不是能打开实现所有上述理想之门的'万能钥匙'，也不是'芝麻开门'之类的秘诀，但它的确是一种促进更和谐、更可靠的人类发展的重要手段，人类可借其减少贫困、排斥、不理解、压迫、战争等现象"。[①]

　　其二，推进教育事业科学发展必须加强教师队伍建设。教师是教育事业发展的基础，是提高教育质量、办好人民满意教育的关键。兴教必重师。党的十九大报告明确指出，要"加强师德师风建设，培养高素质教师队伍"。党和国家历来高度重视教师队伍建设。改革开放以来，各地区、各有关部门采取一系列政策措施，大力推进教师队伍建设，取得显著成绩。但是也要看到，与教育事业科学发展的要求相比，当前我国教师队伍的整体素质有待进一步提高，队伍结构不尽合理，教师管理体制机制不尽完善，农村教师职业吸引力不够高等问题依然存在。正因如此，为深入实施科教兴国战略和人才强国战略，进一步加强教师队伍建设，2018 年，中共中央、国务院下发了《关于全面深化新时代教师队伍建设改革的意见》。这是十九大之后中共中央下发

---

[①] 联合国教科文组织总部：《教育——财富蕴藏其中》，联合国教科文组织总部中文科译，教育科学出版社 1996 年版，第 4-5 页。

的第一份关于新时代教育事业发展的文件，是一个指引加快教育现代化、建设教育强国、办好人民满意教育的文件，是一个开启新征程的文件。文件系统回答了新时代教师队伍建设面临的重大理论和实践问题，对新时代教师队伍建设改革发展面临的重大问题作出了系统部署，是新时代教师队伍建设改革的纲领性文件。

其三，加强教师队伍建设必须重视师德培育。做人德为先。自古以来，崇德敬业就是中华民族的优良传统。我们衡量和评价一个人，非常重要的前提和标准就是一个"德"字。所以，在德才关系上，我们历来提倡德才兼备。"有德有才是正品，有德无才是次品，无德无才是废品，无德有才是毒品"的"四品"说，在一定意义上是对德才关系的形象描述，也是对崇德传统的精辟概括。被历代封建王朝尊奉为"至圣先师""万世师表"的孔子，作为我国历史上伟大的教育家，他不仅把毕生精力几乎全部奉献给了教育事业，而且在为人师表方面所表现出的种种师德风范亦为后人所称道，甚至奉为圭臬。从他所说的"弟子入则孝，出则悌，谨而信，泛爱众，而亲仁，行有余力，则以学文"（《论语·学而》）这句话中不难看出，做人首先要学会孝、悌、仁，也就是学会修德，其次才是学习文化。陶行知先生说得更是直白："因为道德是做人的根本。根本一坏，纵然你有一些学问和本领，也无甚用处。"可见，德之于人之重要。

教师是培养人的职业，教育是培养人的事业。正因如此，党和国家历来高度重视教师队伍建设，不仅注重教师业务能力的提高，而且特别注重师德水平的提高，要求广大教师学为人师、行为世范，做到师德高尚、具有良好的职业道德素养，切实增强教书育人的荣誉感和责任感，"把立德树人作为教育的根本任务，培养德智体美劳全面发展的社会主义建设者和接班人"。这既是新时期党和国家对教师队伍素质的殷切期望和根本要求，也是以"教书育人"为己任的广大教师的应有追求。可以说，高素质专业化教师队伍建设的成效，不仅表现在教师业务精湛上，而且表现在教师师德高尚上。师德是教师专业发展的内在维度与应有之义，更是教师职业的灵魂所在，是衡量教师专业水平高低的重要标准与内容。教师专业发展过程首先是师德提升过程。教师职业的"教育性"决定了教师专业发展必须永远把师德建设和师德完善当作重要前提，这既是教师与其他职业的本质区别，也是教师应该引以为豪的工作属性。师德作为教师专业伦理的核心，理应成为教师队伍建设的重中之重。

第二，践行社会主义核心价值观，促进文化大发展大繁荣的需要。

社会主义核心价值体系是指在中国整体社会价值体系中居于核心地位、发挥着主导作用的价值体系。社会主义核心价值观是社会主义核心价值体系基本理念的最深层的精神内核，直接反映社会主义核心价值体系的本质规定性，贯穿于社会主义核心价值体系基本内容始终。"倡导富强、民主、文明、和谐，倡导自由、平等、公正、法治，倡导爱国、敬业、诚信、友善，积极培育和践行社会主义核心价值观。"党的十八大报告的这一表述，分别从国家、社会、公民三个层面，对什么是社会主义核心价值观作了最新概括。其不仅明确提出了反映现阶段全国人民"最大公约数"的社会主义核心价值观，而且明确指出了社会主义核心价值观的基本理念和具体内容，对于推进社会主义核心价值体系建设，用社会主义核心价值体系引领社会思潮、凝聚社会共识，具有强大的感召力、凝聚力和引导力，其重要的理论意义和实践意义不言而喻。社会主义核心价值体系重在建设，社会主义核心价值观重在践行。

社会主义核心价值观命题的提出，是对社会主义核心价值体系研究的进一步深化和对社会主义核心价值体系建设的进一步具体化。一个发展稳定、有序的正常社会，必然有着共同的社会价值观。这一价值观往往会成为社会中人人遵从的"规则"，衡量是与非的"尺度"，鉴别好与坏的"标准"。它不仅在时时评价着社会，而且也在事事丈量着社会中每个人的"良心"。

教师师德建设是社会主义核心价值体系的重要组成部分，是社会主义核心价值观在教师这一群体中的具体化，是受社会主义核心价值观支配、决定和制约的。当前，在经济社会高速发展的过程中，在社会成员的价值取向呈现出多元、复杂特点的背景下，各行业、各系统、各领域都在围绕社会主义核心价值体系，总结提炼具有本地本行业特色的、社会广泛认可的核心价值观，并通过凝神聚气来践行社会主义核心价值观。在社会主义核心价值体系建设过程中，作为以传授知识为职业，以传承文明为己任的教师，应当有其体现教师职业特点的核心价值观。教师作为一种职业群体，总体上是好的，而"春蚕到死丝方尽，蜡炬成灰泪始干"这种燃烧自己照亮别人的精神，正是对教师群体价值实现的最好颂扬。但随着社会的发展与进步，人们对教师的要求和期望越来越高，且教师队伍中出现的一些不良甚至违法现象所造成的负面影响也不容忽视，这就要求与时俱进地进行教师师德建设，以便更好地发挥其对教师群体的引领和示范作用。可见，提升当代教师师德，意义深远而重大，不仅是建设社会主义核心价值体系的需要，而且是践行社会主义核心价值观的需要。

其实，提升当代教师师德，也是促进社会主义先进文化建设的需要。党的十七届六中全会将加强社会主义核心价值体系建设放在了统领文化大发展大繁荣全局的地位。社会主义先进文化，就是中国特色社会主义文化。它是凝聚和激励全国各族人民的重要力量，是综合国力的重要标志。党的十八大从全面建成小康社会，提高国家文化软实力、实现中华民族伟大复兴的战略高度，不仅明确发出了建设社会主义文化强国，推动社会主义文化大发展大繁荣，兴起社会主义文化建设新高潮的动员令，而且就如何建设社会主义文化强国和建设什么样的文化强国提出了基本方略，即"必须走中国特色社会主义文化发展道路，坚持为人民服务、为社会主义服务的方向，坚持百花齐放、百家争鸣的方针，坚持贴近实际、贴近生活、贴近群众的原则，推动社会主义精神文明和物质文明全面发展，建设面向现代化、面向世界、面向未来的，民族的科学的大众的社会主义文化"。

文化软实力是综合国力的重要标志。当今世界，文化与经济、政治相互交融，与科技的结合日益紧密，在综合国力竞争中的地位和作用日益突出，所以文化软实力逐步成为衡量一个国家综合实力的重要尺度。在复杂的国际环境中，要想赢得国际竞争，不仅需要强大的经济实力、科技实力和国防实力，而且需要强大的文化实力。改革开放四十多年来，我国不仅在经济社会发展方面取得了令人瞩目的伟大成就，而且在增强文化整体实力和竞争力方面也取得了明显进步。文化的凝聚力在显著增强、影响力在不断扩大，因而涌现出了一批弘扬主旋律、体现多样化、记录民族复兴足音、反映社会前进步伐、讴歌时代精神的优秀文化作品。但是，也应该看到，与建设社会主义文化强国、实现中华民族伟大复兴的要求相比，在加强社会主义先进文化建设方面还有许多工作要做。一是我们所面对发达资本主义国家经济、科技占优势的压力和西方意识形态的渗透将长期存在的现状并没有根本改变。美国依据其强大的物质实力，目前仍然控制着世界 75% 的电视节目和 60% 以上的广播节目的生产和制作。在许多国家的电视节目中，美国节目占比高达 60%，有的甚至占到 80%。二是封建社会、半殖民地半封建社会遗留的腐朽思想仍有相当影响。三是市场经济改革一方面顺应了中国传统的道德观，另一方面与社会主义市场经济体制相适应的新的道德观的建立需要一个漫长的过程。

早在改革开放之初，邓小平同志针对重视物质文明建设而轻视精神文明建设的现象，就明确提出了"重视一手抓物质文明建设，一手抓精神文明建设。坚持两手抓，两手都要硬"的著名论断。如何在以经济建设为中心的前提下，使物质文明建设和精神文明建设相互促进、协调发展，防止和克服一手硬、一手软；如何在深化改革、建立社会主义市场经济体制的条件下，形成有利于社会主义现代化建设的共同理想、价值观念和道德规范，防止和遏制腐朽思想和丑恶现象的滋长蔓延；如何在扩大对外开放、迎接世界新科技革命的情况下，吸收外国优秀文明成果，弘扬祖国传统文化精华，防止和消除文化垃圾的传播，抵御敌对势力对我国"分化"的图谋，这是在新形势下加强社会主义先进文化建设必须注意并须认真解决好的三大历史性课题。

第三，振兴中华，实现中华民族伟大复兴之"中国梦"的需要。

中华民族是勤劳智慧的民族，中华文明源远流长，曾经为世界的进步和发展作出过杰出的贡献。我国不仅有举世公认的四大发明，而且从公元1000年开始，我国国内生产总值一直占到世界的五分之一以上。然而，中华民族又是多灾多难的民族，特别是近代以来，在西方列强坚船利炮的威逼之下，割地、赔款等一系列不平等条约的签订，使得中华民族蒙受了前所未有的奇耻大辱。也正因如此，发愤图强、振兴中华成了近代中国的鲜明主题，无数中华儿女为之不懈奋斗。最终，中华人民共和国的成立宣告"中国人民从此站起来了"。

进入21世纪，尤其是十八大以来，党的新一代领导集体提出的"中国梦"引起了国内外广泛关注，国际舆论整体反应积极，但也存在一些需要我们高度重视的地方。比如，"威胁论"者认为，"中国梦"就是要恢复中华帝国的历史荣光，因而"中国梦"是"别国的梦魇"。如果说这不是别有用心，那也是一种极大的误解。中华民族历来就是爱好和平、崇尚和睦、追求和谐的民族，"和为贵""和而不同""强不执弱""富不侮贫"的民族精神，充分说明"和"的思想贯穿中华文化的整个发展进程，已经深深融入中华民族的血脉。中华人民共和国成立以来，在对外交往中，我们始终主张国家不分大小、一律平等，始终坚持相互尊重、平等相待，力求达到和谐相处、互利共赢。改革开放四十多年来，中国已融入汹涌澎湃的经济全球化浪潮，无论是政治、经济、文化还是安全，都越来越紧密地与世界联系在一起。构建和谐社会，实现"中国梦"，需要有一个和平稳定的国际环境。"中国梦"的实现，不仅不会给世界和平带来危害，还会在新时代为世界和平与发展作出重大贡献。在国际冲突频发、纷争不断的今天，走和平发展道路，致力于建设一个持久和平、共同繁荣的和谐世界，是世界各国人民的共同愿望，也是人类发展的必然要求。

当今世界的竞争是综合国力的竞争，但归根结底是民族素质的竞争。教育对提高人民思想道德素质和科学文化素质、发展科学技术、培养人才具有基础性作用。教师是知识的传播者、智慧的启发者，是精神的熏陶者、人格的影响者和道德的体现者。《中华人民共和国教师法》在总则中指出："教师是履行教育教学职责的专业人员，承担教书育人，培养社会主义事业建设者和接班人，提高民族素质的使命。教师应当忠诚于人民的教育事业。"实现国家富强、民族振兴、人民幸福是"中国梦"的精神实质之所在。教师的思想政治素质和职业道德水平直接关系到亿万青少年的健康成长，关系到国家的前途命运和民族的未来。作为教师，不仅要有强烈的职业光荣感、历史使命感和社会责任感，以培育优秀人才、发展先进文化和推动社会进步为己任，而且要勇于站在时代的前列，努力成为为人民服务践履笃行的典范。教师要志存高远，爱岗敬业，忠于职守，乐于奉献，自觉地履行教书育人的神圣职责，以高尚的情操引导学生全面发展。教师要正确处理个人与社会的关系，反对拜金主义、享乐主义和极端个人主义，把本职工作、个人理想与祖国的繁荣富强紧密联系在一起。教师通过文化知识传播对受教育者价值观进行引导是渗透性、弥散性的，是春风化雨、润物无声的。可见，开展当代教师师德建设对于教师自觉遵守国家教育法律法规，脚踏实地做好教书育人工作，为振兴中华、实现中国梦而培养出祖国和人民需要的栋梁之材具有十分重要的意义。

总之，开展当代教师师德建设活动，不仅是教师履行教书育人职责、引领青少年儿童健康成长的需要，是教师完善专业精神、和谐身心发展、实现人生价值的需要，还是推进教育事业科学发展、践行社会主义核心价值观、实现中华民族伟大复兴之"中国梦"的需要。其不仅具有重要的理论意义，而且具有极强的实践价值。

# 第二章　中国师德思想体系的历史考察

教师职业道德是从教者必备的基本职业素养，是为人师者安身立命的基础。教师职业道德是一个古老而常新的课题，从古到今历来受到人们的重视。

中国有悠久的教育发展历史，有丰富的师德思想体系。中国传统教师职业道德是随着教育的产生和发展而产生和发展起来的。继承和发扬中国传统教师职业道德的优秀成果，是当前教师职业道德建设的一个重要内容。本章着重研究中国师德思想体系的历史发展，主要包括古代师德思想的萌生、近现代师德思想的变化、中华人民共和国成立后师德思想的发展以及十八大以来师德思想的全面振兴四部分内容。

## 第一节　古代师德思想的萌生

在有着"礼仪之邦"之称的中国，历代教育家都十分重视师德修养，因此我国也就形成了较为完整的师德思想体系。中国古代教师师德思想是我国珍贵的文化遗产。自教师成为一门职业以来，对教师师德修养的要求越来越高，而这些要求又慢慢转化为了师德思想理论，对我国的师德建设具有十分重要的指导意义。中华民族古代教育大师辈出，本节对中国古代师德思想的典型代表：儒、道、法三家的师德观、董仲舒的"明师"观以及朱熹的师德观——进行论述，这些思想值得我们去研究、借鉴和吸收，为新时代的师德建设提供借鉴。

## 一、儒家的师德观

第一，师德有道，唯道为师。一名优秀的教师要有正确的价值观，使学生的价值不断得到提升。孔子认为，教育要做到"君子学以致其道"。他在总结自己的执教生涯时，自悟到"吾道一以贯之"，坚持把"道"贯穿教学的方方面面。孟子认为，为师者要"行天下之正道"，具备道德和知识等基本条件。

第二，以身为教，言传身教。孔子在书中说道："其身正，不令而行；其身不正，虽令不从。""不能正其身，如正人何？"他认为要想使学生"正"，须师者自身"正"。孟子认为，师之言行不正，难以教人，"师者必以正"。

第三，师道尊严，自重为师。《礼记·学记》中多次提到教师应享有较高的政治地位和社会地位，如"师严然后道尊，道尊然后民知敬学""三王四代唯其师"，但教师也要自爱自重，师为人范，让自己值得社会的尊重。

第四，教学相长，不耻下问。教师与学生构成教学的主体，师生应相互学习、共同进步。孔子在《论语·述而》中提出的"三人行，必有我师"，以及在《论语·公冶长》中提出的"不耻下问"，其本质正是凸显师生间平等的交流与谦诚的互相学习心态，从而真正实现教学相长。荀子提出教学相长，甚至认为教育就是要使学生超过教师，"青，取之于蓝而青于蓝；冰，水为之，而寒于水"。

第五，学而不厌，温故知新。孔子认为，为师者要"学而不厌，诲人不倦"，同时认为教师应该具备知识创新的基本能力，"温故而知新，可以为师矣"。孟子认为："学不厌，智也；教不倦，仁也。仁且智，夫子既圣矣。"

第六，因材施教，循循善诱。孔子可以说是最早实行因材施教的教育家。朱熹说："夫子教人，各因其材。"孔子实行因材施教通常关注学生特点，具体从德、才两个方面观察学生，不仅仅看学生的知识水平和接受能力，还根据学生的不同特点确定不同的教学内容和进度。与因材施教相联系的就是循循善诱，颜渊称赞孔子"循循然善诱人"，表明孔子善于根据教学内容的客观顺序，同时考虑到学生的接受能力，一步一步地进行诱导，使学生能够由浅入深、由近及远，有步骤地学习，越学越有兴趣，"既竭吾才，欲罢不能"。

第七，热爱学生，关心学生。孔子是热爱学生的典范，他听到弟子颜回去世的消息时，十分伤心，《论语·先进》描述道："噫！天丧予！天丧予！"

别人劝他，他说我不为学生悲痛还能为谁悲痛呢？他虽没有从理论上系统地论述师生关系，但却以实际行动为后世教师树立了伟大榜样。孟子把"得天下英才而教育之"作为人生一大乐事。荀子强调教师在热爱学生的同时，还应该对学生严格要求。如果教师对于学生的关心很真切，学生就会感到教师的严格要求正是对自己高度负责的表现，特别是当学生学有所得，日后有所成就时，就会由衷地感激自己的老师。他在《荀子·致士》中指出："水深而回，树落则粪本，弟子通利则思师。"

## 二、道家的师德观

第一，淡泊名利，自然本性。道家创始人老子认为，"道"是宇宙万物运行的规律，也是德育观的重要原则，"万物莫不尊道而贵德"。庄子认为，为师者要保持人的自然本性，忌讳"人为物役"，应该有"独与天地精神往来，而不敖倪于万物"的师德境界。

第二，致虚守静，见素抱朴。老子从"无为"的教育目的出发，提出"致虚""守静"的教学原则，呼吁为师者要保护学生的真善本性，张扬个体独立不羁的生命意识，回归自然本真状态的理想人格，倡导"见素抱朴"的德育思想。

第三，天道无亲，万物平等。老子提倡民主平等思想，"天道无亲，常与善人"。他认为，为师者应该遵循"天道"，真诚、平等地对待每一位学生，教师应具备博大的胸怀和气度，尊重学生，调动他们的积极性和创造性来办好教育。

## 三、法家的师德观

第一，以法施教，教育中突出法的强制力。商鞅认为，"法令者，民之命也，为治之本也""言不中法者，不听也"；韩非明确主张"不务德而务法"。法家提倡以法教代替一切其他方式的教育，对其师德观的发展产生了不利影响。

第二，重视耕战，为现实选拔和培养人才。商鞅重视在实际斗争中锻炼和增长人们的才干，为师者要结合耕战施教，培养农战之士；韩非认为，为师之道就在于为国家的现实服务，不能培养不懂耕种、不懂攻战、对国富民强无用的人。

### 四、董仲舒的"明师"观

第一，置明师，以养天下之士。董仲舒为汉朝制定的教育宗旨是"独尊儒术"。而要实现这一宗旨，需要广大教师向学生灌输儒家思想，培养更多的儒家学士，并把他们安置到国家的各个职能部门中，担任各级官吏，为汉王朝实现大一统的战略目标服务。他在给汉武帝的奏章中指出，"兴太学，置明师，以养天下之士"。董仲舒在《举贤良对策》中说："故养士之大者，莫大乎太学。太学者，贤士之所关也，教化之本原也。"这句话包括两个相辅相成的办学宗旨：一是养士育才；二是推广教化。汉武帝采纳了董仲舒的建议，在太学中设"五经"博士，还让"五经"博士招收弟子，传授儒家之道。弟子们各自随从儒经博士成为儒术人才而从政为官，从而培养了汉王朝所需要的统治人才。

第二，"圣化"之功。董仲舒所提倡的"圣化"之功，相当于今天我们所说的教师的教学艺术。董仲舒根据自己治学的经验，总结出一套教学方法，可以视为他的"圣化"之功，即要使学生了解读书的目的是通经致用，不是为读书而读书；读书的具体方法是明义和博节适度；学习态度上要专心致志和持之以恒；要言传身教；要因材施教；用弟子"久次相授业"的教育传授方法。

第三，善为师者，既美其道，又慎其行。一个优秀的教师，只具备过硬的业务本领还不够，还要具有较高的职业道德修养，按照董仲舒的说法就是"既美其道，又慎其行"（《春秋繁露·玉杯第二》），这样才能称得上是一位"明师"。"明师"的职业道德修养主要表现为"美道慎行""仁智结合""积习渐靡，贵微重始"。

第四，"明师"先"明道"。董仲舒心目中的"明师"就是能够通经致用的儒师或儒学博士。他要求这些"明师"要对学生勤加考问，充分发挥他们的才能，以便培养治国安邦的儒学英才。董仲舒认为，"明师"要具备诸多道德教育与修养之方，且首先要"明道"，就是对道德要有明确的认知，并能发挥自身的自觉行为。他所要求的理想人物，就是要合乎"正其谊不谋其利，明其道不计其功"的标准，即强调道德而反对功利。

第五，"明师"要"重志"。"重志"就是要注重道德意志的培养与修炼。董仲舒提出，教师的立志也是非常重要的。他在《春秋繁露·玉杯第二》中说："《春秋》之论事，莫重于志……礼之所重者，在其志。"这就强调了立志在道德修养培养过程中的重要作用，即只有具备远大的志向，才能找到努力的方向，类似于《大学》中讲的"知止而后有定"思想，有利于提升自身的道德品质。

第六，"明师"应"明德"。教师劳动的示范性要求教师以身作则，为人师表，而要做到这一点，教师需要加强自身的道德修养。教师个人良好道德品质的形成非一日之功，需要一个过程。这就要求教师从日常细微处做起，通过长期坚持，日积月累，逐渐实现道德修养发展目标。董仲舒曾在《天道施》中说道："积习渐靡……常然若性，不可不察也。"因此，要加强自身修养培养，就要注重平时的"积习渐靡"，虽短期可能察觉不到这种细微的变化，但通过"众少成多，积小致巨""累善累德"，久而久之就会达到"积善在身，犹长日加益，而人不知也"的道德修养境界，最终形成良好的道德品质。

### 五、朱熹的师德观

第一，敬业爱生，潜心人才培养。朱熹认为，敬业的人在对待事业上能做到诚心专一、勤奋努力。"敬则万理俱在""敬则天理常明""敬字工夫，乃圣门第一义，彻头彻尾，不可顷刻间断"。程颢和程颐也认为，"敬，为学之大要"。教师要真心诚意、专心致志地开展教育活动，处处为受教者做榜样和示范。教师的举手投足、一言一行，是任何书本和制度都不能替代的教育力量。朱熹白天为政，晚上在书院讲学，尽管身心疲惫，但他"随问而答，略无倦色。多训以切己务实，毋厌卑近而慕高远。恳恻至到，闻者感动"。除了敬业乐业、以身作则、树立榜样之外，发自内心地热爱学生、融入学生生活也是优秀师德的重要内容。

第二，诚实求新，潜心学术研究。大多数古代教育家将"诚信"视为书院和教师安身立命的重要道德信条，"诚"指内心真诚，"信"则指恪守信用。朱熹说："读书无疑者，须教有疑，有疑者，却要无疑，到这里方是长进。"中国古代书院的大师们不断探求，以开拓创新的精神严谨治学，逐渐完善学术体系，从而深刻地影响了当时和后世的思想潮流。

第三，知行合一，明辨笃行。"知和行"在中国古代书院中是重要的道德命题。朱熹认为："论先后，知为先，论轻重，行为重。"王阳明提出著名的

"知行合一"学说，在"致良知"中强调"行"，即"实践"的重要性，认为这是道德得以内化所必经的过程。古代各书院在加强道德实践方面高度重视日常修养，逐渐形成了成熟的观点和做法。明代胡居仁在白鹿洞书院执教时提出，师生要"博学之、审问之、慎思之、明辨之、笃行之"，倡导学以致用，身体力行，精进而不断思辨和推敲。在"知行合一"的道德观的指引下，中国古代书院形成了将祭祀、读书、讲学、出游等融为一体的全方位道德培养体系。

第四，学而不厌，诲人不倦。教师要传授知识，培养学生知、情、意、行，这就要求教师自身必须具备广博的知识、丰富的文化修养、健全高尚的人格。具备这样的条件，再加上"诲人不倦"的精神，就能成为一个热爱学生、献身教育的优秀教师。朱熹主张教师要博学多能，有健全高尚的人格，因为名师才能出高徒。他在《朱子语录》中指出："博学谓天地万物之理，修己治人之方，皆所当学。"如何才能使教师博学多能和具有健全高尚的人格呢？朱熹在《观书有感》中做了形象的回答："半亩方塘一鉴开，天光云影共徘徊。问渠哪得清如许？为有源头活水来。"半亩方塘，清澈如镜，天光云影尽映其中，就在于有源源不断活水流来。教师只有不断学习更新知识，不断提升人格修养，才能教好学生，所以朱熹结合自己的教育体会尖锐地提出："温故又要知新，唯温故而不知新，故不足以为人师。"这说明一个教师要从多问、多见、多积中求得广博知识，这样才能成为博学多能、有健全高尚人格、为学生信服的师长。

## 第二节　近现代师德思想的变化

中国近现代也涌现出一批重要的教育家，像蔡元培、陶行知、胡适、徐特立等教育家不仅拥有丰富的西学知识，骨子里还继承了中华民族优秀传统文化中的师德观。尽管近代教育家以不同视角论述师德观，但是其中也有很多共同特征，值得我们去研究和借鉴。

## 一、蔡元培的师德观

第一，树立健全的人格。在蔡元培看来，身为教师必须具备完整的人格特征，即教师首先是人，而且要是人格健全的人。健全的人格主要包括有智慧、有道德、有立场等内容。有智慧。"教员者，启学生之知识者也。须有充分之知识，足以应儿童之请益与模范而不匮"，意思是对各科的知识必须做到融会贯通，同时多看参考书，切不可将文理隔开。有道德。教员是"学生之模范"。蔡元培极为看重学生的道德教育，要求教师具备过硬的道德。蔡元培所提出的这种过硬的道德，即法兰西革命所揭示出来的"自由、平等、仁爱"。有立场。在有智慧、有道德的基础上，要立场坚定，养成"独立不惧之精神"。

第二，养成学问家之精神。教师应"以学术为惟一之目的"。蔡元培认为"教育家最重要的责任就在于创造文化"，教师"不仅仅要授课，还要不放过一切有利于自己研究的机会"。蔡元培强调大学是纯粹研究学问之机关，万万不可将大学看作"养成资格"和"贩卖知识"的地方，而且教师一定要有"研究学问之兴趣，尤当养成学问家之人格"。因此，聘请教员，"不但求有学问的，还要求于学问上很有研究的兴趣，并能引起学生的研究兴趣的"。

第三，更新知识体系。"科学的研究与发明，瞬息千里。十年前所发明的定律，现在或许要根本推翻，或许要重新估值"，这就需要"教师不只是教，不只是研究教学的方法，还得要继续不断地研究所教的学科，以及所教的有关的学科；组织最新的学理，应用最有效的方法，使学生对于各科获得具体的概念，从而作进一步的研习"。因此，蔡元培倡导新的教育理念和教育方式，认为教师应该从根本上杜绝保守习气，对所教科目应该抱有积极性和主动性。

第四，关注教育对象。在教学中，蔡元培认为"学而不教"这种现象应该引起教师的注意。所谓"学而不教者"，是指"肯研究学问而不谙教学方法的教师"。蔡元培希望：肯努力研究学问的教师，不但要研究所教学科，钻研自身业务，还要研究教学方法，在教学中充分关注受教育的对象，这就需要教师做到"深知儿童身心发达之程序"，就此选择"种种适当之方法以助之"。教师不可"以自己的意思，压到学生身上""处处要使学生自动"，最好是"使学生自己去研究"，直到学生"实在不能用自己的力量了解功课时"，教师再去帮助他们；教师应该"发现一种方法"，既能"使国民内包的个性发达"，又能"使外延的社会与国家之共同性发达"。

第五，教学做合一。蔡元培明确提出"教学做是应当合一的"。与欧美教育新法相比，中国古代教授之法中"中国社会教育很少"，并且"学校与社会不能联络"。在具体的各门学科的教学中，教师"要透彻教科书所载""为将来实际应用起见，不可不多看参考书，多用思索，务使彻底明了，有举一隅而反三隅之能力"；要讲实证，因为"书本子的学问，总属有限，为求彻底明了起见，必要随时实验"；"至于与国家有最直接之关系者，尤在普通之体育与特殊之军事训练，尤望诸君能认真练习也"。

## 二、陶行知的师德观

第一，教师要有爱国情怀。"教育没有独立的生命，它以民族的生命为生命。"陶行知从理性的高度阐述了教育对于民族存亡和国家发展的重大意义，并基于此提出了教师之于民族、之于国家、之于社会所应该扮演的理想角色，并将改造社会、实现民主的极大期望寄托于教师。陶行知认为教育是立国的根本，是人民解放、民族解放、人类解放的武器，是国家万年根本大计。在民族危难的时刻，他企图用教育改变人民的命运；在最需要教育的时候，他可以不顾功与名，放弃大学教授的岗位，脚踏实地地做农村基层教育工作。陶行知指出，不管是现在的乡村教师还是未来的乡村教师，内心深处都应该有一个理想的、不同于原有社会的"新社会"，并且一定要通过教育将原有社会当中的"恶习惯"和"坏事情"彻底革除。每一位教师都应该自觉树立这样的意识——但凡国家有一块没有开化出来的土地或者有一个未受到教育的人民，都是由于教师没有尽到应尽的责任。

第二，教师要热爱学生。"爱满天下"是陶行知奉行一生的格言，在其教育理念中，教师教育学生要凭借"爱力"而不是"武力"。爱是一种巨大的力量，教育从爱里产生，教师只有真心诚意爱护学生，愿意为他们奉献一切，才能教好学生。热爱学生既是教师人格的灵魂，又是师德的核心内容。热爱学生，就要尊重学生。作为教师，对待学生不能抱有成见，不以家庭门第高低、个人好恶等区别对待学生。有特殊才能的儿童因家贫而不能获得充分发展，是陶行知眼里一件"非常可惜的事"，在他看来，"不管学生有什么缺憾，只要有特殊才能，我们都应该加以特殊之培养"。热爱学生，就要严格要求学生。教师既要在上课时对学生负责，又要在休息时间进行指导，只有这样才能"使学生不致在休息时间做出恶事"；既要关注表现好的学生，又要关心犯过错误的学生；既要关注学生知识的学习，又要关注学生品德的培养。热爱学生，就要保护学生的创造性。陶行知曾告诫教师，"你的教鞭下有瓦特，你的冷眼中有牛顿，你的讥笑中有爱迪生"。好的教育者，要善于发现学生的兴趣和爱好，尽力为学生创造条件和发展可能。热爱学生，就要发扬民主。教师要与学生"共学、共事、共修养"，在师生之间形成民主、平等的关系。

第三，教师要律己求真。陶行知集言教、身教于一身，并强调身教重于言教，他主张教师应当以身作则、严于律己，要求学生做的事情、学的知识、遵守的规矩，教师也须"躬亲共守"，教师的一举一动、一言一行，都应修养到不愧为人师的地步。在育才学校主持工作时，陶行知提出"千教万教教人求真，千学万学学做真人"。因此，教师要教人求真，首先自身就要敢于追求真理，敢于讲真话、做真人，否则就"不配教人、不能教人"。"追求真理做真人"这七个字，可以让人终身受用无穷。"求真"需要创新精神和开辟精神：富有创新精神，就是要"敢探未发明的新理"，不辞辛苦，不怕疲倦，不惧障碍，一心探寻教育的奥妙；富有开辟精神，就是要"敢入未开化的边疆"，勇担责任，做边疆教育的先锋。

第四，教师应做到以身作则。陶行知认为教师应当以身作则，努力提升自身素质，做一个德才兼备的人，如此可使所教学生青出于蓝而胜于蓝。陶行知说："要想学生好学，必须先生好学，惟有学而不厌的先生才能教出学而不厌的学生。"这句话是说什么样的教师就能教出什么样的学生。一个有责任心、将学生培养成才的教师必须要有高尚的师德，且其一举一动、一言一行，都要修养到不愧为人师的地步。一个希望教出好学生的教师必会从自身做起，做好表率，所谓"教人者，必先教己""要人敬的必先自敬""要学生做的事，教职员躬身共做；要学生学的知识，教职员躬亲共学；要学生守的规矩，教职员躬亲共守"。同时，一个好教师应当努力解决学生的每一个疑惑，遇到不懂的问题时能够谦虚地与学生共同探究，学生为其纠错时能大度地接受，并予以夸奖。

### 三、胡适的师德观

第一，人格独立。人格教育是师德建设的基础，不仅是促进教师自我完善的途径，还是师生交流与互动的润滑剂。"离开了教师自身人格的基础，教师的教育行为就成了没有真实生命内涵的空洞的形式。"胡适是一名极具人格魅力的学者，他基于"教育独立"和"学术独立"的高等教育理念提出"教师人格独立"的主张，促进了民国时期教师道德素质的提升。胡适曾在1926年7月的一次北京大学学术研究会的演讲中提出"人格救国"的主张，之后又在不断地教学及治学中逐渐发现作为"教育主导者"的教师具有"独立人格"的重要性。他认为，教师要树立独立的人格。他在《争取学术独立的十年计划》中专门论证了"中国学术独立"的必要条件。他强调，国内要有人格独立、思想自由的专业学者，这样才能独立解决国内的各类社会问题，才能与国外学者分工合作，共同担负起推动人类与学术发展的责任。此外，他还希望"学术独立于政治"，当蒋介石邀请他担任政府要职时，他婉言拒绝，"若做了国府委员，或做了一院院长……结果是毁了我三十年养成的独立地位，而完全不能有所作为"。他认为，学者只有做到人格独立，专心于学术，不做政府的尾巴，才可能实现"学术独立"之梦。胡适的师德观表明，教师无论是追求学术独立还是学术独立于政治之外，都必须以"树立独立人格"为前提。

第二，追求真知。胡适认为，教师要"爱真理甚于自己的生命"，要有"为知识而求知识的精神"。他强调教师应在科学研究中以实事求是的治学态度寻求真理。他曾说："研究人员终身研究……他们所表现的精神是以真理求真理。"他指出，学者们在追求真理的过程中要以平和从容的心态，认真搜集证据，"平心考察一切不合吾意的事实和证据，抛开成见，跟着证据走"。为此，他还提出了被概括为"大胆假设，小心求证"的治学方法。胡适还强调了读书的重要性，认为读书"是获得思想材料的来源"，有助于研究者在科学研究中解决实际问题。他长期埋首"国故"之中，从早年考证《红楼梦》到晚年倾全力于《水经注》的研究，都凸显了他学术求真的精神，而且其研究方法和读书方法上的创新也启迪着新一代的青年学子。胡适还把"对真理的追求"当作教师职业道德的规范和要求之一。

第三，以生为本。爱是教育的灵魂，它的渗透使教育超越单纯知识的接受，而成为一种引导"完整的人"的成长的实践。"胡适曾赞赏孔子的人本主义中看重人的尊严，看重人的价值的观念"，认为这是他为后世留下的宝贵遗产。与孔子一样，胡适对学生也饱含着浓浓的关怀和爱护。胡适在致许怡荪的信中说道："今日造因之道，首在树人；树人之道，端赖教育。"这不仅阐述了他重视教育的主张，更表明了他对教育主体的关注。胡适特别关注学生的人生理想，他在演说中多次呼吁大学生毕业后不只要承担起救国的担子，更要为自己的人生负责，"要防御……堕落，一面要保持我们求知识的欲望，一面要保持我们对于理想人生的追求"。胡适常常以学生为中心来开展教学活动。胡适还格外关注学生的日常生活状况。他于1918年成立的"成美学会"，主张捐集资金，贴补那些家境贫寒又勤奋好学的学生。对于参与"爱国运动"的学生，他虽然赞赏其牺牲精神，但也语重心长地告诫：青年们不可在扰攘纷乱的喊声中迷失自己，要努力把自己打造成对社会有用的人。

第四，为人师表。为人师表表现为教师良好的自身修养。胡适早年留美期间便定下"要做国人之导师"的人生目标，并以此激励自己修身养性，努力做到"以教人者教己"。他虽不是专门从事教育事业的教育家，可他良好的个性修养显然已使他成为学术界的楷模。梁实秋曾说："胡先生的人品，比他的才学，更令人钦佩。"胡适的师德观凸显"为人师表"是师德修养的基点。教师自身的修养和德行的引导可直接成为教育的基础，成为引领学生精神成长的起点和内在依据。"为人师表"作为教师德行的基本内涵所蕴含的道德内容，如严于律己、待人温和等内容，无疑与当代教师对真善美理想人格的追求相契合。

### 四、徐特立的师德观

第一，热爱学生。徐特立认为："教员要有教育家的风度，要有热爱的心情，对学生要有很大的感染力，要有伟大的气魄。……我们要做园丁，不要做樵夫。"教师只有用爱来对待学生，用爱来对待教育，才能真正感受到教师这一职业的崇高和伟大，才能做学生健康成长的引领者和指路人。没有爱，就没有教育，教师必须关心爱护全体学生、尊重学生人格、平等公正对待学生。1957年7月27日，徐特立到北京第一师范学校看望了即将毕业的学生代表，他希望学生"一生都做教师，再也不想别的"。他说："想成为专家，只能钻研一门科学，我希望你们钻研教育科学。"同时认为，"教师应该有知识，但只有知识是不够的，还要有热情，如爱国的热情，爱自己乡土的热情，爱人民的热情，直接地说就是爱学生的热情"。

第二，师生平等。徐特立说："民主的本意就是不由少数人包办。那么新民主主义的教育就不应该是教师本位主义，而是儿童本位主义。""教师和学生，一切都是相互的平等的关系"，用中国的老话来说，叫作"教学半"或教学相长。他认为，不能单方面地只以教师或学生为主体，而要调动教师和学生共同的积极性。他不赞成教师本位论，也不赞成学生本位论。他认为，教师本位论忽略了学生的主动性和积极性，学生本位论则否定了教师的引导作用，都是片面的、有失偏颇的。徐特立认为："学生和先生的关系是同志的关系。"同时其还认为："教师是知识劳动者，和学生没有经济上的对立。"徐特立倡导一种民主平等的师生关系，既重视教师的作用，又不过分夸大教师的作用。教师与学生之间是相互平等的关系。徐特立特别赞赏师生间民主的氛围，极力主张效法法国小学的师生民主平等精神，并努力贯彻到教学实践中去。

第三，实事求是。徐特立认为，教师必须有"实事求是，不自以为是"的求实精神和作风，"自以为是，是思想生命的一个病态。生命是不断的新陈代谢。自以为是者，他保守旧有的东西不加自我批评，旧的物质不排泄，就无法吸收新的东西，就是思想的生命断绝"。1948 年，徐特立以实事求是的态度，在《转变作风，加强教学，为自卫战争培养大批干部》中，对原来教育中存在的种种不良作风进行了深刻的反思，提出要树立新的学风、校风和作风，加强教学工作，提高教学效能。1949 年 10 月 21 日，在《河北教育》创刊号上，他题写了"实事求是，不自以为是"，并附以说明。他认为我党学风中，"最主要的是'实事求是'，'不自以为是'两句话九个字。这九个字可以用来测量党员的学习风气，尤其是有教育责任的党员及干部，更应该严格执行这九个字"。

第四，创新创造。徐特立在 1943 年就提出："我们的教育应该强调创造性、革命性。"他指出，在培养学生的过程中，要重视学生的个性发展，"限制个性的发展与奔放，就不会有所创造，不能发挥每个人的天才"。教师不仅要教学生已有的知识，还应该帮助学生养成创造能力和独立思考能力。他强调："不能完全求中和而消灭个性，有些片面的地方不妨碍大处，不要纠偏，不要用一个模子塑造人，千篇一律就没有创造性。"他认为，教师要以启发式、讨论式、研究式的方法来启迪学生，提高学生学习的积极性，使其自觉地多动脑筋、认真思考。过去的传统教学观称赞的"读书""唯上""听话""驯服"的学生，只能成为唯唯诺诺的奴才式的人物。徐特立倡导研究式地做学问，人类的知识财富是积累发展起来的，只有继承前人的经验成果，才能创造出新的东西。

# 第三节　新中国成立后师德思想的发展历程

新中国成立以来，高校师德思想经历了从探索发展——传承传统师德阶段到设计制度——构建职业道德体系阶段，再到丰富完善——师德建设理论和实践和谐发展阶段，最后到守正创新——师德建设持续推进阶段过程，这对新时代师德思想体系的完善和发展起着非常重要的指导作用。

## 一、新中国成立初期的师德思想（1949—1966 年）

第一，集中于对教师自身思想政治素质的要求。

这一时期教师自身政治水平几乎成为其师德水平的代名词，"又红又专"是对教师职业素质最基本也是最重要的要求。教师的"红"，首先体现为拥护中国共产党的领导、拥护社会主义制度。根据第一次全国教育工作会议提出的"教育必须为国家建设服务，学校必须向工农开门"的教育方针，要对思想状况比较复杂的教师队伍进行思想改造。要培养教师无产阶级世界观，并通过组织教师学习雷锋同志为人民的事业无私奉献的精神，学习王杰同志"一心为革命"的彻底革命精神，学习焦裕禄同志的艰苦奋斗精神，而使他们坚定政治方向和政治意识，树立为人民教育事业服务的师德思想。其次体现为弘扬爱国精神。抗美援朝战争期间，鼓励教师在课堂上向学生揭露和肃清美帝国主义错误思想，在青年中宣传踊跃参加抗美援朝保家卫国运动的思想。教师的"专"主要体现为用专业知识和专门技术服务社会主义建设。为进一步明确教师的基本任务及职业道德规范，教育相关部门先后颁布了高等学校和中学暂行工作条例。

实际当中,教师不仅在政治思想方面积极上进,而且凭借拳拳报国之心,在人才培养和科技研发方面都取得了重大成绩。究其原因,一方面,源自新中国成立初期国家对广大知识分子和教师思想改造工作的指示。新中国成立伊始,由于国内纷繁复杂的政治、文化、教育背景,亟须对广大知识分子和大、中、小学教师进行思想改造工作。另一方面,思想政治教育工作也是新中国成立以来全体教师的主要工作。1952年,褚树森在《人民教育》刊发《教师是学生灵魂的工程师》一文,认为"对学生全面负责的教师,应该经常地用工人阶级的思想,用工人阶级的人生观和世界观来塑造学生。因此,教师是学生灵魂的工程师"。由此,教育界掀起了有关教师在学生品德教育中的重要作用的舆论之潮。"以共产主义道德品质培养青年学生,反对资产阶级思想对青年学生的腐蚀,是我们教师神圣的职责。"

第二,沿袭了我国传统的师德观,兼富时代特征。

古代师德观中蕴含不少积极的内容,而当前师德要求的内容继承了古代师德观中的一些正面观点。比如,"因材施教"(教师应根据学科系统,正确地结合学生生活经验以及社会自然实际,并适当地运用实际事物,以进行教学)、"以身作则"(教师应以身作则)、"循循善诱"(教师应根据学生心理,注意提高学生的学习兴趣)、"爱护学生"和"严于律己"等内容。

在此基础上,师德要求内容体现出一定的时代特征。比如,应当建立"民主平等"的师生关系、"爱岗敬业"(教师应该热爱教育事业,努力完成教育任务)、"热爱集体"(全体教师应该紧密团结,互相尊重,互相帮助,取长补短,共同提高)等具有社会主义国家特色的师德要求内容。

## 二、特殊时期的师德思想(1966—1977年)

在这一特殊时期,自身政治觉悟成为大、中、小学教师是否具有师德的首要标准。1966年8月8日,在中国共产党八届十一中全会通过的《中国共产党中央委员会关于无产阶级文化大革命的决定》中指出:"改革旧的教育制度,改革旧的教学方针和方法,是这场无产阶级'文化大革命'的一个极其重要的任务。"1971年,《全国教育工作会议纪要》炮制出"两个估计",其中之一是大多数知识分子的世界观是资产阶级的,而且他们是资产阶级知识分子。在这一特定历史时期,新中国教育事业几乎遭到全面破坏,广大知识分子和教育工作者遭到无端迫害。

1976 年 10 月，历时 10 年之久的"文化大革命"结束，遭受严重破坏的教育需要尽快恢复和发展。之后两年，我国教育进入恢复和徘徊时期，知识分子的价值得到肯定，教师的地位逐渐提高。

### 三、改革开放发展时期的师德思想（1978—2012 年）

第一，注重教师自身思想政治素质要求。

教师作为"学生灵魂的工程师"，自身的思想政治素质必然成为其师德要求的重要内容之一。这一时期教育部颁布的相关文件当中，均强调了对于教师自身思想政治素质的要求。通过组织学习，可促进广大教师热爱教育事业、热爱学生，努力做学生健康成长路上的良师、高尚人格的楷模。

第二，教师职业道德规范不断完善。

这一时期教师自身的思想政治素质要求仍然为师德要求的首要内容，邓小平明确指出，教育工作要能够完成好培养人才的任务，学校应该永远把坚定正确的政治方向放在第一位。教师应当履行的义务中包含了提高自身思想政治素养要求，如"遵守宪法、法律以及不断提高思想政治觉悟""学习和宣传马列主义、毛泽东思想和邓小平同志建设中国特色社会主义理论，拥护党的基本路线"等。为满足把我国尽快建设成为伟大的社会主义现代化强国的需要，国家从关系人才培养的教育工作入手，加强对教师队伍的管理。一方面，制定高校教师职业道德规范。2011 年颁布了《高等学校教师职业道德规范》。另一方面，针对教育中需要突出体现师德师风的特殊岗位下发相应管理文件。2006 年印发《普通高等学校辅导员队伍建设规定》（2017 年再次修订），2008 年印发《中宣部、教育部关于进一步加强高等学校思想政治理论课教师队伍建设的意见》等。这些文件针对教师提高职业道德水平给予了具体的指导规范。

第三，加强教师个人道德和职业道德教育。

新时期国内教育的改革和发展对于教师师德内容提出了更高的要求。要建设全面推进素质教育的高质量的教师队伍，需要帮助教师树立正确的教育观、质量观和人才观，增强其实施素质教育的自觉性。个人道德主要是指教师首先作为国家公民的道德要求规范；职业道德主要是指教师作为特定职业从业者的道德要求规范。

第四，加强教师职业理想信念教育。

改革开放过程中，针对一些教师出现的职业信念动摇、以教谋私、以罚代教、收受家长财物等不良行为，需从法律和制度层面进行规范。一是要求教师认真学习教育法规，廉洁从教。1993年《中华人民共和国教师法》从法律的层面要求教师必须遵守职业道德。1997年教师职业道德规范中加入了"依法治教""爱国守法"的内容。二是要求教师坚决抵制诚信缺失，要为人师表。在经济社会转型期，出于对利益的过度追求，出现了道德失范、诚信缺失的现象，因此要在广大教育工作者中积极宣传"诚实是为人之本，守信是立事之先"的准则，要求教师充分发挥为人师表的作用，把培养学生诚实守信的品质渗透到教学各个环节，以推动社会主义精神文明建设。三是要求教师积极发扬奉献精神，安心从教。随着对外开放程度的加深，西方拜金主义、享乐主义、个人主义思想对社会产生了不可低估的负面影响。面对各种社会诱惑，一些教师难以安心从教，对于教育事业的奉献精神有所减弱。针对这一现象，教育相关部门组织开展了全国师德标兵和先进集体评选活动，旨在提升教师职业认同感和荣誉感。同时，改善教师待遇，提高教师幸福指数，促使其安心从教。

# 第四节　十八大以来师德思想的全面振兴

党的十八大以来，党中央从国际竞争、国家富强、民族复兴、实现两个百年奋斗目标和社会主义现代化的战略高度定位了人才培养的重大意义，确定培养一批拥有高尚师德品质、良好师德素养的教师队伍是做好教育教学工作的前提和保障。习近平总书记在治国理政的过程中始终把教育摆在优先发展的战略地位，对传统师德继承和发扬的同时，运用新时代中国特色社会主义理论引领师德师风建设，只为使师德建设真正做到与时俱进，不断取得新的发展。

## 一、相关政策

2012 年 3 月发布的《教育部关于全面提高高等教育质量的若干意见》强调，要加强师德师风建设，健全考评、奖惩、培训制度，实施"一票否决"制度，具体高校需通过建立教师教学发展示范中心，以老中青帮传带、引进人才等方式提高教师的业务水平和教学能力，同时完善教师的分类管理。2012 年《事业单位工作人员处分暂行规定》、2014 年《事业单位人事管理条例》对事业单位内部招聘、奖惩、考核、培训等工作作出了明确的规定。特别是对于事业单位内部人员的处分原则与处分方法有助于高校改善人事管理体制，也在一定程度上促进了教师群体的合理规范管理。

2014 年 9 月，习近平总书记在北京师范大学师生代表座谈会上结合教师节的契机，强调了教育的重要性以及教师对家国前途以及民族兴旺的重要意义，指出了什么样的老师是"好老师"。2014 年，教育部出台了《关于建立健全高校师德建设长效机制的意见》，要求从教师教育、宣传、考核、监督、激励、惩处等方面加强教师师德师风建设，同时明确了师德师风建设的主体是各所高校，高校在师德师风体制机制以及日常的管理工作中要注意发挥教师的主体作用。为抵制教师行业违规收受学生及家长礼金、变相接受贿赂的不良风气，同时营造教师行业廉洁风气，教育部印发了《严禁教师违规收受学生及家长礼品礼金等行为的规定》，将教师违反从廉施教的行为具体规定为六类，并要求各校加强教师廉洁教育，严格监督检查。

2016 年，教育部印发的《关于深化高校教师考核评价制度改革的指导意见》（以下简称《意见》）要求建档立卡记录日常师德情况，实施师德"一票否决"制度。在教师考核与职务晋升中，高校往往唯论文、唯科研，忽视教师职业道德等软性精神文明评价，《意见》则提出将师德当作教师考核的首要标准，对形成针对教师的良性全面考核起到了很好的指导作用。2016 年，教育部开展的新入职教师国培示范项目加强了对中西部高校教师的职前培训，除了要求教师掌握基本的教学技能与教学知识，还重点帮助教师形成正确的职业道德与职业理想，要求教师学习职业法律法规与道德准则，提高教师队伍的整体素质。

2016 年 12 月，习近平总书记在高校思想政治工作会议上的讲话强调，教师职业在高等教育中扮演着重要角色，教师要做到"四个统一"，同时期望广大教师以德立身、以德立学、以德施教。习近平总书记在中国共产党第十九次代表大会上的报告中强调，"加强师德师风建设，培养高素质教师队伍，倡导全社会尊师重教"。报告从国计民生发展的高度对教师发展与教师队伍建设提出要求，益于在全社会形成尊师重教的良好氛围。

2018年，习近平总书记在北京师范大学对教师职业道德与教师队伍建设提出要求，再次强调将师德师风当作评价教师队伍的第一标准。之后，高校师德师风建设受到了前所未有的重视，高校教师的聘任、考核、监督、奖惩制度越来越健全，高校师德师风建设进入专业化时期。

## 二、新时代师德思想内涵

第一，坚定理想信念和提高政治站位。

"要把我国发展得更好，离不开理想信念的力量。"习近平在十八届中央政治局第一次集体学习时讲道，"坚定理想信念，坚守共产党人精神追求，始终是共产党人安身立命的根本。""理想信念就是共产党人精神上的'钙'，没有理想信念，理想信念不坚定，精神上就会缺钙，就会得'软骨病'。"习近平认为，教师的理想信念同样重要，它已经成为教师师德的一个重要价值评判向度。

首先，要始终同党和人民站在一起。教师要坚决拥护中国共产党的领导，坚持和发展中国特色社会主义，认同中华人民共和国、中华民族和中华文化，弘扬和践行社会主义核心价值观。其次，忠诚于党和人民的事业。教师要自觉贯彻党的教育方针，充分利用课堂和校园，积极传播党的方针政策，积极开发利用各种课程资源，潜移默化地去影响学生，培育新时代社会主义建设者和接班人。再次，教师要做好"四个服务""四个统一"。教师要坚持"为人民服务"，坚持"为中国共产党治国理政服务"，坚持"为巩固和发展中国特色社会主义制度服务"，坚持"为改革开放和社会主义建设服务"。教师要坚持教书和育人相统一，坚持言传和身教相统一，坚持潜心问道和关注社会相统一，坚持学术自由和学术规范相统一。最后，教师要发扬爱国奋斗的精神。教师要将爱国主义精神内化于心，外化于行。

第二，恪守道德规范和涵养高尚人格。

道德的第一个命题是只有出于责任的行为才具有道德价值。立业德为首，执教品为先。作为学生的"引路人",教师要恪守道德规范并涵养高尚人格才能担负起立德树人的重任。对此,习近平专门多次作了强调。例如,2014年教师节习近平慰问北师大教师时指出,"广大教师必须率先垂范、以身作则,引导和帮助学生把握好人生方向""师德需要教育培养,更需要老师自我修养"。2019年3月,习近平在学校思想政治理论课教师座谈会上要求教师的"人格要正","要有堂堂正正的人格,用高尚的人格感染学生、赢得学生,用真理的力量感召学生,以深厚的理论功底赢得学生,自觉做为学为人的表率,做让学生喜爱的人",为广大教师恪守道德规范和涵养高尚人格提出了明确的目标。

首先,教师要以德施教,以德立身,积极践行社会主义核心价值观。教师要时刻铭记教书育人的使命,无私奉献,保持高尚的道德情操,坚持正确的道德取向。教师要做学生思想道德品质养成的引路人,不断提高学生的思想道德素质。其次,教师要不断提高自我修养,涵养高尚人格。教师必须做到为人师表,做到言行一致,时刻严格要求自己,不断提高人格魅力和学识魅力,给学生树立榜样,注重学生人格的培养。

第三,增强学识素养和不断守正创新。

落实立德树人不是敲敲打打、缝缝补补就能实现的。解决这一问题的根本基础在于教师自身必须具备扎实的学识,否则其一方面难以胜任教学工作任务,另一方面很难令学生信服,进而影响到整个教学效果。2014年北师大座谈会上习近平要求"做好老师,要有扎实学识"。教师只有不断增强学识素养才能够真正做好教育事业。习近平在2019年3月18日召开的学校思想政治理论课教师座谈会上,提出"思维要新,学会辩证唯物主义和历史唯物主义,创新课堂教学,给学生深刻的学习体验,引导学生树立正确的理想信念、学会正确的思维方法"的要求。同时,教师要以知识积累为媒介,纵横拓宽视野。正如习近平指出的,"在信息时代做好老师,自己所知道的必须大大超过要教给学生的范围,不仅要有胜任教学的专业知识,还要有广博的通用知识和宽阔的胸怀视野"。

首先,教师要不断拓展学识素养。教师要给学生一杯水,自己有一桶水已经远远不够了,需要有源源不断的活水。教师不仅要拓展自己的专业知识,还要拓展职业基础知识,如教育学、心理学等方面的知识,以此拓展自己的知识面。其次,教师要不断提高自己的学习能力。在信息化时代,知识日新月异，教师只有具备一定的学习能力，不断接受新事物，才能不被时代所抛弃，才能在教师职业这条道路上走得更远。再次，教师还应具备一定的创新能力。作为新时代的教师，不能一味地因循守旧，要有创新意识，要有敢为人先的首创精神。教师要顺应教育改革的潮流，不断提高自身的专业素质，实施素质教育，培养全面发展的时代新人。最后，教师要具有开阔的国际视野。随着教育全球化进程的加快，教师也应放眼世界，不仅要具备知识视野，还要具备历史视野、国际视野，进一步推进我国优秀传统文化的发展和创新。

第四，心怀宽仁慈爱和践行敬业奉献。

爱是一切生命的源泉，同样，爱也是教育茁壮成长的阳光。教师只有怀有仁爱之心才能真心地爱护学生，热爱教育工作，发扬奉献精神，予以学生不求回报，全身心地付出。2014年北师大座谈会上习近平强调，"做好老师，要有仁爱之心"。"老师的爱，既包括爱岗位、爱学生，又包括爱一切美好的事物"。习近平引用柳永的诗句，号召广大教师要有"衣带渐宽终不悔，为伊消得人憔悴"的精神，努力克服生活和工作中的困难，兢兢业业做好工作。教师要发扬敬业奉献精神，付出较常规教学工作多几倍的辛苦和努力。

首先，教师应关心爱护学生。教师要尊重理解学生，尊重学生的人格，把学生当作具有独立意义的个性来看待，维护学生的权利，保护学生的生命安全。其次，教师要热爱教育工作。教师要有甘为人梯的奉献精神，要潜心教书育人，要做到问心无愧。合格的教育工作者应具有政治信仰、教育信仰等，缺一不可。再次，教师应具备奉献精神。奉献精神对于任何一种职业来说都有非常重要的意义。教师所从事的职业是"阳光下最神圣的职业"，教师是"人类灵魂的工程师"。教师要树立崇高的世界观和人生观，做到干一行爱一行，对学生要有仁爱之心，对教育事业要有敬畏之心。最后，教师要平等对待每一个学生，努力做到教育公平。教师的教育对象是活生生的人，而每一个学生又是具有独立意义的独特的人，教师面对复杂的学生群体时，要平等对待每一个学生，尊重学生的个性，在促进学生全面发展的同时，也要力求学生的个性化发展，让每一个学生都能得到发展。

# 第三章 国外师德建设的发展历程

古今中外，师德问题始终是教育领域乃至全社会关注的重点。对比国外的师德建设可发现，尽管世界各国在文化背景、历史发展、宗教信仰、风土人情等方面都具有不同的特点，但是都十分重视高等教育和高校师德建设。通过构建高尚的师德来促进教育发展是教育行业的共识。随着经济和教育全球化进程的加快，全世界的高校师德建设开始趋向共同的价值取向。本章主要介绍欧洲、美洲和亚洲几个国家开展师德师风建设的做法，分别从其高等教育的起源与发展、师德观、师德建设现状等方面进行梳理，结合各国的教师相关法规，总结各国关于高校师德的发展特点和规律，把握世界师德建设发展的整体特点并总结经验，为我国师德建设提供有益的经验借鉴。

## 第一节 欧洲国家师德建设发展情况

### 一、欧洲高等教育的历史回溯

在整个西方教育史中，中世纪宗教扮演了极其重要的角色，教育最开始与探求《圣经》中的真相有关，教育机构的开设是为了让人们精确阅读和阐释宗教教义相关书籍。毕竟，教育被认为是可守护神圣正统教义，避免人们走入歧途，并坚守最基本的原则。随着时间的推移，大学转变成培养、传播、传承文化知识及培养专业职业技能人才的地方。

## （一）欧洲高等教育的起源

从地域历史的角度来看，古希腊、古罗马出现在不同时间、地点，两大社会系统虽然有关联，但各具特点；从文化历史的角度来看，古希腊、古罗马不但血脉相承，而且孕育造就了后世欧洲，乃至整个西方文明。

希腊高等教育源于智者、哲人们对其门徒所进行的耳提面命式的传道与授业，之后出现了有组织的学术共同体——学派，及专门从事学术探讨与研修工作的学术机构——学园。可以说，学派和学园是古希腊时期人们从事高深学问探究工作的主要机构，也是人们进行高等教育教学活动的核心场所。古罗马以土地和农耕为主体的生产方式使国家组织系统成为国家实力的重要体现，也使每个个体更多是在系统中通过合适的位置与功能，实现自身的价值。从知识探索和人才生产的角度来看，罗马人更看重的是与战场上的征战、世俗城邦的管理有着直接联系的知识与能力，而不是希腊文化所强调的抽象思维或形而上的学术研究。因此，罗马人知识探索的重点不是哲学，而是政治学；不是解释世界，而是治理国家，与治人、理国、平天下相关联的专门性、实用性知识，如法律、建筑、医学等，在这里得到了较好发展。

纵观古希腊、古罗马高等教育的情况，我们可以看到，作为西方文化的源头，古希腊、古罗马的文化教育具有鲜明特点。希腊的高等教育是追求高级学问，引导人的心智与理性达到全面发展的高级阶段。以学派为基础，有组织、有传承地进行知识探索和传播创造了希腊文化繁荣景象，也为西方高等教育（大学）"学术共同体"式的组织形态奠定了最初的基础。高等教育的这种组织形态是希腊文化繁荣期的学术生态产物。希腊式高等教育的特点发展到罗马帝国时期发生了体制性变异。庞大的罗马帝国需要的是具有文化修养的治国人才，促成了罗马以修辞学校为载体，注重专业知识教育和演说能力训练的高等教育形态。因此，古希腊、罗马处于西方高等教育的孕育期，希腊人为其注入追求知识、探索真理，融自由、理性和规则于一体的内在精神气质，罗马人则在实用、有效的基础上，为其建构起最初的组织制度模板。

## （二）中世纪的欧洲高等教育

大学是实施高等教育学校中的一种，大学教育是培养人才的主要方式，也是高等教育体系中最为重要的组成部分。现代大学源于中世纪大学。现代大学的许多特征是直接从中世纪大学继承而来的，而中世纪大学"实质上是西欧特有的产物"。正如学者们所普遍认为的，大学是一种欧洲制度或机构，而且是欧洲最好的制度。

中世纪（The Middle Ages）是指公元476年西罗马帝国灭亡到公元1453年东罗马帝国灭亡这一段历史时期。大学之所以产生于中世纪欧洲，一定程度上缘于其特定的时代和社会背景。大学的产生与当时中世纪欧洲精神生活制度化、世俗化的社会氛围、城市化进程的加快、世俗教育的发展等都有着密切的联系，这些都为大学的产生奠定了基础。

涂尔干在他的名作《教育思想的演进》中曾将中世纪大学称为现代大学的"母体"，并且认为此后我们整个的教育发展都带上了它的印记。大学是最如实、最具代表性地反映那个时期状况的机构，其影响力远远超出我们的想象。古希腊、古罗马都曾创造了灿烂的文明和发达的教育，但大学却是中世纪欧洲的独创。从大学兴起对人类文明的贡献、大学在当今社会中的轴心地位、未来人类社会各种问题的解决对大学的依赖来看，对中世纪的这项伟大创造给予多么高的评价都不为过。虽然中世纪大学是西欧特有的产物，但已成为人类共同的遗产。中世纪大学创造出了一种制度化能力，而这一点成为后来大学组织变革与发展的内在生命力。

### （三）文艺复兴和宗教改革下的欧洲高等教育

文艺复兴与宗教改革时期是欧洲走出中世纪、走向近现代的重要奠基阶段，也是西方在已有大学机构的基础上构建近代高等教育体制的准备阶段。历史学家通常把文艺复兴当作西方近代史的开端，但事实上文艺复兴时代是西方由古代向近代的转折和过渡期，它既带有古代的旧面貌，又孕育了近代的新特征。宗教改革运动被恩格斯称为"第一号资产阶级革命"。这一运动强烈冲击了欧洲封建社会的根基，结束了罗马教廷至高无上的统治，导致了教会的分裂，在教育领域也引发了一系列改革与创新尝试。

文艺复兴和宗教改革时期高等教育有重大发展，这一时期大学开始成为国家的大学，受国家意志的控制，成为国家的工具；不同国家的大学具有不同特性，同一国家不同大学也有不同的特性，大学开始产生个性；学园、学院等各种新型高等教育机构开始产生，同时，大学之外各种科学学会形成，高等教育开始朝着多样化方向发展；大学不再仅仅致力于传播知识，开始转化成为国家和教会培养人才的场所。

### （四）近代的欧洲高等教育

从历史的角度研究高等教育就会发现，在早期中世纪大学与高度发达的现代高等教育形态之间存在着漫长而复杂的过渡，这种过渡不仅是时间意义上的变化，更表现在教育组织、制度，乃至功能、文化与精神上的变化。因此，当我们说"近代高等教育的形成"时，说的主要是后者，是高等教育在组织、制度、功能及文化形态上走出中世纪，形成近代特征的历史过程。

法国近代高等教育思想形成于 18 世纪的启蒙运动时期。正如博伊德和金所论："思想的积极和行动的迟缓形成鲜明的对比，是 17 世纪整个欧洲的特点，这种特点在其随后的一个世纪变得更加明显。"启蒙运动把一切现象都归于自然或理性，法国教育和高等教育思想也充分体现了启蒙运动的一贯精神。德意志近代高等教育充分体现了德意志民族和文化的特性，从康德到洪堡，德意志的大学理念都是极为完美的，如教养、学术自由和大学自治、教学与研究统一，但一旦落实到现实中，德意志的大学理念就大打折扣。英国近代教育发展的一个重要历史背景是 1640 年的英国资产阶级革命。资产阶级革命奠定了近代社会的政治基础，为资本主义经济发展提供了政治条件，也为高等教育发展提供了制度环境和基础。

## 二、欧洲国家师德观

回顾欧洲各国师德建设发展过程可知，在不同阶段，社会对于师德的期望内容也会有所不同。欧洲历史上对于师德的定义多是从教师与学生之间的相处出发，并通过论证师生之间的关系来进一步加强师德建设。

### （一）古希腊、古罗马时期的师德观

古希腊、古罗马时期的师德观主要有两种：一种认为教师对学生应该严格，使得学生绝对服从，提倡对学生实施体罚。柏拉图提出必须使儿童服从教师，由教师对儿童进行监督，如果他们不服从，就"威胁和殴打"，甚至对于儿童游戏，他也非常强调纪律，认为"如果游戏中缺乏纪律，儿童与之同化，要求他们长大后成为严肃而守法的人就不可能了"[①]。另一种观点认为教师应对学生友善，应依靠自身的才德把学生教育成为品德高尚的人。古希腊哲学家德

---

① 张焕庭：《西方资产阶级教育论著选》，人民教育出版社 1979 年版，第 519 页。

谟克利特认为教师应教育学生多动脑筋，勤于思考，"应该尽力想得更多，而不是知道得更多"。亚里士多德强调通过实践养成良好的习惯，他是西方最早提倡"习惯成自然"的人，并且要求教师必须在学习、品德、人格、习惯上为学生树立良好的榜样，为人师表。昆体良是西方第一个系统论述教师职业道德的人，他认为要做好教育教学工作，要培养完美的雄辩家，教师是至关重要的。昆体良对教师提出了极高的要求，具体内容如下：首先，教师必须在道德上是值得学习的榜样，他既不能允许学生失德，又不能允许自己失德；其次，教师要以父母般的感情对待自己的学生，既爱护备至，又严格要求。

（二）中世纪的师德观

托马斯·阿奎那提出："在教学过程中，教师应当充分考虑到学生的心智活动状况和学生的个人经验以及接受知识的能力，努力调动学生的积极性，激发学生的思考，避免盲目地向学生灌输知识，与此同时，教师应当考虑到学生的个性差异。"经院哲学家安瑟伦在与一位修道院院长谈话时，阐发了关于教师职业道德的见解。他说："一个著名的教育制度却正在把人变成牲口。告诉我，如果在你的庭院中种一棵树，你紧紧地把它绑起来，不给它生长枝叶的地方，结果会是什么呢？这些可怜的孩子交给你了，你就应该帮助他们成长，使他们思想成熟；如果不给他们自由，其身心发展必遭挫折。如果从你这里得不到温存，他们就将从错误的角度来看待一切。"伊拉斯谟认为教师应关心儿童的身心发展，尊重儿童的个性，要鼓励与严厉并重，采取"中庸之道"，在对学生有深入了解的基础上，去说服与教育学生。

（三）文艺复兴时期的师德观

文艺复兴时期的教育思想家反对教师的权威主义和对学生进行体罚，崇尚自由精神。他们期望发展儿童的积极性和独立性，并激发儿童的创造性。意大利人文主义教育家维多里诺主张对学生实行自治，减少惩戒，禁止体罚。西班牙教育理论家维夫斯要求教师尊重儿童，在他看来，"没有比教师用残酷和威胁、发怒和鞭打，要求幼小儿童做这做那，更为愚蠢的了。这样的老师，他们自己就应该被鞭打"。文艺复兴时期关于师德问题还非常强调教师自身素质，强调教师要德才兼备。夸美纽斯在《组织完善的学校的要法》一文中宣称："教师的职责伟大而光荣，是太阳底下最光辉的职业，教师要充分了解自己职业的社会意义，充满自尊心和自信心，加强品德修养，成为道德卓越的人；教师的职责在于用善良的范例，以诚恳、积极、顽强的态度去诱导学生，做学生的表率；教师应当无限热爱自己的工作，教师自己愈是热忱，他的学生愈会显得热心。""教师还必须教导并热爱所有儿童，不论是富家子弟和贫苦孤儿，或是那些街头行乞的丐童，都应一视同仁。教导儿童应该视其才力之所能及，不得对某些学生努力教导，而对另一些学生教导不力。"

### （四）近代师德观

近代师德观强调两种观点。一种是教师要培养学生在德、智、体各方面的能力。英国教育家洛克认为，教师的责任是培养学生的绅士风度，使其形成良好习惯，怀抱德行和智慧，在学生需要的时候，给他力量、活力和勉励。瑞士著名教育家斐斯泰洛齐认为，教师要引导学生向善，激发他们纯洁的、高尚的道德情感，使学生认识到善，拥有纯净的心灵。他明确指出："我的初等教育思想，在于依照自然法则，发展儿童道德、智慧和身体各方面的能力，而这些能力的发展，又必须顾及它们的完全平衡。"[1] 另外一种观点是教师要顺应儿童成长的层次性、规律性组织教学，顺应儿童的身心发展进行教育。卢梭在《爱弥尔》中比喻道：自然自由地发展就意味着植物那样生长发育。这样教师也就要像园丁一样精心护理，给儿童提供一个"自我开拓心灵"的空间。德国教育家福禄培尔认为，教育要遵循适应自然万物发展的正确道路，要遵循儿童的天性，并且儿童的天性是善的。

### 三、欧洲高校师德建设现状

英国和德国在欧洲的高等教育发展历程中扮演着极为重要的角色。英国是世界上最早发展高等教育的国家，具有丰富的高等教育资源和发展经验。现代大学起源于欧洲，19 世纪柏林大学的成立带动并影响了欧洲一大批大学建立，德国人向来严谨的精神在其高校教师制度中有着显著的体现，严格的准入制度从源头上把控着德国高校教师素质。

### （一）英国高校师德建设现状

2011 年，英国高等教育协会对《英国高校教师专业发展标准框架》（以下简称《标准》）进行了修订，新《标准》对如何全方位地理解和评价高等教

---

① 布律迈尔主编：《裴斯泰洛齐选集（第一卷）》，教育科学出版社 1994 年版，第 153 页。

育环境中教师教育教学角色相关国家级标准体系进行了阐述。

新《标准》在教育教学活动方面提高了对教师的要求，高度重视高校教师教学活动。在新《标准》指导下，高校教师尽管担负着科研与教学的双重任务，但应以教学为工作重点。教师需掌握六个方面有关教学工作的核心知识内容，每个领域的核心知识内容都直接与教师的教学实践挂钩。与此同时，新《标准》还对教师的职业道德素质提出要求，即教师不仅要掌握必备的专业知识和教学技能，还要对高等教育事业整体进行认识和理解等。

英国在教师职业道德教育和发展上具有重视职前教育、严格准入标准、在职教育形式丰富、注重评估制度建设等特点。

**（二）德国高校师德建设现状**

德国政府十分注重教师教学和科研的结合。高校教师在做好科学研究工作、取得高水平科研成果之外，还要承担一定的教学任务，提高教学质量。《教育总法》明确规定："大学教授必须有运用教育学和教学法的能力。"在德国，教授一般要开设一门主干课，两门非主干课，每周授课6～8小时，专科大学的教授每周授课18小时。

德国政府十分重视教师的实践能力，鼓励大学与更多的科研机构以及企业合作，拥有一定数量的流动人员，使大学教师在理论研究之外，能够接触到更加前沿的相关领域的科学研究和技术改造，及时了解专业的社会发展趋势，增强科学研究的实用性和成果的转化率，提高自身实践能力和科研能力。

德国政府十分重视在职教师的进修和培训，认为高等学校教师的培训和继续教育是促进教师专业化、提高教师整体素质的重要途径。德国的大部分州都设有专门的高校教师培训机构，为高校教师提供免费参加培训的机会。政府还筹集经费，确保教师有机会参加国内外学术会议，组织学术交流活动和专题考察活动，选派优秀学者和教师去国外进修等。此外，州政府特设相当规模的教育学院，负责本州大学教师的进修并指导下属的教师教育中心的相关工作，使教师的培训能够更加具有针对性和实用性。

德国高校关于教师有严格的准入标准，为建立高素质、高质量的高校教师队伍打下了基础。同时，德国政府和高校非常注重对教师的培养，并在教师待遇方面提供了极大的保障，这在一定程度上也保障了德国高校教师的师德素养，使德国高校教师在师德建设上一开始就处在较高的起点。

# 第二节　美洲国家师德建设发展情况

## 一、美洲高等教育的历史回溯

美洲的高等教育中最具代表性的两个国家是美国和加拿大。美国的高等教育是它在当今世界上最具竞争力的产业之一，其本科及研究生院为世界各地源源不断地输送高等人才，并研发了大量顶尖科技。加拿大高等教育非常发达，在办学自主权、校企合作教育、教育管理效益、远距离教育、拓展国际教育市场及双语教学等方面自成体系，很有特色。

美国是个移民国家，来自不同国家和地区、拥有不同传统的移民给美国注入了多样化的文化。美国高等教育与这个"大熔炉"的国家一样，也具有多样化的来源和传统，最终美国将这些不同的高等教育因子融为一体，塑造出了美国模式的高等教育。加拿大高等教育在社会与经济发展的相关讨论中扮演重要角色，这是一个拥有"高入学率的高等教育系统"，早在 20 世纪 60 年代，提高学生入学率就成为一个主要且相当一致的政策议题，这为加拿大成为世界上受教育程度最高的国家之一奠定了基础。

### （一）美国高等教育发展史

作为一个历史较短的国家，美国从 1776 年建国到 20 世纪中期，成功拓展了大学职能，形成了自己的特色，并发展成为高等教育大国与强国。第二次世界大战至 21 世纪初叶，在保持传统的基础上，将大众化教育和科研创新并举，美国开展了一系列改革，高等教育得以迅猛发展。

殖民地时期：美国高等教育是伴随着美洲大陆的发现和移民的出现而产生、兴起的。殖民地时期，北美高等教育的水平参差不齐，与欧洲大学相比差距很大。早期的殖民时期，北美文化多由移民携入，教育活动基本上是宗主国原有模式的移植，这一时期的移民大多数是来自英国的清教徒，他们到了美洲大陆后，很快按照故土的高等教育类型兴办教育，仿照牛津和剑桥两校，先设立哈佛学院，后设立耶鲁学院。

独立建国至南北战争前夕：独立建国后，美国民族矛盾逐渐化解，多元文化趋于形成。曾经困扰高等教育发展的宗教教派矛盾不再剑拔弩张，人们逐渐承认培养公民的目标与培养宗教信仰是不矛盾的。各民族相互融合，彼此学习，相得益彰。国家实现了教育的世俗化，公立学校与教会彻底分离。这期间，不仅来自英国的移民把母国学校模式移来，而且其他各国来的移民也把母国学校模式移来，在互相交流观摩中，美国便成为各国教育竞赛会或博览馆。美国宪法没有规定联邦具有教育权力，因而教育权力属于各州。一开始，美国便没有完全统一的高等教育办学模式，教育机构和制度、学制、办学形式、学生成分、教育内容和方法均呈现多样化特点。

南北战争至二战时期：从南北战争至第二次世界大战，是美国高等教育的发展与创新时期。在这期间发展中西部教育时，政府没钱有地，于是衍生出赠地学院，其出现为公立高等教育体系形成和发展奠定了基础，极大地促进了美国高等教育发展。通过对高等教育中应用学科的资助，促进了传统"学术型"高等院校向"实用型"高校转化，为美国经济和社会发展培养了大批应用型人才，极大地推动了美国工业化和农业现代化进程。19世纪后期，随着一系列法案的出台，美国高等教育正式进入大发展时期，诸多欧洲高等教育办学理念使美国研究性大学的思想宝库得以丰富。在充分借鉴德国现代大学办学经验的基础上，美国大学逐渐形成了自身独特的风格。

二战至20世纪末：第二次世界大战之后，在教育民主化浪潮的影响下，高等教育的规模和入学人数呈现爆炸式增长的态势，迎来了发展"黄金期"。伴随国内外政治、经济与科技形势的变化，面临着诸多挑战的美国，在高等教育领域采取了一系列影响深远的措施。《退伍军人权利法案》《国防教育法》《高等教育法》《国家处于危险之中：教育改革势在必行》《2000年教育目标法》等相继出台，其核心都是要把高等教育提升到直接影响国家的国际地位高低、国际竞争成败的高度来考虑。在这种时代氛围下，整个美国社会形成了一种共识，人们普遍参与和支持兴办高等教育事业，不断完善教育体制机制，全力重塑学习体系，以期全面提高教育质量。至20世纪末，美国已经形成了多种多样的教育类型，所取得的教育成就也是有目共睹的。

### （二）加拿大高等教育发展史

加拿大高等教育被称为"中学以上的教育"或"中学后教育"，通常指大学、社区学院、专科技术学校或私立职业学院的教育，已有300多年的历史。由于加拿大曾为法、英殖民地，其高等教育一开始就有强烈的欧洲传统，而且早期创办的高校基本上都是教会学校，如加拿大最古老的拉瓦尔大学的前身就是法国人1663年创建的魁北克神学院，1852年改为拉瓦尔大学。

加拿大第一所非教会的私立大学是麦吉尔大学，始建于1821年。该校从19世纪50年代起开始设立文、医、理、工学院，是加拿大第一所综合性大学，与不久后分别设立文、理、工等院系的哈利法克斯达尔豪西大学、多伦多大学，同为加拿大综合性大学的先驱。到1867年加拿大全国四省有18所大学。二战期间，由于战时需要，联邦政府大力资助高等教育，培养出了大批专业技术人员。战后，政府又需要安置大批退伍军人接受高等教育，使他们成为有用人才，由此形成了联邦政府资助高等教育的制度。

随着经济逐渐繁荣，人才需求更为迫切，高等教育得以快速发展。可以说，20世纪60年代是加拿大高等教育的大发展时期，大学生人数翻了一番有余，即从1961年的129000人增加到了1971年的320000人。为了适应急剧扩张的高等教育需求，加拿大在此期间共新设了19所大学，并扩充了原有大学的设备和规模。与此同时，社区学院（又称应用艺术和技术学院）开始兴起。这类学院侧重职业技术培训。由于它们与经济发展需要相吻合，课程实用，毕业生就业容易，上课时间灵活，学费便宜，分布面广，入学方便，因而发展很快，到20世纪80年代中期，全国已有204所，专职教师2.5万余人，学生32万多人。

20世纪90年代初，加拿大在全国范围内共有89所大学和大学水平的学院，专职教师3.7万名。其中，67所高校可授各类学位，其余22所高校中的6所只能授神学专业学位，另16所只能委托其他高校授学位。高校共有全日制学生514000人，其中62000名为研究生，占12%；业余制学生305 000人，其中研究生39000人。

## 二、美洲高校师德建设现状

### （一）美国师德建设现状

美国教师专业伦理建设在实践探索中不断成熟并逐渐走向专业化，形成了独具特色的教师职业伦理要求和师德规范。师德规范是在教育职业活动中调整人们之间的利益关系，判断教师教育行为是非善恶的具体标准。为促进师德建设，美国还配套制定了一系列相关措施和机制。而且，美国也拥有健全的法律体系，主要包括美国国会或立法机构指定的成文法以及最高法院的相关决议或者判例。这些法律都对教师教育教学的专业行为具有很强的约束力。

1.兼顾科学性与操作性

美国全国教育协会准则具有以下特征：第一，教师作为规范制定与修订的主体，具有专业自主性，而规范的制定充分发挥了教师作为规范建设主体的能动性；第二，不断结合教育实践形成规范的专业人员本位性，在规范形成过程中重视教育实践对规范的指导反馈作用；第三，突出教育者责任内容的专业自由性，使教师专业伦理与一般伦理规范有所差别；第四，严格规范执行制度的专业自律性，通过调查、听证等合理程序保障规范的执行实施。这也是美国师德建设科学性的体现。

在具体的内容上，美国全国教育协会准则包括序言、原则一和原则二三大部分。具体内容可划分为三个层次：师德理想、师德原则、师德规则。序言部分可以认为是师德理想，是社会对教师伦理道德的最高要求，为每一个教师指明了发展和努力的方向，起价值导向作用，是科学性的体现。原则一和原则二分别阐述了教师对待学生和对待自己两个方面的内容，主要包括要帮助每个学生发掘个体潜能，使他们成为有价值的社会成员，能够并且愿意为社会作贡献；努力吸引踏实、热情、专业水平高的人从事教育工作，防止不合格的人从事教育工作，包括道德品质的不合格和专业素养的不合格。原则一和原则二是在师德理想指导下具体的师德原则，强调教师工作中所必须遵守的社会基本道德，也考虑教师职业道德与一般社会道德的区别，起到约束作用，对教师能做什么和不能做什么作了明确的规定。这可以认为是在坚持师德原则下具体的师德规则。师德规则是对教师行为的基本要求，规定教师的具体行为，有很强的可操作性。

2.行业规范、地方特色、群体自觉三者协同推进

美国高校师德建设主体具有多元化的特点。教师职业道德规范的制定依托于各类行业组织，以行业规范的形式出现。目前美国存在三个影响力较大的教师教育组织，即全美教育协会、美国大学协会、美国教师联合会，由这些组织所制定的各种规范准则对高校教师具有普遍的行业约束力。同时，为了提高这些行业协会制定的规范和准则的可操作性，美国各州将规范与本地

实际结合起来，出台了相应的法令，促进了教师职业规范和准则的实施。

一些具有强烈道德意识和职业责任感的行业领头人所成立的社会团体也对美国教师职业道德发展作了不少贡献。例如，美国大学教授联合会专门发布声明，强调了大学教授应承担的一系列行业责任与遵守的职业道德。

3.严格的教师聘用和考评制度

美国教师聘用实行严格的教师准入制度，采用"终身教职"与"非升即走"相结合的方式。"终身教职"为大学教师提供了良好的研究条件、物质保障，也是对有能力、够资格的教师社会地位的认可。"非升即走"指教师在聘期结束后，若不能够做出相应的成绩得到晋升，就必须离开学校，形成了一种竞争淘汰的制度，这有利于激励高校教师保持对于教学和科研的兴趣，推动学术研究发展，保持高校人才的更新与流动，为美国高校教师队伍的活力与质量提供保障。

美国各大高校都有着比较完善的教师考评制度。考核内容涉及教学、科研、公共服务等，考核方式为自我评价、学生评价、同事评价相结合。此外，美国高校还通过选课制度促进教师职业道德建设。学期初，学生可以"选课试听"；学期末，学生要按照学校规定对所选课程教师的专业知识、学术思想、教学技巧、教学态度、职业品格等几个方面作出评价。

4.道德规范外显化、法律化

美国高校师德建设最早以法律形式提出，今天的美国仍然坚持了这一传统，通过法律增强师德规范的约束力和强制性。美国许多州政府都明确将教师职业道德列入成文法，作为学校与教师契约关系的重要考量，而且对于教师"违反角色榜样义务""失于履行校园义务"等问题的相关处罚也作出了详细规定。同时，强调教师的角色榜样，一旦证实道德失范行为与教学结果之间有关联，学校就可以解雇那些"道德败坏""行为不相称""不恰当"的教师。在发现教师师德失范行为后，应及时进行调查，确认事实后，根据相应的条例或规定给予处分，严重者可予以解聘处理。因为违反专业伦理规范和道德行为不检而遭到解聘的教师，学校不需给予其薪水补偿。这些措施对教师的专业素质和职业道德作了硬性规定，给教师划定了教学和工作行为的界限，客观上推动了美国高校师德建设。

综观美国高校教师专业伦理发展历史，可以看出，美国师德建设规范更偏向于具体的外在行为，而不是笼统地强调某些道德品质。在美国师德建设的思路中，教师的职责是从公民的职责出发的。教师首先是国家的公民，必须遵守相应的公民道德规范，从这一点来说，教师与其他行业的公民并无区别。教师是在社会生活中存在的独立个体，必然有着同其他个体一样的人的需求。美国师德规范和标准的制定被纳入法律的框架之下，同时充分考虑了教师的职业特点，以教师的道德底线为焦点，以教师行业和工作的实际特点为基础，从微观角度强调每位教师都必须遵守的教师职业最基本的规范要求，而不是将教师形象捧高、捧大，将教师塑造成人间道德、正义和崇高的化身。但这并不意味着美国师德建设的要求不高。由于美国受实用主义影响，美国人常认为行为体现其品质特征。美国师德建设的显著特点是师德规范对教师行为作出了具体要求，这也是美国师德建设制度化发展的重要成果。师德规范中大量地使用了"不准、不许、必须"等限制性的语言表述，为教师提供了一个良好的行为参考标准，可操作性强。此外，美国师德规范除了明确教师必须遵守的基本法则和底线，还十分强调教师对待学生的服务精神和其对自身专业水平提升与发展的要求。美国师德建设中，将道德规范外显化、法律化的做法给教师画出了师德失范的警戒线，可明确教师的行为正当与否，有利于提高美国高校师德规范的实践效率。

### （二）加拿大师德建设现状

作为联邦制国家，加拿大在国家层面没有统一的教育制度，在13个省中，安大略省不仅是加拿大英语区域经济、文化中心，而且教育改革举措也受到了各地教育研究者的关注和学习。[①] "世纪之交，伴随全球教育改革浪潮的推动，安大略省也在各个领域促发变革。其教育改革的举措侧重于教育标准化、管理集权化、学校问责制、教师规制与能力建构[②]"，以此应对社会发展对教育提出的要求。具体到教师领域，教育改革的措施聚焦于解决师资短缺问题，促进教学成为自治专业。《教学专业伦理标准》（以下简称《伦理标准》）的出台源自教师的自治性机构——安大略教师学会的成立，其是制定与推行《伦理标准》的主体。

教师学会管理委员会下设专业事务部和实践标准及教育委员会，负责制

---

① GRAZIA SCOPPIO.Common trends of standardisation,accountability,eevolution and choice in the educational policies of England,U.K.,California,U.S.A.,and Ontario,Canada[J].Current issues in comparative education,2002（2）：130-141.

② 谌启标：《加拿大安大略省教师专业发展政策述评》，《比较教育研究》2012年第4期。

定及完善《伦理标准》，委员会强调法理基础，并广泛征询，反复征求，采信各利益相关者的意见，最终确定了《标伦理准》。因此，安大略省的《标准》实际上表达了教师专业实践的愿景，而根据《伦理标准》，教师要向学生及其学习作出承诺。其目的在于鼓励教师进行反思；明确身为教师的伦理责任与义务；指导教师在教学工作中的伦理决策与行动；提升教学专业人员的社会公信力。

1.《伦理标准》的具体内容

2006年，教师学会对《伦理标准》进行了修订，同年8月颁布了修订版，内容包括四方面。①关怀。其包括同情、容忍、洞察等，强调教师要保持同情、接纳、好奇以及深刻的理解，以发展学生潜能，同时教师在教学实践中，要通过正面影响、专业判断和移情等方式，关心学生福祉与学习。②尊重。教师应尊重学生的尊严、情绪健康和认知发展，信任与公平则是尊重的内在标准。何为对精神与文化价值、社会公正、保护隐私、自由与民主的尊重，教师要在专业实践中为学生作出示范。③信赖。其包含公平、公开与诚实，强调教师与学生、家长和同事之间的关系都应该以诚实为基础。④品格正直。其包括诚实、可靠、符合道德的行动等，而持续地反思能帮助教师践行这一品质。

2.美德论为基础的标准设定

安大略省的《伦理标准》结构简明，内容精炼。与其他国家和地区的相关规范不同，这份标准以专业价值为纲领结构，精炼出了四种道德原则，即关怀、尊重、信赖、正直。以专业美德来统领教师行为及教师与相关利益群体的关系，当教师遇到道德两难问题时，为其作出合理的道德判断提供指导。

例如，"信赖"原则意指教师与相关利益群体以互相信任为基础建立关系；"关怀"原则要求教师在处理学生相关问题时应该以生为本；"尊重"原则意在指导教师妥善处理多元社会背景下的各类关系，以及在教学实践中遇到的问题。立足道德原则层面制定专业伦理标准，有利于避免局限于行为规则层面的有限性，可见《伦理标准》的目的不在于规限教师的行为表现，而是着眼于对教师进行专业价值层面的指导和引领。但相对而言，立足于美德论，道德原则层面的引领会减弱标准在行为规则层面的约束效力，可能会导致各方对原则内涵的理解产生分歧。

# 第三节 亚洲国家师德建设发展情况

## 一、亚洲高等教育发展的历史回溯

与发达国家相比，亚洲现代高等教育发展的历史较短，主要集中在 20 世纪后 50 年，且基础相对薄弱。然而，在近 50 年经济巨变的同时，亚洲特有的社会、文化和民族传统也以其独特的方式，使其高等教育从依赖发达国家逐步转向建立适合本国和本地区特点的体系。亚洲高等教育的发展可根据发展特点分为四个阶段。

第一阶段：二战前的初步发展阶段。二战前，亚洲高等教育发展的主要特点是移植西方高等教育模式，大部分地区的高等教育为西方国家所办，或受到外国教育机构的支配，如韩国的汉城大学，中国的清华大学、香港大学等。当时很多国家是西方国家的殖民地，这些国家的主要大学由宗主国创办，教学和管理模仿外国。

第二阶段：1945 年至 20 世纪 60 年代快速发展阶段。一些国家独立后十分重视高等教育的发展，并把发展高等教育当作民族独立的一个基本内容，加上亚洲人民普遍重视对子女的教育，高等教育得到了迅速发展。

例如，韩国在 1945 年仅有 4 所高校，在校生约 8 000 人。到 1961 年高校增至 85 所，在校生达到 14 万人。

又如，印度 1946 年有 18 所大学，1950 年在校生 17.4 万人，到 1970 年有 93 所大学，在校生 195.6 万人。然而，在亚洲高等教育快速发展中也出现了一些问题。其中主要有高校沿袭殖民时期的办学模式，脱离了本国发展的实际；追求文凭的观念十分深刻，部分国家和地区高校数量扩展太快，与社会和经济发展需求脱节，导致毕业生就业困难；一些国家的经济实力难以支撑庞大的高等教育规模。因此，20 世纪 60 年代中后期许多国家开始反思高等教育的发展。

第三阶段：20 世纪 60 至 80 年代高等教育转型阶段。20 世纪 60 年代中后期到 20 世纪 80 年代，正值第三次科技革命开始阶段，科技和经济的快速发展要求高等教育为本国和本地区社会经济和产业结构的调整提供大批实用性人才。亚洲高等教育在办学目标和体制上发生了转变，开始注重为经济建设服务。

例如，韩国政府调整高等教育结构。通过实施压缩人文学科、扩大实用性专业的招生、发展理工科大学和专门学校等政策，加快高级技术人才的培养，促进了 20 世纪 70 年代韩国经济的起飞。

又如，香港向传统的精英教育发起挑战。香港政府改变了早期的精英教育模式，开始注意培养适合本地工业需求的人才。通过组建香港中文大学和发展香港理工大学等举措，大大推进了香港地区高等教育的发展。20 世纪 80 年代在校生达 3 万人，为香港地区的经济转型和技术升级作出了贡献。

第四阶段：20 世纪 80 年代以来建立适应本国国情的高等教育体系阶段。随着经济的全球化、多元化和竞争的加剧，亚洲国家和地区更加注重本国综合实力的进一步提升，并从社会和经济等方面协调发展的高度实施可持续发展战略，开始形成适合本国国情的高等教育体系。

## 二、亚洲教师师德发展历程

### （一）日本

1872 年，随着《学制令》的颁布，日本开始推行师范学校毕业资格制度。二战后，日本的师资培养模式由封闭转为开放。1949 年，日本国会通过了《教育职员许可法》等，对各级各类教师的资格条件及教师资格证书制度等作了明确规定。

1949 年颁布的《教育公务员特例法》和 1956 年颁布的《地方教育行政组织经营法》都在教师聘用方面提出相关要求。1981 年，日本教育法规定，教授必须由拥有博士学位或在研究上达到博士水平的人来担任，副教授和讲师必须由拥有硕士以上学位或达到相当研究水平者担任。日本高校选聘教师主要有三种方式：一是从本校提拔教授和副教授，二是从其他大学招聘，三是面向社会公开招聘。日本同欧美国家一样，采取公开招聘方式，应聘者提交材料后由教授会进行投票表决，最终送往文部省审议，由文部大臣任命。由于日本允许从本校内部招聘教师，而助教也是从本校本科毕业生中选拔，导致日本学术界"近亲繁殖"现象十分严重，大学教师流动性远远低于西方国家。在 1988 年、1998 年以及 2002 年，日本政府根据高等教育的发展情况，对《教育公务员特例法》作了不同程度的修订，进一步细化、明确了在提高教师的学历层次、增加社会上有专长和技术的人员进入高校任教的机会以及考察教师的实际教学能力和科研能力等方面的规定。

1996 年，日本政府制定《关于大学教师等的任期制的法律案》，推行教师任期制，规定从事研究或者教学的高等教育机关教师，在其任期届满之后，必须通过大学管理机关的考核来确定是否可以继续留任，如果在任期内该教师未能作出相关的教学贡献和学术成果，学校就会采取"退职"方式，不予聘任。

进入 21 世纪，由于未能顺应时代潮流和社会发展要求推行彻底的人事改革，未能适时调整博士培养目标与方向，加之日本泡沫经济崩溃、高等教育适龄人口减少以及政府削减预算等社会性因素，日本高校发展陷入困境。近年来，高校教师人才供大于求，教师聘任走向兼职化和任期制。原有的教师队伍开始呈现出老龄化发展特征，教师内部出现明显的阶层分化。这在一定程度上促使日本高校增加了兼职教师的人数，有利于打破学术"近亲繁殖"的局面，打开了高等教育新的发展局面。

### （二）新加坡

新加坡的职前教师教育是新加坡师德建设的一个重要反映层面。新加坡位于东南亚，国土面积狭小，自然资源缺乏，但新加坡却是亚洲为数不多的发达国家之一。从曾经的殖民地到高度发达的现代化国家，新加坡吸引了全世界的目光，其背后的根本在于对新加坡人口资源的充分利用，最大程度利用人力资源带来利益。新加坡是一个多民族和多语言的国家，如何在全球化和西方价值观的冲击下培养具有国家情怀和民族价值观的公民是新加坡政府关注的焦点。而学校教育是承担这一重要使命的重要场所，进行公民教育的重任落在了众多教师身上。因此，在坚持"实用主义"至上的政策取向下，重视对教师价值观的渲染与塑造是新加坡职前教师教育的价值导向。

新加坡的职前教师教育致力于为 21 世纪学习者培养 21 世纪教师，教师应当"努力参与到学校教育的道德和社会目的中，赋予智慧以价值并维持智慧水平；与教育的其他利益相关者共同合作，对终身学习负责并致力于终身学习"。因此，塑造教师价值观成为职前教师教育的核心要素之一，同时是质量管理的价值导向，符合新加坡以价值观为核心的教育理念。例如，国立教育学院改善了之前倡导的 ASK（Attitudes，Skills and Knowledge）价值模式，确立了 VSK（Values，Skills and Knowledge）价值观模式。VSK 是对国立教育学院理念的重申——孩子是新加坡教师教育事业的核心。VSK 模式最理想的结果就是培养以孩子为中心的教师，塑造全面的高质量的教师，同时指导着新加坡职前教师教育不断完善，走向专业化发展轨道。

## 三、亚洲高校师德建设现状

### （一）日本

日本高校教师职业素质主要强调以下三个方面：强烈的社会责任感和为全社会效力的信念；教师享有团体活动及个体成员决策的自由；教师通过专业训练获得专业知识和技能。20 世纪 80 年代后，由于高等教育朝着国际化方向发展，日本在原有的教师标准基础上，对教师的学历和资格条件提出了更高的标准。1986 年 1 月，日本中央教育审议会制定了提高教师质量的基本方针，要求进一步改革大学的师资培养课程，提高未来教师的素质。高校教师职业素质越发被重视，越来越多的目光聚焦于高校教师职业道德建设。为提高教师队伍素质，日本高校要求在职教师不断提高专业能力和学术水平，同时加强了对在职教师的进修和培训活动的关注。

1. 注重职前教育，建立"新任教师培养制度"

日本高校会针对新入职的专业教师进行为期一年的职前教育和培训活动。在《关于教师任用及其进修研究》中规定：为了使新任的高校教师掌握教学技能，1989 年起把成人高校新任教师的实习试用期延长为一年。日本高校的职前教育制度是日本高校教师录用制度最后也是最重要的一个环节，对教师进行长达一年的入职培训，既能够使新任教师尽快地熟悉业务，又能够在入口处保证高校教师队伍的高质量。

2. 强化交流合作渠道

一方面，日本高校每年都会选派骨干教师和部分年轻教师出国进修，派遣一定数量的优秀青年教师到国内知名大学或其他研究机关进行科学研究和其他相关学术活动；另一方面，日本高校也会从国外聘请相当数量的专家和教授到学校进行讲学，或请国内知名学者和教授进行教师培训，定期开展学术交流和学术活动，同时鼓励教师积极参加民间教育培训机构组织的教师教育团体进修活动等。

3. 注重高校内部进修

日本高校建立了比较完备的内部进修机制，以教研室为单位定期开展教学科研研讨活动，只为达到以老带新、让年轻教师快速成长的目的。新任教师之间还要互相听课，共同参加教师研修会或去研究生的班级听课，并同学生一起参加结业考试。校长、教导主任等校内管理人员，各教学科目指导者，教龄五年以上的教师也需要参加定期培训。

4. 建立在职教师研究进修制度

日本明确规定了在职教师的培养、提高与晋升制度。凡是在高校任教的教师必须取得硕士或者博士学位，并且授课满两年后，需要在进修学习中获得 15 学分以上才可晋级。文部省曾发布多项公告，鼓励在职教师继续学习，规定在职教师可以采用停薪留职、享受高额奖学金与补助金等方式进行在职进修。

通过对日本高等教育的起源与发展以及日本教师制度的回顾可以明显看出，日本自古以来就受到中国传统文化影响，尊师重道是社会的传统。日本师德规范主要特点如下：一是重视爱国精神和民族意识的培养；二是注重人性和个性的和谐发展。为明确规定教师的伦理道德行为，1952 年日本教职员组织专门针对教师的伦理道德规范制定了《教师伦理纲领》，提出"克制自己过度的欲望，生活有节制"等。日本教师始终在努力追求"严以律己、至诚严谨、宽厚为怀、亲切温情"的士族教师形象。

（二）新加坡

新加坡教师教育政策与模式融合了全球化、多样化的背景，并结合了技术、创新等因素，能够应对 21 世纪新的挑战与机遇。伴随着 21 世纪全球化和数字化的发展，科技日益成为各国综合实力较量的重要因素。国家之间信息传递速度加快，社会的进步对于信息技术类人才的需求增长。各国政府纷纷开始培养知识型人才，以应对新的时代背景给教育带来的挑战。这一现象在教育强国新加坡尤其明显。1997 年，"思考型学校，学习型国家"的口号由新加坡总理提出，被认为是新加坡教师教育发展史上的一个里程碑式的转变。2005 年，新加坡教育部发起倡议"Teach less，learn more"。这一倡议使教师开始反思为什么教及如何教、教什么，同时它也意味着教育方式和教育方法以及教育内容将发生变革。此时的新加坡教师教育已经意识到教师教育质量的重要性。

新加坡政府于 2009 年实行了 21 世纪教师能力框架，随即"21 世纪教师教育模式"正式发布，该模式致力于进一步提升教师队伍的质量，加强其专业化程度。2009 年，学术质量管理办公室在新加坡国立教育学院成立，该机构主要对教师教育发展质量和效能进行审查和监管，从而实时调整教师教育策略。营造"持续性自我提升和专业性自我问责的卓越学术文化"是该机构成立的主要目标。在 21 世纪背景之下，新加坡从以学生为中心、价值观为导向的理念出发，加强了政府、国立教育学院与中小学校的联结，开始注重理论与实践相结合，形成了一个良性循环的教师教育质量保障系统。该时期的教师教育质量保障机制设计坚持科学性和严密性相统一，实施程序具备操作性、便利性和高效性的特点。

## 第四节　国外师德建设的经验和启示

前三节重点介绍了欧洲、美洲和亚洲几个国家开展师德师风建设的做法，其中一些成熟的工作模式值得我们深入学习、总结反思，从而提升我国师德师风建设的系统性和法制化水平。特别是美国和英国的一些典型经验，是推进师德建设的务实举措。由于世界各国的社会发展过程有所不同，其师德建设工作具有各自的特点。尤其是西方发达国家普遍对师德建设高度重视，呈现出诸多突出特点，而国外关于师德师风建设的有效做法，对我国深入推进师德师风建设是一个借鉴。我国要本着为我所用的原则，在分析研判的基础上，取长补短，推动工作。

### 一、国外关于推动师德建设的经验

第一，师德建设重点强化思维导向和问题导向。在思维导向上，西方发达国家的师德评价多以教师行为所产生的结果为标准。他们认为，教师的"能力"与"道德"就是其专业化水平和专业精神，而履职尽责是教师最根本的职业道德。这种以结果论为导向的理念使得西方国家的师德建设大多关注教师职业行为的道德性。这种以动机论为导向的师德建设更关注教师个人行为的道德性。西方发达国家在有关师德规范的文件中多使用"禁止""不应"等否定性词语，而我国以往的师德规范中更多强调"应该"如何。换句话说，西方国家更强调师德底线，体现出了强烈的问题导向，而我国更强调师德高度，多从宏观上限定禁止行为。

第二，正确处理"底线师德"与"道德模范"的关系。从国外师德建设的实践历程可以发现，随着教师教育专业化发展的不断演进和深化，人们越来越多地以教师专业化的眼光来审视师德问题。毋庸讳言，现实生活中确实存在忽视教师个人合法权益，致使一些教师面临两难抉择困境，以及圣贤标准给教师过大的精神压力等问题。但是我们还是坚决反对打着"关注教师权益、追求底线师德"的旗号"降低师德标准、摒弃道德模范"的思想和行径。我们支持使用"底线师德"，但不代表要以降低师德标准来进行高校师德建设；相反，应该提高教师资格准入门槛，对执业教师进行严格要求，建立教师个人师德档案，实行师德一票否决制，在师德问题上不能有丝毫马虎意识和侥幸心理。当然，在高校师德建设工作中，也要摒弃传统过于注重教师表面的伦理圣职化现象，适度关注教师之为"自然人"的利益要求和职场专业化立场，关心教师道德的人本之维，重塑高校教师的师德形象，处理好"道德模范"和"自然人"的关系，保障教师合法权益。

第三，重视教师职业道德规范的构建并注重划分师德规范的结构层次。发达国家致力于编制具体的教师职业道德规范，区分师德规范的不同层次。师德规范相对具体明确而具有可行性，能够对教师的行为和观念提供指导，可操作性较强。这样能够使教师职业道德的培养和评价有章可循。教师职业的特殊性决定了师德规范既要有理想性，又要有现实性，对教师整体与个体提出不同层次的职业道德要求，便于实施操作，从而使师德建设真正落实到实际工作中。

第四，师德规范细化程度和师德建设的内容存在差异。西方发达国家的师德规范文件分类明确，对不同类别的行为有不同的规制，如对学术诚信建设、种族歧视行为和师生不当关系等有不同的规定。这样能较好地避免模糊界定和责任推诿，增强文件的可操作性。不过，近年来由于学术不端现象频繁发生，我国专门出台了有针对性的预防和处理办法。可见，师德规范不能泛泛而谈，而是要根据不同性质和类别有所区别，这样才能使师德失范处理落到实处，进而促进高校的师德建设。在建设的内容方面，国外在师德建设上注重师生关系的构建，通过一系列的规章制度对可能影响正当师生关系的行为进行防范和约束，并针对明确禁止的师生关系异化行为制定了专门的规章，将尊重学生独立人格、构建和谐平等自由的师生关系视为教师重要的职业道德之一。

第五，强调教师职业道德的内化与养成。美、欧、日等发达国家在教师职前与在职教育和培训过程中，不针对师德培养而专门设置课程，也不组织关于教师职业道德的说教和灌输式培养和训练活动，而是将师德建设融入和渗透在学校及社会的日常道德教育之中。他们认为，将师德教育有机地渗透于各科教学和学生的日常生活，比直接灌输收益更大，此种方式不易引起教师反感，也能更好地达到陶冶之功效，有利于教师职业道德的内化与养成。同时，对于在职教师或者即将步入教师队伍的师范生来说，良好的职业道德素质和一定的思想觉悟不是单靠学习某些规范、原则就能够迅速形成且保持稳定的。事实上，教师的职业道德主要是在其对自身工作进行体验、经历、感悟、理解的过程中形成的，而后成为自己职业信仰的一部分。

第六，师德的提出以法律为准绳，师德规范在法律框架下运行。纵观许多发达国家，其对教师行为的要求基本上是对公民权利与义务的要求，并且是对教师职业道德底线行为的规定，这是教师不良行为受到处罚的依据。师德规范蕴含着法律般的强制力，有着较强的执行力和约束力。因为在某种程度上人的思想是无法掌控的，也无法轻而易举地判定是非善恶，唯有表现出的行为是有好恶之分的，是可以调控和约束的。在教师的选拔任用上要严格把关，从源头上提升师德的起点和水平。从国外经验来看，在教师选拔过程中尤其注重其人格素质、道德情操、责任心和使命感等职业道德，对师德规范方面要求非常严格。这样不但可以从源头上直接筛选出具有较高道德水准的新教师，而且对于师范学校中教师的教育与培养工作具有导向作用。在严格把守教师的道德观来选聘教师方面，日本极具代表性。他们挑选教师时格外重视其道德品质，从而避免了日后淘汰、解雇教师，这样能够有效激励教师个体更自觉、自律，努力成为面向民众的美好道德理想的化身。

## 二、国外师德建设经验对我国的启示

国外师德建设工作的出发导向、问题导向、层次结构、规范内容和法制化的推进程度等，都为我国师德建设工作提供了新的思考方向。立足于 21 世纪我国教育发展的实际，准确把握时代要求，从新的视角研究和探讨师德建设的要求和路径，对于增强广大教师教书育人的责任感和使命感，实现办好人民满意的教育，推动我国教育事业的健康发展具有十分重要的参考和借鉴意义。在师德建设工作中，我国可以从以下方面着手。

第一，重新树立师德培养和建设的理念，确立师德素质在教师素质构成中的核心地位、作用和意义。

加强师德建设的重点首先在于更新师德教育的思想和观念，以帮助教师树立正确的人才观、学生观、质量观，不断完善教师的素质结构，以此改变传统条件下教师专业发展中重视教师专业技能提升、忽视师德塑造的倾向，从而扭转重能轻德的观念偏差。而坚持以人为本和创新性原则是教师职业道德建设的新境界。在师德领域中，自古以来就强调教师的自律而忽视自我，强调奉献而轻视自我发展。因而，要在师德建设中植入以人为本的理念，要在师德培养的目标、内容、策略等方面勇于打破因循守旧、固步自封的局面并有所创新。另外，在社会主义市场经济条件下强调教师的合作意识和集体主义情怀，在全球化背景中培养教师的终身学习意识和创新精神，都应该成为新时期师德建设的重要内容。

第二，要正确把握师德理想与行为底线的关系，提高职业道德水平。

强调师德理想，就是要求教师除了有过硬的专业技能，还要有崇高的理想信念，既要做学生学习的老师，又要做学生成长路上的"引路人"。强调行为底线，就是将禁止行为当作评判职业行为道德的标准。过于偏重"师德理想"或"行为底线"，都会置师德建设于偏颇之地。教师职业有社会职业的普遍性，需要通过职业行为底线进行规约，同时这一职业也具有区别于社会职业的特殊性，教导人和培养人的功能使教师职业本身带有引领和示范作用，它产生的影响不仅作用于行业之中，也会渗透到社会中去，广泛而深远。因此，教师需要树立远大的师德理想来发挥更好的教化作用。在进行师德建设时，既要把握好教师职业的普遍性，又要看到其道德的特殊性；既要防止过度"圣贤化"，又要避免以行为底线为最高要求。总之，要结合国情和社会发展的实际进行定位，这样才能不断提高我国教师的职业道德水平。

第三，要深入挖掘传统师德文化要素的内涵，指导现代师德素质的养成。

教师职业道德具有永恒性、发展性和继承性，同时有一定的时代性和阶级性。深刻了解和借鉴外国师德师风建设的有益经验和我国历史上教师优秀品德元素及师德素质培养实践经验，并使之在现代社会环境中得到运用和发挥，是我们当下完善师资队伍的重要途径。无论时代怎样变化，师德建设都有必要从历史中寻找答案。人们不遗余力地对中国历史上所积淀的教师职业道德要素和师德建设经验进行总结和提炼，并在此基础上发扬和摒弃，对其中若干要素进行辩证分析，有助于丰富和深化教师对师德内涵的理解，从而强化其争做高尚教师的信念，对于完善当前教师的职业操守和德行具有建设性意义。

第四，要正确处理师德规范与行为实践的关系，提高治理法制化水平。

师德规范明确了教师的"应为""可为""不可为"，为道德判断提供依据，而践行规范的过程就是要化"应为"为"有为"。有学者在对加拿大教师道德准则进行实证研究后提出，在未来的教师道德教育中，过度强调道德规范可能会具有局限性。康秀云指出，可以借鉴国外高校师德规范中具有可操作性的经验，细化师德规范文本，使其有标准、接地气、能落实，既规定禁行条例，又补充道德困境解决策略。国外的师德建设工作大多在实证研究的基础上展开，规范往往是基于某种具体道德场景而制定的，能够在类似事件发生时提供较为准确的判断和操作指导。而我国的师德规范多源于传统文化的价值观引领。因此，要处理好师德规范与行为实践的关系，首先要促进师德规范的具体化和精细化。只有规范与行为具有对应性，才能明确行为边界，确定处理流程和处理办法，从而使规范更具应用价值。

第五，要积极推动师德制度建设和精神感化有机结合，提高道德境界。

要想提高现实的师德状况，需要我们完善传统的师德建设方法，利用明确有效的制度和法律来规范教师的道德行为。因为规范制度建设不仅是提升师德水平的有力保障，为师德建设提供可操作性的现实基础，还可以有效避免说教和感化可能化为空谈的局面。然而，提升师德的任何措施都只是外部因素，提高师德修养最终有赖于教师本人的价值追求和主观意愿，他们需把各种外部的师德要求和规范内化为自身的追求和生命的需要，把学生的成长与发展视作自己人生价值的实现和人生幸福的重要源泉。所以，师德的培养要关注教师在活动参与中的积极性、主动性，注重教师的情感体验，强调激发教师的内驱力，促使教师在享受职业幸福的同时提升道德境界。实践证明，师德建设既不能只停留在精神感化层面上，又不能完全依靠制度的力量进行推动，只有将两者有机结合起来，双管齐下，才能更好地促进教师职业道德品质的提升。

第六，要进一步明确教师角色定位，依据教师不同角色要求，提升师德素质水平。

以教师职业的角色定位为出发点，规范教师的职业道德和行为，引导教师积极培养和塑造符合自身职业角色的道德素养，不失为师德建设的新路径。教师角色的定位主要是由教师职业劳动的特点决定的，同时它又要受社会政治、经济、文化以及公众对教师期望的影响和制约。因此，教师的角色是多元的，并且还会随着社会的发展而表现出富有时代特色的新角色特征。就当下而言，教师不仅是教育者，而且是学习者和创造者。所以，教师应以教育者、学习者和创造者应有的道德素质来要求自己，不仅要热爱教育事业，诲人不倦，还要秉持学无止境的原则，坚守勇于创新的思想，以此从事教育教学活动，在实践中不断升华师德。另外，在教育教学活动中，教师作为一个引导者和帮助者，与学生的交往中所表现出来的道德品质将会对其产生深刻影响，并终将融入社会、影响社会，成为社会道德的有机组成部分。对此，我们应当努力提高教师的道德修养，在借鉴国外经验的同时，使之与我国师德建设的实际相结合，不断与时俱进，服务于教育事业发展全局。

# 第四章　新时代高校师德建设的现状分析

高等教育承担着培养担当民族复兴大任的时代新人的重大使命，这在客观上要求我们必须聚焦教育发展的新理念、新目标、新任务，全面把握新时代师德师风建设的新坐标，努力写好新时代政治素质过硬、育人水平高超的教师队伍建设"奋进之笔"，引领广大教师珍爱人民教师这一光荣称号，坚定教书育人崇高职业的精神操守，永葆人类灵魂工程师的鲜亮底色，做无愧于时代和人民的好老师，切实履行好培养德智体美劳全面发展的社会主义建设者和接班人的神圣职责。

## 第一节　高校师德建设取得的成绩

新时代面临新形势，新形势需要新理念。加强高校师德师风建设，有利于加强新时代我国高校教师队伍建设，为办人民满意的高等教育提供坚实保障；有利于提高新时代我国高等教育整体水平，深化高等教育改革，实现教育强国的目标；有利于推进我国社会主义精神文明建设，提高全社会文明程度，推进中华民族伟大复兴进程。习近平总书记在全国高校思想政治工作会议上指出，高校立身之本在于立德树人，并强调要加强师德师风建设。教育大计，教师为本，教师应成为落实立德树人根本任务的责任主体和实施主体。党的十九大报告指出，要加强师德师风建设，培养高素质教师队伍。在新时代，立德树人要求教育要坚定不移地指向培养中国特色社会主义合格建设者和接班人的根本任务。抓好师德师风建设是打造高素质教师队伍的内在要求和重要保证，是明确教师"为谁培养人"的前提和基础，更是保证教师自觉践行立德树人根本任务的关键。

## 一、形成了较为完善的制度体系

2009 年修正的《中华人民共和国教师法》第二章明确规定了教师的义务；2011 年 12 月 30 日，教育部和中国教科文卫体工会全国委员会印发《高等学校教师职业道德规范》，从爱国、敬业、治学、教书育人、服务社会和为人师表六个方面规范高校教师的职业行为；2018 年 11 月 8 日，教育部印发《新时代高校教师职业行为十项准则》，从十个方面对高校教师的师德师风进行规范；2019 年 4 月 17 日，教育部印发《普通高等学校思想政治理论课教师队伍培养规划（2019—2023 年）》，强调习近平总书记在全国高校思想政治理论课上提出的"六要"和"七统一"，全面科学地规范了高校师德师风行为。在师德师风失范处理办法方面，教育部 2016 年 4 月 5 日发布《高等学校预防与处理学术不端行为办法》，分别从预防、调查、认定、处理、复核和监督等角度加强了高校学术规范；2018 年 11 月 8 日，教育部印发《教育部关于高校教师师德失范行为处理的指导意见》，对失范行为的处理办法作了严格的规范和科学的指示。除了教育部印发的这些规范，各省市以及各高校也根据自身具体情况制定出了详细的制度规范，从制度规范层面加强了新时代我国高校的师德师风建设。

## 二、具备了科学的理论指导

中国传统文化中的师德观、尊师重教的优良传统，国外优秀师德观等，是新时代我国高校师德师风建设的理论渊源，马克思主义基本原理是新时代我国高校师德师风建设的基础，习近平新时代中国特色社会主义思想是行动指南，社会主义核心价值体系是价值引领，而习近平立德树人重要论述和其他关于师德师风建设的重要指示，为新时代我国高校师德师风建设指明了前进方向。马克思主义认为："一切划时代的体系的真正的内容都是由于产生这些体系的那个时期的需要而形成的。"新时代我国高校师德师风建设的指导思想适应我国高校当前的发展状态，可指导新时代我国高校师德师风建设。除此之外，国内学者对高校师德师风建设十分关注，分别从不同角度对新时代我国高校师德师风建设展开研究，提出了有效可行的解决办法，促成了一系列实用有效的理论成果，丰富着新时代我国高校师德师风建设指导理论体系，推动健全着高校师德师风建设长效机制。

### 三、形成了积极向上的良好风气

党的十八大以来，党和国家印发了一系列指导性的师德师风建设文件，以此规范高校教师的师德师风行为；采取了一系列措施，不断完善高校师德师风建设机制；严肃处理失范行为，严格惩处师德师风失范行为涉事主体，以此警醒高校教师。在如此努力之下，当前我国高校师德师风总体现状明显好转。总的来看，高校师德师风整体表现积极健康。"作为人的存在对价值的真实体验展现了个体自我的真实存在。"[①] 新时代背景下，我国大多数高校教师都能坚持正确的政治立场和坚定的理想信念，能专心教书育人、潜心学术研究和衷心服务社会，能有意识地坚持在岗位中有效实现自身的人生理想和社会价值，能真实感受作为高校教师的价值存在，说明新时代高校师德师风主流表现是积极健康的，这是当前取得的有效成绩，也是新时代我国高校师德师风建设的新起点。

高校教师普遍都接受过高等教育，不仅具备高知识水平和高文化能力，而且相对具备较高的明辨是非的能力。在政治方向方面，我国高校教师政治立场和政治态度普遍端正，政治素质和政治修养普遍较高，且大都能坚定不移地拥护中国共产党的领导，能坚定共产主义远大理想和中国特色社会主义共同理想，能积极贯彻落实党的方针和政策、自觉践行社会主义核心价值观，能自觉爱国守法、心怀家国天下，具有较强的民族自豪感和民族归属感。在职业理想方面，广大高校教师都能自觉将教书育人、学术研究和服务社会当作自己的基本职责和奋斗目标，大多数高校教师职业理想和目标坚定，并能在实践中追求和践行自己的职业理想与职业目标。在职业行为表现方面，我国高校教师普遍表现较好，爱岗敬业，在新时代背景下焕发出了新的精神面貌。正如林崇德所指："时代赋予新一代教师学历较高、热爱生活、兴趣多元、

---

① 陈黎明：《教师价值品质研究——基于教育现象学之体验的视角》，知识产权出版社2017年版，第85页。

积极创新、敢于探索等优点。"① 在履行教书育人职责时，大部分高校教师比较用心，认真向学生传授专业知识，培养学生的专业能力，强化学生的专业素养，自觉担负起了落实立德树人根本任务的责任；在教学过程中，很多任课教师都能积极主动地与学生交流，慷慨为学生解惑；在学术研究过程中，一部分高校教师学术情怀浓厚，心怀国家和民族的前途命运，潜心投身于各种实验操作和文献研究中，精心搞学术，以服务社会经济发展和社会文明传承，而不是所有的教师都是为了职称或经济利益投机取巧发表论文。而且，很多教师在教书育人和学术研究过程中能保持严谨的态度，为人师表，以身作则，为大学生树立了良好的榜样示范。

### 四、涌现出一批师德先进的典型

在新时代的发展背景下和新时代我国高校师德师风建设工作的有序开展下，涌现出一批师德师风先进的高校教师，成为新时代我国高校教师师德师风的楷模，可有效助力新时代我国高校师德师风建设。北京大学数学科学学院教授姜伯驹是首届"全国教书育人楷模"，他认为教育和教书都是为学生的发展而服务的。在教书育人过程中，姜伯驹教授始终践行这一教育理念，"多年来，他始终把扶植年轻人的工作摆在第一位，对学生的研究工作给予最宽松的环境和最无私的帮助"，为我国培养出一大批优秀的数学家。湖南大学文学院教授胡遂是学生心目中最敬爱的老师，她在教学过程中所讲的内容很精彩，而且给予学生母亲般的关怀，全身心投入到学生的学习和成长中去，是爱岗敬业的真实写照。南开大学化学学院周其林教授秉承科研育人的理念，培养出大批优秀人才的同时，也研究出了丰硕的成果。他的"周氏催化剂"在国际上产生了巨大的影响，而且为了鼓励全国优秀化学教师，他将20万奖金全部捐出，可见只有一心热爱事业，扎根事业，才能取得不凡的成绩。新疆大学软件学院于炯教授认为，育人的过程就是关爱的过程，他对于处于相对弱势的一部分学生格外关注，对他们付出很多心血，尽可能地给予他们更多的温暖和关怀，指引学生走向正确的人生道路。中南大学桂卫华教授提出，他一生只做两件事，一是做科研，二是育人。在做科研方面，桂卫华教授带领他的团队，不怕危险，不辞劳苦，攻坚克难，有效实现了高炉炼铁中的节

---

① 林崇德：《师魂——教师大计 师德为本》，高等教育出版社 2014 年版，第 67 页。

能减排和降本增效，为国家经济社会发展作出了巨大贡献；在育人方面，他教育学生以国家重大需求为己任，并且以身作则，用自己的行动来教导学生做一个对国家和社会有用的人。西北师范大学马克思主义学院王宗礼教授一心扎根和奋斗在祖国西北这块相对"贫瘠"的土地上，踏实勤奋地奋战于教学与科研的第一线，培养出硕士研究生和博士研究生百余名，为祖国西北地区社会科学发展作出了巨大贡献。

2017年6月，中共中央组织部、中共中央宣传部、教育部联合印发《关于认真贯彻习近平总书记重要指示广泛开展向黄大年同志学习活动的通知》，对宣扬黄大年同志的先进事迹做了安排部署。黄大年，中共党员，著名地球物理学家，生前担任吉林大学地球探测科学与技术学院教授、博士生导师。2017年1月8日，黄大年因病不幸去世，年仅58岁。黄大年同志热爱祖国，品格崇高，始终把祖国富强、民族振兴当作自己的追求目标。黄大年同志是新时期教育工作者教书育人的杰出榜样，是留学归国人员爱国报国的先进模范，是践行社会主义核心价值观的时代楷模。他用毕生努力实现了爱国之情、强国之志、报国之行的统一，把个人梦想融入了实现中华民族伟大复兴中国梦的壮阔篇章之中，充分展现了一名新时期教育工作者和留学归国人员的奉献精神和崇高品格。为引导广大教师认真学习贯彻习近平总书记重要指示精神，充分发挥先进典型的示范带动作用，激励广大党员、干部坚定理想信念、竭诚为民奉献、积极建功立业，中共中央组织部、中共中央宣传部、教育部党组决定，在广大党员、干部和教育、科技工作者中广泛深入开展向黄大年同志学习活动。他是新时代优秀教师的楷模，也是弘扬师德师风的最好代表。

## 第二节　师德师风建设中存在的问题及原因分析

进一步加强高校师德师风建设对落实新时代党和国家的教育方针，提升人才培养质量，培养德智体美劳全面发展的社会主义建设者和接班人具有重要意义。总体而言，高校师德师风建设整体状况良好，在师德建设方面取得了显著成绩。但从更大的范围来看，由于受到市场经济、社会环境变化、负面信息等因素的影响，师德师风建设过程中也面临着一些现实挑战，在一些领域也存在亟待解决的问题。正视存在的问题，深刻分析问题存在的根源，准确把握问题实质，对于改进师德师风建设、规范教师言行、提升教师队伍整体水平意义重大。

### 一、师德师风建设过程中存在的问题

其一，师德师风失范行为偶有发生。新时代我国高校师德师风建设加强了力度，采取了有效措施，对高校师德师风失范行为进行了严肃的处理，提高了高校教师师德师风底线思维，进而促使高校师德师风现状明显改善。但是，师德师风失范行为仍时有发生，虽然是极少数的个案，可仍带来了比较负面的社会影响。这些失范行为集中表现为以下两种：一是一些严重的学术不端行为，如 2018 年南京大学教授梁某的学术不端事件，通过网络媒体的曝光和发酵，引得学界乃至整个社会哗然一片，此类行为不仅恶性欺骗了国家、社会和高校，而且严重损害了"被害人"的正当权益，同时给大学生做了错误的示范，其影响十分恶劣；二是在高校教师群体中还存在一些过度的兼职兼薪行为，"兼职兼薪是高校参与社会的具体表现，对组织改进、企业创新、经济社会发展都具有重要的价值"，但超过一定的程度，就会影响高校教师校内的正常工作，给高校带来不必要的损失，且目前这类问题仍未得到有效解决。只有正视和解决这些问题，才能促使教师队伍健康发展的体制机制不断完善。

其二，师德建设的协同机制有待进一步完善。2014 年，教育部颁布的《关于建立健全高校师德建设长效机制的意见》强调："高校是师德建设的责任主体，主要负责人是师德建设的第一责任人。高校要明确师德建设的牵头部门。"2019 年，教育部等部门联合印发的《关于加强和改进新时代师德师风建设的意见》指出："高校要强化党委教师工作部建设，明确将教师思想政治和师德师风建设作为其主要职责。"近年来，高校积极落实相关文件要求，相继成立了党委教师工作部，且将其独立出来，进一步加强了教师思想政治工作和师德师风建设。总体来看，高校教师师德师风建设工作虽然在一定程度上得以落实、推进，但还存在多头管理、归属不清的问题。例如，有的高校教师管理权责不明确，除了党委教师工作部外，人事处、教务处、组织部、宣传部等部门也承担着一些管理或监督职能，由于工作部门多且往往各自为战，

工作职责不明确、决策不统一、政策执行不顺畅等问题时时出现，影响了师德师风建设的整体效果。

其三，推动师德师风建设的主体责任意识有待进一步激发。《教育部关于建立健全高校师德建设长效机制的意见》强调，要"充分激发高校教师加强师德建设的自觉性。广大高校教师要充分发扬主人翁精神，自觉捍卫职业尊严，珍惜教师声誉，在细微处见师德，在日常生活中守师德，养成师德自律习惯，提升师德境界"。总体来看，绝大多数高校教师都能意识到师德师风建设的重要性，自觉践行"四有"好老师标准。但是，也有少数教师在处理"教书"与"育人"的关系上并不尽如人意，育人意识有待加强。个别高校制定的师德师风文件内容相对笼统、抽象，定性内容多、定量内容少，责任主体的管理意识发挥得还不够充分和彻底。

其四，营造师德环境不够，难以创建涵养高尚师德的氛围。从宏观社会环境来看，市场经济的深入发展和互联网的迅猛普及，在肯定人们追求自身利益的合法性和正当性的同时，也使得不问过程只看结果、以成败论英雄的功利思想渗透到社会的方方面面。高校教师虽接受过高等教育，有较强的道德修养，但处在商业气息浓厚的社会大环境里，容易受到影响。此外，市场经济中一些不公平竞争和商人商业行为也间接影响着高校教师的职业行为，表现为少数高校教师忽视集体利益。从宏观高校环境来看，作为事业单位的大学，在绩效要求和师德评价中存在着较为普遍的道德调和主义倾向，导致道德约束弱化，违规成本低廉，在一定程度上助长了教师队伍的道德风险。从微观个体环境来看，高校教师往往长期深耕各自的学科领域，缺乏系统的师范教育和师德师风专题学习，对于教师职业的理想信念、伦理要求、道德准则等缺乏全面学习和深刻领会，师德建设中存在薄弱环节和短板。

其五，网络文化在一定程度上影响了教师主体意识的重塑和提升。随着信息时代的演变，网络技术高频率、高质量地更新换代，给人们的生活和工作带来了前所未有的便利，尤其是因信息时代到来和网络技术发展而产生的网络文化，极大地丰富了人们的业余生活，一定程度上满足了人们在精神文化层面的需求，同时对人们的审美趣味和价值取向起到了一定的引导作用。但是网络文化的"泛娱乐化"倾向则好比是网络时代的"精神鸦片"，对广大受众产生诸多负面的影响。过多的网络娱乐文化消遣常会使人产生"我是谁，我在哪，我在干什么"的疑问，对自身的身份和定位产生怀疑。在这样的前提下，一些教师难免会受其影响，花费较多时间和精力关注网络文化，在一定程度上忽视了自己作为高校教师的职责和使命，主体意识降低。

其六，个别高校教师的团结协作意识还需进一步加强。教育事业是集体事业，促进学生全面发展，需要靠集体教师的努力。一个学生的成长，是教师集体劳动的结晶，需要集体教师的配合。教师只有组成一个群体，才能在教书育人的过程中充分发挥作用。正如马卡连柯所言："同一学校里的教师，彼此之间不仅在学校里应当维持友好关系，而且要变成朋友。"教师作为学校的重要组成部分，是衡量学校质量的一大重要指标，要想提高学校的排名，不仅需要每一位教师各司其职，更需要教师们齐心协力。团结协作是高校教师必备的道德素质，这要求高校教师具有团队精神，识大体、顾大局，以集体利益为重，自觉维护学校的声誉。绝大多数教师以集体主义为原则，关心集体，团结同事，为高等教育发展、培养人才作出了重要贡献。但也有极少数高校教师集体意识淡薄，以自我为中心，有时不太注意与其他教师团结合作，缺乏团队协作和集体攻关精神。在涉及个人利益的课题申报、职称晋升等环节上，有的教师可能缺乏大局意识，从而影响自身工作环境和积极性。

## 二、师德师风存在问题的原因分析

推进师德师风建设是一项系统工程，需要多方共同发力。导致师德师风建设出现问题的原因也是多方面的，综合分析，主要有以下五个方面的原因。

其一，社会转型时期的价值观影响。随着社会的不断发展，人们的价值观趋于多元化。在此时期，新的体制与道德规范还处于不断完善与发展阶段，而社会既有的机制、规范对社会成员的约束力受到影响。理想化的师德要求与经济回报导致高校教师在心理上形成落差，在个体利益价值的冲击下，高校教师的内在教育信仰有弱化的倾向。高校部分教师注重追求经济价值与现实需求，致使一些问题偶有发生。与此同时，传统教师权威观认为，教师是绝对的权威，是知识库与道德的化身，而处于信息时代的教师则失去了一定的主导性，学生能随时随地获得各种所需的知识，这样就削弱了教师在知识方面的优势，使得教师更加注重提升自己，花更多精力在科研上，这在某种程度上助长了部分教师重业务、轻道德的思想。这也是高校教师出现师德问题的原因。

其二，部分高校对师德师风建设的重视力度有所减弱。在学校师资队伍建设方面，师德师风建设是核心，但长期以来，极少数高校注重学科建设和教学科研，在一定程度上忽略了师德师风建设，常以学习专业知识代替师资培养的全部内容，不注重对教师职业道德的考核，导致教师只注重业务水平的提高，而忽视了思想、道德方面的素质养成。学校或教育主管部门管理体制还不太健全，而在学校或相关教育主管部门制定政策时，其引导方向直接影响高校教师的思想和行为。比如，有些院校为了在评估中提高排名，过于强调论文发表数，科研课题的级别、数量和经费，以此为标准，导致高校教师产生了很大的心理压力，而且在这种政策的引导下，他们往往不能安心教学和科研；有些学校在教师职称晋级考核中重智轻德，管理制度不合理；有的院校忽视对高校教师的思想政治教育，忽视他们的思想道德修养，相关考核制度落实不到位，这些都导致高校教师师德师风部分缺失。还有一些高校的教师毕业于非师范院校，没有接受过系统的师范教育，虽然经历过教师职业道德培训，取得了相应的教师资格证书，但大多都是短期的、速成的，这使得大多数高校教师缺乏专门的教育教学方面的素养及师德师风，没有树立坚定的职业信念。很多高校都有师德师风建设管理机制，把师德师风建设提上了日常工作，但实际上没有实质性落实，缺少行之有效的管理机制。

其三，部分高校教师思想认识不到位。在一些高校教师看来，学校中心工作是教学、科研，这是看得见、摸得着的事情，应当全力以赴去做。而思想政治工作则是虚的东西，看不见、摸不着，没有具体的硬性指标去评价，做多了会影响教师的教学、科研工作。这种观点有一定的片面性，教学、科研工作不可能孤立进行，如果教师对党和国家的方针政策不学习、不了解，没有相互尊重、相互合作的团队精神，不了解当代大学生的思想状况，就不可能很好地完成教学、科研重要任务。部分高校教师缺乏思想理论基础，自身思想、文化等综合素质不高，对社会上的消极现象不能有效抵制，放松对自己的要求，放松理论学习和武装头脑，忽视自身的道德修养。有些青年教师刚刚毕业走上工作岗位，任务重，压力大，工作和生活条件与心理预期存在一定差距，容易造成心理不平衡。

其四，部分教师不注重教育观的更新。首先，表现为对政治学习的认识不足。受教师自身成长环境、经历以及高校教师思想政治教育工作的影响，部分高校教师的政治思想意识较为淡薄，对马克思主义理论的学习缺乏自主性和自觉性，不能准确理解马克思主义理论的深刻含义，不能很好地理解马克思主义对自身成长发展的重要意义，无法将理论与实践很好地结合起来。其次，部分教师不注重教育观的更新，对德才观的认识存在偏差。有的高校教师认为，市场经济环境下，只讲法制就足够了，现在只要不违法就是好公民，不违反学校纪律就是好教师。也有高校教师想当然地认为师德和学历成正比，只要自己学历高，知识层次高，自然就受人尊重，就有高尚的师德。在这种思想指导下，教师往往片面地重视知识而忽视师德，在处理"德"与"法"的关系时，重法轻德，在处理"德"与"才"的关系时，重才轻德。最后，表现为平时对道德修养的忽视。在我国高等教育体制改革的背景下，高校之间在招生规模、办学条件、师资水平、毕业生就业等方面展开了激烈竞争，增加了高校生存和发展的压力。这些压力最终会转嫁到高校教师身上，主要体现为教师承担了更多的教学和科研任务。繁忙的业务和工作压力，使部分高校教师有时无暇顾及师德师风建设。

其五，高校教师的职业道德教育缺乏实效。檀传宝教授认为："不同生涯阶段或专业发展水平的教师，师德水平与需求并不相同，师德教育应当有不同的建设重点，需要不同的策略。"而当前的师德教育并不能完全满足教师道德学习阶段性特质的要求，这也是当前师德教育实效性较差的根本原因之一。师德教育有效开展，需要具体实践与师德学习阶段性特质高度匹配。探讨师德教育困境，可以先从认识层面思考原因。随着基础教育全面普及，各级各类学校快速发展，教师数量不断增加。由于绝大部分学校属于公立教育机构，故而公立学校中的教育工作者有着公务人员与专业人员双重身份。因此，师德教育只有让政府主导，才能大规模进行。大规模进行下的师德教育有属于自己的范式支撑。所谓师德教育范式，即在特定师德教育目标指引下，由师德教育方式、方法、标准、手段等众多因素协同构成的、公认有效的师德教育模式。由于传统文化的影响和现有教育管理体制的制约，传统的师德教育范式并没有得到大的改革，有人就将这种传统的师德教育范式概括总结为"培训的范式"。培训的范式背景预设是教师个体的道德素质不高、道德知识不足，而道德方面的进步与学习是不可能由教师自身自主进行的。因此，受行政指令和现有教育体系制约的师德教育培训，是建立在这样一种"不足—培训—掌握"的基础之上的。在这种基础之上建立起来的师德教育培训，教师被看作"控制、训练"的对象，往往会忽视教师的内在需求，而这样将无法准确把握教师在道德学习阶段的需求，更难以展开教育实践活动。

　　探讨师德教育困境，也需要从实践层面探究原因。其主要原因体现在以下三个方面。第一，政策实践上的不足。在当前的师德教育实践中，师德教育的定位受制于特定的师德教育政策，而当前的师德教育政策，并未充分考量师德教育的专业特性。这会在一定程度上影响我们精准把握师德教育的内涵和外延，影响师德教育目标与任务的制定。第二，师德教育实践上的不足。师德教育的发展与进步需要基于一定的教育实践基础，显然当今师德教育实践基础是不足的。在社会实践层面，师德教育的顺利开展，离不开整个社会生活的系统支持，所以必须在诸如社会氛围的营造等方面形成合力。第三，个体实践上的不足。教师需要积极践行终身学习理念，时刻注重保持高尚道德。但在现实的教育实践中，教师往往只关注教育的某一个细节，尤其重视"教好书""上好课"等一系列教书育人实践性问题，却忽略了如何做一个"好教师"、什么样的教育是"好教育"等这些问题。在这样的环境里，教师进行道德学习的积极性自然不高。

# 第五章  新时代高校师德建设的内涵、理念和原则

党的十八大以来，教育被提升到了实现中华民族伟大复兴梦想的"基础工程"地位，并明确了教师与教师队伍建设的战略地位。习近平总书记先后用"大先生""筑梦人""系扣人""引路人"等表现力极强的称谓表达对广大教师的殷切期望，并提出"三个牢固树立""四个标准""四个引路人""四个相统一"①等师德师风建设标准和要求。高校教师作为培养高素质人才的主力军，同时承担着传播文化的重要责任，肩负着传递信念、价值以及知识的伟大使命。党的十九大以来，对高校师德建设的要求被提到了新高度，各高校都需依据中共中央、国务院印发的《关于全面深化新时代教师队伍建设改革的意见》和教育部印发的《关于建立健全高校师德建设长效机制的意见》等文件精神和工作要求，积极探索实践，围绕师德教育、师德宣传、师德考核、师德监督、师德激励、师德惩处等内容，建立健全师德建设长效机制。

伴随我国进入中国特色社会主义新时代，以习近平同志为核心的党中央高度重视大学生思想政治教育，多次在全国高校思想政治工作会议中发表重要讲话，对高校教师思想政治工作和师德师风建设提出了更高的要求。当前，网络领域内的意识形态斗争日趋激烈，经济全球化发展使得各国文化遭受冲击，大学生价值观出现多元化发展趋势，这对于高校思想政治工作而言，无疑是严峻挑战。因而，高校师德师风建设尤为关键。高校应充分认识到思想政治工作的重要作用，始终将师德师风建设当做师资队伍建设的核心内容，推动各类长效机制发展完善；加强高校内部师德师风宣传，促进师德师风建

---

① 戚如强：《习近平师德观述论》，《社会主义研究》2018 年第 3 期。

设长效化、常态化；引导广大教师树立德育理念，塑造良好的道德情操和思想品质，全心全意为学生学习思政知识、塑造健全人格服务，做学生成长路上合格的引路人。

# 第一节　新时代高校师德建设的内涵

如果以高校教师职业道德的内容来划分，可将高校教师的职业道德分为职业理想、职业伦理、职业技能、职业人格。师德是社会对教师职业行为的总的概括和基本要求，这就意味着师德具有时代性的特征。而且，不同阶段社会对教师职业行为的要求也不一样。党的十八大以来，中国进入了新的发展阶段，伴随着时代的不断进步，就深度和广度而言，高校教师的师德师风的内涵也有所延展和深化。

## 一、高校师德建设的基本内涵

第一，教师职业理想。所谓职业理想，是指个人所希望从事的职业和在这一职业活动中希望达到的水平或成就。对教师来说，职业一经确定，职业理想就主要表现为在教师这一职业中所希望达到的成就。换言之，教师职业理想是指选择教师职业并为之努力践行的追求。比如，作为高校教师，希望在几年内学历达到什么程度、几年内晋升到什么职称等，这是对外在的形式方面的追求；希望几年内在教学上达到什么境界（如学生爱听自己的课、能受到学生的欢迎等），几年内在与学生的关系上达到什么程度（如成为学生的知心朋友、受到学生的普遍尊敬等），几年内在教研室同行中达到什么位置（如逐渐成为某一领域的专家、受到同行的尊重等），这是对内在的内涵方面的追求。

第二，教师职业伦理。教师职业伦理是指教师在职业生活中必须遵循的行为规范的总和。它是一般社会道德在教师职业生活中的具体体现，它在教师的职业实践中形成，反过来又指导着教师正确地处理教育过程中的各种关系，成为教师在教育教学活动中必须遵循的行为准则和道德底线要求。

第三，教师职业技能。教师职业技能是指教师从事教育教学活动所应当具备的技术和能力。它是教师从事教育活动的重要条件，是教师实现教师职业理想、履行教师职业责任、追求高尚教师职业道德的具体行动助力。教师职业技能包括以下三个方面，即教育能力、教学能力和研究能力。教育能力是教师将学生培养成为各方面全面发展的人才的一种基本能力，一般包括教育活动的组织与管理能力、思想品德教育能力和心理健康教育能力。教学能力是教师为了更好地帮助学生掌握知识、发展智力、培养积极健康的情感、态度、价值观而形成的能力，包括教学认知能力、教学设计能力、教学操作能力、教学监控能力。研究能力是指教师对自己的教育实践和周围的教育现象进行反思、探索，从而发现问题、解决问题的能力。

第四，教师职业人格。教师职业人格是指教师作为职业活动的主体，在其职业劳动过程中形成的稳定的道德意识和个体内在行为倾向性，它是由教师的职业道德品质和道德行为构成的。前者是构成教师职业人格的内部心理特征，起主导作用；后者是构成教师职业人格的外部行为特征，是师德品质的外在表现。教师职业人格是教师职业生命的流淌，是教师内在精神的显现。它既反映了教师教书育人的职业特性，又体现了教师自我完善的崇高追求。

## 二、新时代高校师德建设内涵的延展和深化

第一，以明道信道为核心，传道授业。"道"是中华文化特有的哲学概念，指的是万事万物运行的规律，是事物发展变化的遵循依据。"师者，所以传道授业解惑也。"传道是教师的第一要务和立身之本，而要传道，首先要明道信道。正如习近平总书记所言，传道者自己首先要明道、信道，高校教师要坚持育者先受教育。[①] 不同阶段教师所明、所信、所传之"道"是什么呢？在中国古代文化传统中，教师所明、所信、所传之"道"是以仁义之道为核心的圣王之道。近代以来，以马克思主义为指导思想的中国共产党带领中国人民实现民族独立、国家复兴，同时马克思主义成为我们立党立国的根本指导思想，因此高校教师所明、所信、所传之"道"则是马克思主义的世界观和方法论。

---

① 习近平：《把思想政治工作贯穿教育教学全过程开创我国高等教育事业发展新局面》，《人民日报》，2016-12-09（10）.

党的十八大以来，中国特色社会主义进入了新时代。教师所明、所信、所传之"道"主要是马克思主义中国化的最新理论成果——习近平新时代中国特色社会主义思想。根据对"道"的这一释义，我们可以从客观规律、社会规范、价值标准三个维度来把握新时代高校教师应明之"道"、应信之"道"与应传之"道"。从客观规律方面来理解"道"，"道"便是事物存在和发展的普遍规律与本质特性。高校教师所明、所信、所传之"道"便是历史唯物主义和辩证唯物主义，而培养学生历史唯物主义和辩证唯物主义世界观和方法论，增强学生认识问题、分析问题和解决问题的理论思维能力，既是整个社会科学领域各专业教学的基础要求，又是深层上育人的内容。教师应将这一内容贯穿于教学的全过程，并不断提示学生梳理和把握贯穿其中的历史唯物主义和辩证唯物主义观点，确定辩证逻辑思路。为帮助学生形成理论思维能力，而不是让学生仅仅掌握知识本身，教师应该积极地指导大学生学会运用马克思主义的观念去观察问题、审思问题、解决问题，从而得出合乎规律的认识和结论。

从社会规范方面来理解"道"，"道"便是全体社会成员共同遵守的行为准则。高校教师所明、所信、所传之"道"便是法律法规、规章制度、道德礼仪、职业规范等，广大教师是依法治校的主体，而提高法律素养，不仅是教师自身的迫切愿望，也是教育事业的迫切要求。现代教育是开放性教育，同时我国教育法律法规的制定为从教者指明了前进的方向，提出了努力实现的目标。在新时代，要成为一名合格的人民教师，除了具备扎实的学科专业知识和教育理论知识，还需要了解一些相关的教育法律法规知识，做到依法施教、依法育人，并把学法、知法、守法、用法的意识贯彻到自己的教育教学工作中；高校教师的道德礼仪和职业规范要求教师在各种教育教学活动中以及社会实践活动中进行自我教育、自我锻炼、自我提升，既包括内在的品质修养，如热情、公平、诚实、和蔼、善良等，又包括稳重、端庄、整洁、大方等外在行为的修养。

第二，以修身立德为关键，正己化人。"师者，人之模范也。"若要化人，先要正己。正己即为立德，是教师师德师风中最为关键的部分。从古至今，教师一直被要求要"师范端严，学明德尊"。开创教育先河的孔夫子便提出"为人师表""以身作则""躬身实践"等德行准则。在中华民族悠久的历史中，也形成了以"仁、义、礼、智、信"为核心的中华民族之"五常"道德原则和"忠、孝、仁、爱、礼、义、廉、耻"为核心的"八德"道德规范。① 新中国成立后，教师所修之"德"的内涵随着党和国家工作重心的变化，开始呈现出政治色彩，这种"德"也一度被称作"红"。新时期，我党继承并发扬了中华文明中关于教师修身立德的优良文化，并在实践中促使高校教师所立之"德"的内涵由单一"政治性"转向"多面性"。2014 年 5 月，习近平总书记在北京大学考察时指出，核心价值观是一种德，既是个人的德，也是一种大德，就是国家的德、社会的德。② 2018 年，习近平总书记进一步强调："要把立德树人的成效作为检验学校一切工作的根本标准，真正做到以文化人、以德育人，不断提高学生思想水平、政治觉悟、道德品质、文化素养，做到明大德、守公德、严私德。"③ 由此可以看出，社会主义核心价值观即新时代高校教师所立之"德"的重要方面与核心体现。同时，大德、公德与私德统一成为新时代高校教师所立之"德"的核心内涵。具体而言，从"明大德"的角度来理解"德"，高校教师所修之"德"即深厚的爱国情怀、坚定的政治立场以及清醒的政治头脑；从"守公德"的角度来理解"德"，高校教师所修之"德"即公众之德、工作之德、职业道德，是教师以生为本、为生服务的责任意识和宗旨意识；从"严私德"的角度来理解"德"，高校教师所修之"德"便是端正的品行、雅致的操守、高尚的品格，是慎独慎微，正己修身，洁身自好。

第三，以业精善学为基础，严谨治学。学高为师，高校教师既要做"人师"，也要做"经师"。业精善学是新时代高校教师素养中最为基础且最为广泛的部分，也是教师师德师风建设的核心要素。从古至今，教师都被要求刻苦钻研、乐思善学、提升师能。古人韩愈所说的"传道授业解惑"中的"业"泛指学问，教师所精之"业"更多体现为学识的渊博、知识的精深。党的十八大以来，随着信息社会和知识经济时代的来临，信息获取成本愈发低廉，学生运用大数据获取知识、掌握学问的途径更加便捷。在这样的背景下，高校教师所精之"业"就不仅仅体现在学识上，而且体现在对教师综合素质的要求上。2014 年，习近平总书记在同北京师范大学师生座谈时便对高校教师

---

① 杜钢、朱旭东：《中国传统教师文化的基本特质与当代价值》，《当代教育科学》2019年第 9 期。

② 中央文献研究室、中国外文局：《习近平谈治国理政》，外文出版社，2014 年版，第 168 页。

③ 习近平：《习近平在北京大学师生座谈会上的讲话》.《人民日报》，2018-05-03（11）.

所精之"业"作过深刻阐述，他说："扎实的知识功底、过硬的教学能力、勤勉的教学态度、科学的教学方法是老师的基本素质。"这四个方面构成了新时代教师所精之"业"、所善之"学"的核心要求。从知识储备方面来看，高校教师所精之"业"、所善之"学"便是扎实的专业知识、广博的通用知识以及创造性运用知识的实践能力。

为了满足广大学生日益增长的、多维度的知识需求，教师要不断延伸知识储备的广度和深度，以适应信息时代知识更新的速度以及学生的成才需求。从业务能力方面来看，高校教师所精之"业"、所善之"学"便是教育教学的技巧与方法，主要包括教育能力、教学能力、监控能力、反思能力、教育创新能力以及备课、讲课等课堂教学基本功，益于其适应新时代教学工作的新要求。从教学态度方面来看，高校教师所精之"业"、所善之"学"便是对教育事业敬畏、勤勉、严谨、热情的职业态度，主要指教师在教育实践中起"促进"作用的特质，教师在促进学生自我提升、自我提高的同时，也促进了自身道德品质的提升与职业认同度的提高。从教学方法方面来看，高校教师所精之"业"、所善之"学"便是教师熟练掌握基本教学方法，充分尊重学生的主体地位，践行终身学习的理念，加强学习，不断提高自身素质，不断更新、改进教学方法，借助现代化手段获取学科领域最新的科技成果及当代科技前沿的最新进展，并及时将这些内容融入教学中。此外，教师还要积极进行教学研究，以满足新时代对教师的新要求。

第四，以仁而爱人为根本，尊生爱生。师爱是师德的灵魂，没有师爱就没有师德，更没有教育。然而，如何理解师爱中的"爱"呢？《现代汉语词典》将爱定义为"对人或事物有很深的感情"。另有定义为"当无私的奉献、一无所求的付出变成一种习惯时，随之产生的类似亲情的依赖感觉"。从史料文献来看，我国古代师爱思想的起源可以追溯到孔子时期。孔子曾提出教师要"有教无类"和"诲人不倦"。这充分体现了师爱"平等""无私""奉献"的精神内核。然而，在封建社会"君君臣臣父父子子"的宗法等级观念的熏陶下，师生关系表现为"统治者与被统治者的关系"，师爱也表现出强制性、权威性和不平等性的特点。进入新时代，随着高等教育以及高校师德师风建设的发展，在师生关系方面形成了以学生为主体、师生交互的师生民主平等观。与此同时，师爱的内涵也在广度和深度上有所延展。2014年9月，习近平总书记在北京师范大学讲到了"四有"好老师的标准，其中一条便是教师要有仁爱之心。"仁爱之心"便是新时代高校教师所涵养之"爱"。具体而言，从师爱的范围方面来看，新时代的师爱是一种"公爱""博爱""全爱"，超越了私己的范畴，摆脱了"失衡"的状态，是一种纯净、纯真、纯粹的爱。从师爱的生成机制来看，新时代的师爱是出于对教师职业的热爱所衍生的价值品质，是一种超越世俗的教育情怀。因而，新时代高校教师的师爱既包含对教育本身的爱，也包含对教育对象的爱。从师爱的价值导向上看，新时代的师爱是一种"以生为本"的爱，是一种建立在师生平等的基础上，以学生为主体，并以立德树人为目标指向的具有教育性、稳定性、连续性等多重属性的爱。

# 第二节　新时代高校师德建设的理念

教师职业道德是教师专业素质的核心构成因素，其水平如何直接关系着创新人才的培养，是教育教学质量提高的关键。师德建设中存在理念不新、缺乏师德规范的价值认同与内化、实践不足等问题。新时代对师德建设提出了新的更高的要求。不断更新理念、构建体系是积极落实和加强师德建设，促进教师队伍整体专业化发展的关键一环。

## 一、立德树人理念

党的十八大报告首次把立德树人当做教育的根本任务提出来，充分显示出广大教师肩负重大而又崇高的责任与使命，极大地丰富了教书育人的内涵。那么，如何从提高师德修养效能的高度来破解立德树人新理念在教育领域贯彻落实的难题？下面拟从立德树人理念贯彻落实的整体系统性、有机互动性、实质效果以及长期曲折性等方面来说明。

第一，优化家庭、学校、社会三位一体的整体功能，提升立德树人与师德修养的系统性能。家庭是社会的基本细胞单位。积极正面的家庭教育可以点燃学生生活的激情与希望，而父母双亲的良好习惯有助于塑造孩子的性格，让孩子形成优良的品质，使其在将来不可预知的人生道路上拥有阳光的微笑及平和的心态。学校教育是提高立德树人理念效果的关键与重点，课堂教学则是主渠道。发挥课堂教学立德树人功能的重要途径之一在于切实提高课堂教学效率，增强知识的育人效能。具体而言，可创设确切的教学情境，选取有效的教学课题与教学素材，注重把握与提取关键信息，引导学生积极主动地进行课堂教学探究，明确知识信息的目标指向性，掌握教学素材的逻辑性与层次性，破解问题解答的规范性、有序性和实效性，不断丰富学生学以致用的实质内涵，扩展学习领域的弹性外延。社会的有效支撑是提升师德修养效能的重要外部因素。和谐社会是中国特色社会主义的本质属性。良好社会风气的塑造，积极正面的教育评价，社会力量办学的大力支持，这些本身就是培养学生社会责任感的生动素材。实践表明，正确处理学校、家庭、社会三者关系是提升立德树人与师德修养效能的重要途径。

第二，把握立德树人理念践行的有机互动性，提高立德树人与师德修养效能。在整体把握家庭、学校、社会三者关系的基础上，我们还必须积极关注与持续维护系统性能的良性发挥，提高三者信息流送的及时性、确切性与互动性。大力开办家长学校，加强校企合作，适时举办家长会议，定期邀请学生家长来校观摩公开课，使他们在听课的同时关心自己孩子的健康成长与学业进展情况，及时有效地与教师共同拟订下一步学习改进计划与具体措施，不断保持与提高计划、措施的实施效果。充分利用合适的时机，邀请各界校友来学校参观校园、校景，同时创设舞台让优秀校友进行励志与学术讲座，利用著名校友自身的人格魅力与学识水准等宝贵资源来优化、提升师德修养。在促进学生学业成绩不断进步与保持身心健康的基础上，积极搭建校企合作舞台，提高学生的动手与实践能力，提升学中做、做中学的良性互动效果，初步培养学生的社会预就业意识，帮助学生明确就业是民生之本的重要思想，学习掌握以创业带动就业的必备劳动技能，树立敬业诚信的意识与理念，增强立业、敬业、乐业、就业、创业、守业的互动共赢效能。实践证明，把握立德树人理念践行的有机互动性是提高师德修养效能的重要内容。

第三，增强立德树人理念践行的实质效果，提升师德修养效能。系统的整体性与有机良性互动性是增强系统实质效果的重要前提与保障。具体落实到教书育人领域，就是必须坚持系统各个要素资源优化配置、良性发展，积极评价，持续提高，保持系统的人本化，促进系统的动态发展。要积极维护学生正当的学习权益，不断捕捉学生的智能发展良机，积极引进当代科技发展新技术，合理运用现代多媒体辅助工具，转变教学方式，创新转型驱动教学发展，创设有效的教学氛围与情境，激发学生学习的积极性、主动性和创造性，培养学生的学习兴趣。要帮助学生掌握自我教育、自我管理、自我提高的相关知识与技能，增强学习的自律、自省与反思意识，促进师生身心健康、人格健全，进而推动课堂教学经济效益、社会效益与生态效益有机统一。

第四，充分认识立德树人理念践行的长期性和曲折性，积极提升师德修养效能。教书育人是传统的教育号召，它深深地影响着教师的教育思想与行为，推动教师创造出许多无愧于人类灵魂工程师的工作业绩。而立德树人是比教书育人层次更高且有丰富内涵的全新奋斗目标，它要求教师必须做好长久的心理、思想、专业技能以及师德修养等准备，不断充实业务能力内涵，积极关注教育教学前沿的有效信息，并切实将其内化为自己的觉悟性行动，提升教学素养，磨炼教学基本功，同时还要向名师学习，观摩名师教学视频，结合实际加以创新创造，争取更上一层楼。教师要认真备课，备学情、备学力、备学生、备教学法、备课堂教学的预设与生成，充分发挥课堂教学诸要素的优化配置功能。精良的业务素质是提升教师心理素质、锤炼教师思想意志与提高教师师德修养的重要物质基础，教师要练就过硬的教学基本功，使学生的学习行为受到潜移默化的影响，变"要我学"为"我要学，我愿学，我持之以恒地学"。

## 二、以人为本理念

以人为本理念是时代发展的产物。它的意义在于把人放在第一位，主张以人为师德建设的出发点，顺应人的禀赋，提升人的潜能，完整而全面地关照人的发展。在现代师德建设中，应该赋予其"以人为本"的新内涵，使师德建设更加符合时代的要求。为促进"以人为本"的师德建设，需要进行以下工作。

第一，形成人性化的管理体系。人是各种生产和社会活动的重要因素，"以人为本"的师德建设应充分体现对人的尊重、关心、激励以及塑造。因此，学校领导应给予师生充分的尊重与理解，加强对师生的关怀，鼓励积极上进，提倡民主参与，从而营造良好的校园氛围。虽然学校的各项工作、各个人的职责存在区别，但实际上都以"育人"为目标，教师应在这个总目标的指导下开展工作。

第二，加强校风建设。良好的学校风气对学校发展而言十分重要。教师师德的建设，不仅取决于教师本身，也受学校环境的影响。要想进行以人为本的师德建设，必须营造良好的校园氛围。学校应提高教师工作的积极性，鼓励教师发扬创新精神，形成良好的校风。学校只有具备积极向上、不断进取、开拓创新的校风，才能提高凝聚力，才能营造"以人为本"的良好氛围。

第三，促进师德建设与专业实践的结合。师德建设可通过教学实践不断完善。师德教育应与专业发展密切联系，使教师在工作实践的同时，通过对各种道德因素的认识与理解来提高自身的师德修养，增强对教师事业的责任心，提高创新及探索的意识和能力。师德教育必须紧密结合教师的专业实践，这样才能深入教师的内心，使教师内心的道德需要得到有效激发。

第四，提升教师师德建设的自觉性。师德教育需要一个长期的过程，要促进教师的师德建设，必须使教师的自觉性得到发挥。教师应给予学生充分的关怀，使学生感受到教师对自身的关爱，从而拉近师生间的距离，促进师生之间的彼此尊重与理解。学校也应加强民主建设，体现教师的主导地位，使教师的合法权益得到保障，对普遍性师德问题给予更多的支持，充分发挥教师师德建设的主动性与积极性。

## 三、"三严三实"理念

自中国共产党成立至今，严抓党风建设一直以来都是我党工作的重点，新时期，以习近平同志为核心的领导班子提出了"三严三实"这一新作风建设要求。"既严以修身、严以用权、严以律己，又谋事要实、创业要实、做人要实。"对于高等院校来讲，切实贯彻并落实"三严三实"理念，全面提高教师的职业道德有着重要的现实意义，只有全面加强工作作风建设，围绕社会主义核心价值观来培养教师的敬业精神，才能够确保教师以严谨的工作作风来落实教育改革，提高教学质量。

作为一名教师，需要以崇高的职业道德来指引自身教学行为的落实，充分发挥"螺丝钉"精神，以爱岗敬业工作作风踏实落实育人工作，为全面提高人才综合能力素质、提高高等院校的教学质量奠定基础，进而为社会主义建设事业培养出更多高素质技能型人才。将"三严三实"理念融入高等院校师德建设工作中，能够为进一步提高教师的职业道德素养奠定扎实的政治思想基础，使教师以正确的三观来充分发挥出自身"为人师表"的作用，以求真务实的思想来落实教育教学工作，以创新精神不断提高教学质量。要想有效利用"三严三实"理念，需要做到以下三点。

第一，明确"三严三实"理念的重要性，落实领导责任。新时期，在我国教育事业蓬勃发展的背景下，高校需要在不断解决自身教学与管理等问题的过程中，不断提升自身的教学质量，彰显办学特色。要想从战略角度来落实高等院校现阶段的重任，明确改革与创新的目标，高等院校的领导层就要充分发挥出自身的表率作用，将"三严三实"理念彻底落实于领导班子作风建设中，以专题报告的形式来明确学习"三严三实"理论的必要性，并将其融入师德建设工作中，针对"不严不实"问题给予明确指引，提高全校教师的政治思想意识。

第二，强化教师自身的师德修养。在全面开展师德建设工作的过程中，要想确保"三严三实"理念为有效提高教师职业道德水平指明方向、奠定扎实基础，就要严抓教师队伍的思想政治建设与工作作风建设，在落实相应政治教育的同时，给予教师自我教育以充分重视，以确保教师能够严以律己、严以修身，并求真务实。在实际开展教学活动的过程中，教师先要以崇高的职业道德精神来指导自身教育工作的开展，要切实做到以学生为本，通过言传身教发挥出自身的表率作用，接着就要在积极创新教学理念与方法的过程中强化对学生的思想教育。在此基础上，高校要实现对教师自我教育活动的全面指导。

第三，加强宣传，以发挥出舆论的作用。在开展师德建设工作的过程中，为了将"三严三实"有效地融入具体工作，以鲜明的政治理念指导该项工作，学校需要落实相应的宣传工作，打造"三严三实"校园舆论氛围，通过校园广播、校园网站等对加强党风建设方面的新闻以及专题报道进行宣传，以净化教师的思想意识，使其在逐渐深入学习的过程中端正自身的态度，进而促使全校教师队伍对"三严三实"产生思想上的共识，为师德师风建设工作的全面落实奠定思想基础。

## 四、三全育人理念

2017年2月，国务院印发的《关于加强和改进新形势下高校思想政治工作的意见》提出了"坚持全员、全过程、全方位育人"的"三全育人"理念，要求在思想政治教育工作中"强化思想理论教育和价值引领、加强教师队伍和专门力量建设"。而在高校教育人才培养体系中，师德建设水平对高校人才培养质量具有非常重要的影响。高校教育需为国家培育具有共产主义远大理想和中国特色社会主义共同理想的人才，并增强学生的四个自信，使之成为有大爱、大德、大情怀的人，成为求真理、悟道理、明事理的人，成为有高远志向、敢于担当的人，成为立志肩负起民族复兴时代重任的建设者和接班人，因此加强高校教师师德建设具有时代意义。对此，需要做到以下四点。

第一，选聘教师时要强化政治素质和道德品质考量。教师作为开展大学生思想政治教育的骨干，以及高校学生成长成才路上的人生导师、知心朋友，其师德建设具有非常重要的意义。各高校在选聘教师时，除了对学历、文凭作出要求，还要强化对教师思想政治素质和道德品质的考量，从源头重视和加强教师师德建设。在选聘教师时，高校要按照教育部第 24 号令《普通高等学校辅导员队伍建设规定》中对教师的选聘标准录取教师。按照该规定，教师应当符合"政治强、业务精、纪律严、作风正"的要求。选聘教师时，高等院校要通过笔试、面试考量其政治素质和道德品质。

第二，制定政策，改革教师考核评价机制。习近平总书记在全国高校思想政治工作会议上指出，"要深化教育体制改革，健全立德树人落实机制，扭转不科学的教育评价导向"。因此，地方政府需要出台教师人事改革制度，高等院校要出台针对教师的政策激励措施与职称改革实施细则，使教师在政策激励和职称评定等方面真正享受到"单列计划、单列标准、单独评审"的实际政策待遇和学校的人文关怀。

第三，提高教师的职业认同感。习近平总书记在全国高校思想政治工作会议上强调"教育是民族振兴、社会进步的基石""教育是国之大计、党之大计"。对此，高等院校要重视教师队伍在人才培养中的重要作用和对学生开展思想政治工作的重要意义，将教师队伍建设纳入学校人才队伍建设总体发展规划，建立教师培养、培训、激励、晋升、发展制度，严把教师的"入口"，提高教师队伍的专业化和职业能力，提高教师职务晋升、职称评定、福利待遇等政治地位、社会地位、职业地位，减少其职业倦怠，保证教师工作有条件、干事有平台、待遇有保障、发展有空间，提高教师职业认同度。

第四，加强教师责任感培养。习近平总书记在全国高校思想政治工作会议上强调"建设社会主义现代化强国，对教师队伍建设提出新的更高要求，也对全党、全社会尊师重教提出新的更高要求。人民教师无上光荣，每个教师都要珍惜这份光荣，爱惜这份职业，严格要求自己，不断完善自己。做老师就要执着于教书育人，有热爱教育的定力、淡泊名利的坚守"。因此，高等院校需要加大教师教育培训，尤其是责任感教育培训力度，要加强对教师的思想政治引导，强化教师责任意识教育。具体实施过程中，高等院校要通过开展骨干教师思想引领、学习指导、生活辅导、心理咨询等专业培训活动，使教师认清自己的职责。

### 五、共同参与的师德治理理念

作为高等教育中的一般的价值规范，共享权力理念是治理理念的重要组成元素。所谓共享权力，即大学的利益相关者共同参与大学治理活动。共同治理是基于教师和行政部门双方特长的权力和决策的责任分工，它代表教师和行政人员共同工作的承诺。高校师德建设首要任务是树立共同参与的师德治理理念。"四位一体"师德建设模式就是把师德建设工作视为一个有机的整体，体现的是全员参与、多方共治的师德治理理念。在具体实施中，要各有侧重、注重实效，致力于实现师德建设的常态化、长效化，致力于师德建设长效机制的建立和完善。对此，相关部门要做到以下三点。

第一，学校层面成立师德建设委员会，成员包括党委组织部、宣传部、教师工作部、纪委办公室（监察处）、校工会、人事处、教务处、科技处、研究生院、学术委员会主要负责人以及教师代表，办公室可以设在党委教师工作部，主要负责落实学校党委关于师德建设的决策部署，议决师德建设规划，解决重大师德问题。同时，还应成立教职工申诉委员会，办公室可设在校工会，以充分保障教师职工师德处理方面的申诉权利。二级学院层面也应成立师德建设分委员会，作为学院层面的师德建设议事机构而存在。师德建设委员会是师德建设工作的议决机构，由于其成员涵盖了"四位一体"四个模块主要单位的负责人，所以有助于打破部门之间的藩篱，打破各部门各自为战的局面，促使师德建设与人才培养、科学研究、社会服务、文化传承创新、国际交流合作紧密结合、顺畅衔接，使得师德建设的路径更加清晰、重点更加突出，进而有利于推动师德建设深入开展，有利于促进学校民主决策和依法治校，有利于促进全员、全方位师德养成。

第二，在师德建设中，管理部门行使权力的程序正义是行政权力公正行使的基础。在现实师德治理中，某项治理决策的出台，往往会导致个别人或部分群体的利益受到损害。例如，思想引领中的师德先进评选、提升能力过程中的业务培训机会、暖心服务中困难教师的认定与名额分配、督导督查中对于违反师德的教师的处分等都会影响到部分人的利益。在这个时候，管理者既要考虑师德治理结果的正当性，又要注重在立足程序正义的基础上公正地行使权力。许多研究表明，如果公民所表达的意见能被认真地倾听，并且公民能参与到讨论中，那么公民更容易认可决议的正当性。程序正义影响到人们对结果的评价，影响到人们对程序规则的遵守，进而影响人们的态度和行为。在师德建设中，每一个模块的实施都要立足于程序正义，这是师德治理过程和治理结果的权威所在。

第三，民主协商是指人们在事实基础上进行充分的、富有理性的交流而作出决策的过程。在师德治理中，管理者和教师都应该明白，讨价还价和情绪化的诉求并不能真正解决问题。师德建设的参与者应在客观事实的基础上，进行公开透明的理性讨论，在讨论中参与者更能够深刻审视自己的观点，意识到自己思考不全面的地方，并愿意接受对其观点的批判，进行自我反思和修正。由于"四位一体"师德建设模式融合了众多部门、诸多群体的参与，各主体应该在民主协商治理氛围中进行公开透明、充分理性的探讨，并在这一过程中全面审视自己的观点，彼此及时分享师德工作经验，达成对师德建设现状的共识，找准师德建设的短板所在，从而共同发力，聚焦师德，提升师德建设的水平。

## 六、教育创新理念

教师是教育创新活动中最积极的因素，肩负着教育创新的重要使命，而教师的师德是教书育人的灵魂，决定着教育活动的方向和成效。深入研究教育创新与师德建设的内在联系，对推进教育创新、加强师德建设的意义非常重大。教育创新影响着教育能力、教育水平、教育质量、教育效果。师德是教师教育实践的灵魂，而教育创新内在地规定着师德建设的取向。其主要内容如下。

第一，多元文化共生的师德建设取向。我国教育要有开放的意识，加快与国际接轨，即要构建开放式教育系统的教育伦理，这是基于人性的共同认识与要求。师德不只是社会的要求和反映，也不只具有民族性，它存在于人类群体共同的人性基础之中，还具有人类性。教育全球化在基于人类共同本性确立的基本伦理原则下进行。构建人类人性上的共同性师德规范，是教育创新应对"全球化"的一个重要基础和基本取向。

第二，由个体性师德建设转变为组织师德与个体师德有机结合的系统性师德建设取向。教育创新思想是从整体上着眼于教育发展本原性要素的改善，揭示了综合性、根本性的系统教育发展观，从而突破了以往那种只注重教育的某个方面、某个层次的局部教育发展观。完善我国师德建设，提升师德水平，转变观念，由个体性师德建设转变为系统性师德建设，关键是组织师德建设。因此，改善和提高现实师德建设，仅靠个人道德水平和觉悟的提高来解决有些不现实，必须加强组织师德建设，使我国师德建设由个体性师德建设提升为系统性师德建设，这也是教育创新的必然要求。

第三，发展性师德建设取向。教育创新在本质上是一种改革，要创新一系列的教育教学思想、教育教学理论、教育教学方法和模式、教育教学管理理念等。在教育教学过程中，无论是教育还是教学，是否具有创新性、有效性，是否能突破常规、提出新思想和新方法，是否能不断更新自我、提高自我，不断创新佳绩，从根本上实现教育创新，关键在于教师是否具备发展性的自觉意识。只有具备发展性的自我意识，教师才能基于现代教育思想，积极尝试和探索各种新的教育教学方法、模式和手段，有效地、创造性地解决各种教育教学问题，从而不断开创教育创新的新局面。

第四，由精神性单向度师德建设转变为物质文明与精神文明耦合的双向度师德建设取向。教师不是抽象的人，不是处在某种虚拟不变状态中的人，而是处在现实的、一定条件下的发展过程中的人。这种现实性的首要表现就是人人都本能地追求自身的物质利益，因为它是生存和发展的前提和基础。人们道德行为的实施不仅与道德知识、情感、意志和精神相联，还与外在的利益息息相关。因此，新时期我国的师德建设应由精神性单向度建设转变为物质文明与精神文明耦合的双向度建设，这也是教育创新促进人全面发展的内在价值取向要求。

# 第三节  新时代高校师德建设的原则

习近平总书记指出，教师重要，就在于教师的工作是塑造灵魂、塑造生命、塑造人。教师的职责是神圣的，教师的一言一行对学生的影响可能是一生一世。学校要以"四有"好老师为标准，以坚韧不拔的意志、顽强拼搏的精神、狠抓落实的心态，持续推进教职工思想政治教育和师德师风建设，将思想政治和师德师风要求贯穿到教职工教育与管理的各个层面、各个环节，最终促成高标准、严要求的自觉氛围。高校教师师德建设的原则，是建立在深刻的历史经验、科学的理论支撑、广泛的实践基础以及国外有益经验的借鉴基础之上，并结合当代社会对于高校教师的要求与青年教师自身的特点所确立的。

高校教师担负着培养富有时代精神和创新意识的社会主义建设者和接班人的重任，此重任决定了教师队伍自身的建设必须有前瞻性。因此，高校师德规范的整体要求要高于《公民道德建设实施纲要》中对职业道德的要求，同时师德建设要着眼多数，立足于我国仍处于社会主义初级阶段这一基本实际，从社会关注的师德共性问题入手，从教师的思想水平和教育教学实际出发，坚守师德底线，引导教职工在遵守基本行为准则的基础上不断追求更高层次的道德目标。

## 一、政治性原则

政治性原则，是指在高校教师师德建设过程中要突出政治性，即要充分重视高校教师政治信仰的确立以及政治素养的培养，培育传播社会主义正能量的合格的社会主义高校教师，这是高校教师师德建设必须遵循的首要原则。

第一，政治性原则是由我国社会主义性质决定的。中国特色社会主义是符合中国国情、扎根于中国大地、被实践证明的具有强大生命力的社会制度，是党领导中国人民团结奋斗的伟大旗帜。我们的高校是社会主义背景下的高校，是为中国特色社会主义现代化建设培养高素质人才的基地，高校各项工作是否能够沿着正确的政治方向开展，决定了其是否真正为社会主义高校，是否真正能够为社会主义建设培养人才，甚至决定了其是否有发展前途。因此，作为高校未来发展主要动力的教师，更需要具备较高的政治素质，坚持正确的政治方向，这也是建设中国特色社会主义高校，为社会主义培养高素质人才的必然要求。

第二，政治性原则是由高校教师职业的特殊性决定的。首先，高校教师的年龄和阅历与大学生群体之间差距较小，因此其行为与思想将会对大学生的人生发展与规划产生很重要的影响，而且教师的政治思想及立场也会对大学生政治信仰的形成产生潜移默化的影响。其次，高校教师代表了社会上的高级知识分子阶层，教师的政治立场与思想信仰在一定程度上代表了精英群体的政治立场与行为，而精英群体是否能够坚持马克思主义信仰、坚持中国特色社会主义共同理想，将会直接影响社会建设前进方向。因此，高校教师师德建设必须坚持政治性原则，这是实现高校教师社会价值、推动大学生正确政治信仰形成、确保社会主义建设沿着正确方向前行的基础。

## 二、人性化原则

人性化原则，是指在高校教师师德建设过程中要做到以人为本，通过各方的努力，帮助其解决实际问题，从而促使教师自觉自发地去践行师德规范。人性化原则，是高校教师师德建设需要遵循的重要原则。

第一，人性化原则是由教师职业道德建设工作的特殊性决定的。职业道德在本质上属于心理范畴，更多的是靠人自身心理层面的自我约束来实现的。因此，教师职业道德建设不同于其他工作，必须遵循人的心理发展规律，充分考虑到教师的心理需求与现实需要，并在条件允许的情况下尽量满足其合理需求，使教师能够在心理上产生一种来自职业的满足感与归属感，从而提高其工作的积极性，促使其不断提高自身素质，自觉加强对自身职业道德行为的约束，这样教师职业道德建设才能取得预期效果。

第二，人性化原则是由高校教师职业阶段特殊性决定的。刚参加工作的教师处于起步阶段，面临着较大的工作压力，同时他们中很多人可能刚组建家庭，面临着不同程度的家庭开支与子女教育问题，因此还要承担较大的来自家庭的经济及琐事压力。如果这些来自多方面的压力不能得到很好的缓解，教师就很难集中精力投入到工作中去，处理不好教学任务与科研任务，更谈不上解决自身的职业道德修养问题了。因此，加强高校教师师德建设工作，要遵循人性化原则，帮助教师解决实际问题，解除其后顾之忧，使其能够有更多的时间与精力投入到工作中，并在此过程中不断提高自身的职业道德素质。

### 三、针对性原则

针对性原则，是指高校教师师德建设过程中要通过多方努力准确定位每位教师，关注他们的思想动态与行为表现，从而有针对性地及时纠正师德建设工作中的偏差，及时调整工作重心，充分挖掘教师的潜力，发现他们的闪光点，做到"因材施教"。

第一，针对性原则是提高教师师德建设工作效率的基本要求。每个人都是矛盾的统一体，既具有矛盾的普遍性，也具备个体的特殊性。高校教师也是这样的群体，每个教师既具备群体的普遍性，又体现出其特殊性。因此，高校教师师德建设工作中，既要在教师具有的普遍性特征基础之上开展普遍性教育，也要充分考虑到具有特殊性的个体，创造条件密切关注教师的表现，尽量关注到每个人，针对随时可能出现的偏差及时开展有针对性的教育与谈心活动，确保师德建设工作能够具体到每个人，确保工作的实效性，以取得事半功倍的效果。

第二，针对性原则是确保教师师德建设工作成效的必然要求。要落实针对性原则，就要对高校教师的职业道德行为与表现进行实时追踪，及时发现教师群体中的教师职业道德模范践行者与师德缺失者。针对师德模范践行者，要及时进行表彰与宣传，发挥其模范带头作用；针对师德缺失者，要及时进行批评教育，开展有效的针对性教育，及时纠正其师德行为偏差，切实维护教师师德建设成果。

### 四、制度化原则

制度化原则，是指在高校教师师德建设过程中要用制度去管理，把师德教育规范化、制度化，建立健全完善的师德规范考评体系，把师德考评与评选先进、职称评聘、年终考核等紧密联系起来。加强师德建设制度化的意义如下。

第一，加强高校师德建设制度化有利于建设高素质的教师队伍。教育部颁发的《高等学校教师职业道德规范》中明确指出高校教师道德规范的六条内容：爱国守法、敬业爱生、教书育人、严谨治学、服务社会、为人师表。这六条规范明确了高校教师所肩负的职责和应承担的任务，要求高校教师必须具备与其职业相匹配的崇高的职业道德。近些年，我国对高校教师队伍建设十分重视，注意调整教师结构、优化教师队伍，只为努力打造一支高素质的教师队伍。从整体而言，高校教师队伍是好的，教师职业道德标准较高，广大教师都在自己的岗位上恪尽职守、辛勤耕耘、无私奉献，履行着相应职业道德要求，承担着相关责任使命，支撑起了我国高等教育事业，进而为科教兴国、人才强国战略的实施发挥了巨大作用，受到了社会的普遍肯定和尊重。但是，在新的历史条件下，社会上的负面现象也对高校教师产生了影响，使高校教师队伍中个别教师的道德产生了滑坡。尽管只有极少数教师出现失德问题，但它们所产生的负面和不良影响却值得引起我们的重视。高校教师队伍中出现的这些师德失范现象严重影响了高校教师队伍的整体素质，损害了高校教师的职业声誉和社会形象，因此高校应正视教师队伍中存在的问题，将师德建设以制度化的形式确立下来，使教师行为有章可循、有制度规范和约束，以便在最大程度上遏制和防止师德失范现象的发生，同时还要切实加强高校师德建设，提高教师素质，建设一支高素质的高校教师队伍。

第二，加强高校师德建设制度化有利于实现高校立德树人的根本任务。党的十八大报告中提出"全面贯彻党的教育方针，坚持教育为社会主义现代化建设服务、为人民服务，把立德树人作为教育的根本任务，培养德智体美全面发展的社会主义建设者和接班人"的教育要求，明确指出了教育的根本任务是立德树人，为新时期高校加强和改进人才培养工作指明了方向，即高校应以立德树人为根本任务。作为教学活动主体的高校教师与学生的接触和交流最为直接和频繁，其道德品行在潜移默化中影响着学生的成长。纵观整个社会，没有哪个群体能像教师那样对学生道德教育和道德实践产生如此直接的影响，外加教师职业所具有的特殊人格魅力，教师的榜样作用更为突出。《论语》有言"其身正，不令而行；其身不正，虽令不从"。教师的一言一行都对学生的成长起着重要的示范作用。因而，高校应将师德建设制度化，使师德建设以制度的形式确立下来，同时引导高校教师在做好教书育人、科学研究、服务社会工作之外，加强自身道德建设，为人师表，使高校教师真正在完成立德树人根本任务过程中发挥主力军的作用。

第三，加强高校师德建设制度化有利于人才强国战略的实施。党和国家历来对人才培养工作十分重视，从新中国成立以来，尤其是改革开放之后，人才在社会发展中的作用越来越突出，具体从党的十一届三中全会之后中共中央确立了"尊重知识、尊重人才"的国策开始，我国逐步从人口大国向人力资源强国转变。21世纪的国际竞争更多表现为人才的竞争，我国顺应国际形势的发展变化，对高等教育提出了新要求：全面提高高等教育质量、提高人才培养质量、提升科学研究水平、增强社会服务能力、优化结构办出特色。高等教育承担着培养高级专门人才、发展科学技术文化、促进社会主义现代化建设的重大任务，应牢固确立人才培养在高校工作中的中心地位，着力培养信念执着、品德优良、知识丰富、本领过硬的高素质专门人才和拔尖创新人才。这是国家对高等教育的要求和期待。然而，高质量人才的培养需要高素质和高水平的教师来承担，所以发展高等教育，教师队伍建设是关键，教师没有厚德，就不可载道，只有德艺双馨的教师才能培养出掌握现代科技、具有现代意识的高素质优秀人才。可以说，高校教师队伍的建设是高等教育发展的关键，而高校教师队伍的建设关键则在于师德建设，在这层意义上可以说高等教育事业发展和改革的成败由高校师德建设决定。对此，高校应把师德建设当作高校教师工作中的一项基础内容，在师德建设实践中推进师德建设制度化，以制度化的形式使高校师德建设有章可循、有据可依、有规可查。在师德建设实践中切实提高高校教师师德水平，建设一支高素质的教师队伍，可以为高校完成立德树人根本任务、为人才强国战略的实施奠定坚实的人才基础。

# 第六章 新时代高校师德建设的具体内容

　　兴国必先强师，强师必先强德。面对新时代、新征程、新使命，我国对高校师德建设提出了新的更高要求，要把提高教师职业道德水平摆在首要位置，同时充分认识到高校师德建设对于促进师资队伍建设、落实立德树人根本任务的重要意义，将"突出师德"作为深化师资队伍改革的一项基本原则，使高校教师成为新时代大学生健康成长的引路人。

　　2018年，《中共中央 国务院关于全面深化新时代教师队伍建设改革的意见》把"突出师德"作为了新时代师资队伍建设的一项重要原则，要求将提高教师的职业道德素质摆在首要位置，进一步弘扬社会主义核心价值观，同时将教师的师德养成作为了新时代师资队伍建设改革的重要内容。面对新的社会主义历史条件，高校师德建设必然会面对不同的机遇和挑战，巩固师德建设在高等教育发展中的地位就成为摆在我们面前的一项重要任务。

## 第一节 教书育人中的师德

　　教书和育人是教育事业最具有代表性的两个方面，也是赋予高校教师的两个重要使命。2018年9月，习近平总书记在全国教育大会上强调："做老师就要执着于教书育人，有热爱教育的定力、淡泊名利的坚守。"教书育人是教师在传授科学文化知识的同时，帮助学生树立正确的人生观、世界观、价值观，培育学生健全的人格，两者是一个有机的整体，不能单一地割裂开。高校工作的开展需要以教学为中心，每个教师都承担着教学的工作，因此他们需要通过学习和研究，不断提升自身的教学能力和教学水平。但教学过程并不是单一的知识传授过程，学生通过课堂学习学到的不仅是专业知识和科学文化知识，还有教师个人储备的知识，也就是教师个人的教育信念、自我知识、人际知识等。习近平总书记提出，师德师风建设的首要环节就是坚持教书和育人相统一，意在强调教师在教书育人过程中的责任，即不仅要把书教好，而且要从为国家和社会育人的高度开展教学工作，坚持把立德树人作为中心环节，将社会主义核心价值观贯穿教育的全过程。因此，教师不仅要开展教育教学工作，还承载着铸育灵魂、塑造生命以及培育新人的时代重任。

## 一、更新教育思想，树立现代化教育理念

高等教育作为国家教育金字塔的塔尖，其现代化的实现是建设教育强国的重要内容。教育理念的现代化是高校治理现代化的前提，而高等教育治理现代化不仅是实现高等教育高质量发展的有效途径，是推进"双一流"建设的重要手段，也是实现国家治理体系和治理能力现代化的重要内容。大学教育是全国提高人才综合素质、提升人才国际竞争力的重要教育阶段，因此高校教师应该本着与时俱进的精神，将更新教育思想、树立现代教育理念当作自身的义务与责任，培养高素质的现代化人才。其主要内容如下：

第一，确立以人为本的理念。以人为本、尊重人的需要、注重人的全面发展是新时代高校教育的新理念。教学工作为高校教育的重要方面，只有树立"以学生为本"的观念，一切以学生的成才和发展为中心开展教学实践活动，才能培养出真正对国家和社会有用的人才。其主要内容如下：首先，在"以人为本"思想的指导下，教育工作者需要关注每一位学生的成长需求，针对不同学生所具有的身心发展规律和个性特征等对教学策略进行调整，从而激发学生在提升自身思想政治素养方面的内在动力，为学生思想政治素养以及高校育人水平的系统提升提供良好保障；其次，在育人实践的价值向度方面，教育实施主体需要关注学生全面发展，在尊重学生、理解和关心学生的基础上，激发学生在教育内容设置、教学方法选择以及育人实践过程中的参与性与创造性，培养学生的主体意识和主体精神，发挥学生的主观能动性，提升学生对思想政治内容的掌握与内化程度；最后，高校教师在思想政治育人活动中，还需要重视隐形教育和体验式教育，在无声的、无形的或特定的

体验环境中，让学生主动获得道德感知，并且让学生参加一定的实践活动，以引起其情感共鸣，进而使其在反复的强化活动中通过自身的判断和选择把这种情感上升为意志，并最终在实践行为中外化出来。内化于心，外化于行，正是思想政治育人实践的核心要义。

第二，树立开放的教育理念。开放教育中的"开放"二字，是与传统的"封闭"教育相对的。开放教育强调以人为本，依托现代信息技术，通过提供开放入学机会与自由选择的学习服务培养人才，以实现包容、公平、有质量的终身教学目标。① 开放教育具有"开放"的特性，因此开放教育在实现教育公平、培养社会服务型人才、达成终身教育目标、提高学习者的学习自主性等方面都起到了重要作用。

首先，教学时空的开放和自由。开放教育打破了传统教育中固定上课场所的壁垒，在教学中采用多种信息技术，根据实际情况选择教学场所与时间，使得教学时空更为自由。在学校内部建构的教师学习共同体，其成员大多来自本校，其活动范围也几乎在学校之内，活动的内容也与学校紧密相关，这样对于学校效能的提升、教师的专业发展、学生素质的提高有很大帮助，但却在一定程度上缺少大局意识。将自己封闭起来而束之高阁，缺少与外界的沟通，不仅对于本校的学习共同体来说是一种损失，而且对其他学校也会有一定程度的影响。因此，开放教育理念指导下，学习的时间和空间不只局限于学校，还开放到网络、社会等。

其次，开放教育理念强调充分利用信息技术，扩展学习的内容，开阔大众的视野。随着信息技术的普及，很多学生可能已经提前掌握了教师教授的知识。这些现象都提醒着教师需要提升自己的素质，拓宽自己的知识范围，即不仅要学习专业知识，还要学习与生活相关的所有知识。此外，高校选择教学内容时要有选择地继承传统文化精华，同时活化教育形式，在课堂之外创新开展以德育实践为目的的"第二课堂"。在不违背主流价值观的前提下，高校还要提倡大学生多角度、多方位地去看待问题，引导大学生正确运用先进的理念和方法去解决问题。

第三，坚持素质教育的发展方向。素质教育是以提高人的素质为目标的教育，是一种教育思想和理念，同时素质教育也是对现行教育思想的一种矫

---

① 谭璐、张春华：《论开放教育的概念、特征及意义——基于相关概念的解读与辨析》，《成人教育》2020 年第 11 期。

正，是对教育目的的科学表述、对教育方针的深化和发展。素质教育从本质上说，"就是一种更加注重人文精神的养成和提高，重视人才规格的不断健全和完善，也就是说更加重视使学生学会'做人'的教育理念"①。换言之，大学素质教育以人为本，以文化素质教育和思想品德教育为切入点，目的是培养学生的人文精神，提高学生的审美素养，为学生知识增长、能力提高及理想人格形成充当"桥梁"，从而促使学生素质全面提升，最终达到使学生学会"做人"的目的。大学素质教育深刻地反映了大学教育的本质和教育的本意，"成为我国教育的核心理念和社会各界的广泛共识"。其主要内容如下。

首先，立德树人是大学素质教育目的的逻辑起点。教育目的及培养目标是在社会发展的不同时期，为解决人的发展与社会的矛盾而设定的。无论是国家或部门还是学校，在开展任何一项教育活动前都必须先针对教育目的和培养目标从理论上确定一个逻辑起点，并以此为出发点确定宏观政策和微观方法。大学素质教育是我国经济社会发展中高等教育价值取向的本质要求。研究素质教育的逻辑起点就是研究素质教育目的及其实现，核心在于探讨怎样培养素质和培养什么素质。素质教育的关键在于"立德"，这是素质教育的基础；素质培养的关键还在于创新思维的培养和综合能力的提高，这是素质教育的目的。因此，高校教师培养人的道德修养、综合能力及创新思维是素质教育的根本使命，是促使学生会"做人"素质教育目的实现的唯一路径。

其次，立德树人是大学素质教育价值追求的最高境界。推行素质教育并非否定知识传授活动的意义，更非否定能力发展的重要性，而是倡导在对其加以肯定的基础上发展、充实和提高。就人的素质而言，有先天的潜在素质，它是素质开发和发展的基础，也有后天通过教育形成的素质。无论哪种素质，都与知识相关，没有一定的知识，就不会有相应的素质，知识是素质形成的源泉，这也是专业知识教育与素质教育的"交集"之所在。但知识本身并不能直接形成素质，也不能直接决定素质。从这个意义上说，广博的知识不会无条件地形成素质，它还需要一个内化的过程。换言之，对潜在素质的开发和知识的内化是素质形成的唯一路径，也是素质教育的根本任务。所以，高校教师要努力对人的潜在素质进行开发，并促进知识内化，这样有益于人的综合素质迅速提高，推动个人与社会和谐发展。

---

① 周远清：《素质·素质教育·文化素质教育——关于高等教育思想观念改革的再思考》，《清华大学教育研究》2000 年第 3 期。

## 二、提升自身素质，培养合格人才

建设社会主义现代化强国的目标对教师队伍提出了新的更高要求。习近平总书记在北京大学师生座谈会上强调："建设政治素质过硬、业务能力精湛、育人水平高超的高素质教师队伍是大学建设的基础性工作。"作为人类灵魂的工程师，高校教师需履行传道、授业、解惑的职责，承担帮助大学生"淬火成钢""破茧成蝶"的重任。其主要内容如下。

第一，教师要有优秀的业务素质。

业务素质主要包括知识素质和能力素质。教师具备知识素质是指教师具有良好的马克思主义理论素养，掌握辩证唯物主义和历史唯物主义的基本理论和方法；具有扎实的专业理论和精深的专业科学知识储备；适应信息时代科学交叉和综合发展的需要，具有宽广厚实的知识结构和知识背景。教师具备能力素质是指教师具有从事教师职业必备的教育能力和水平；掌握现代化教育技术手段，并可充分发挥互联网的信息搜集、传播、交流优势；遵循教育规律，具有因材施教、有的放矢、灵活多样开展教育教学活动的能力；积极参与教育教学科学研究活动，具有理论思维和科学研究能力。

高校是培养高级专业人才的场所，这就决定了高校教师必须在自己的专业领域有深入系统的研究，用扎实精深的专业知识武装自己。所以，教师要不断学习、不断积累，更新知识结构，提高业务能力。正如著名的教育家苏霍姆林斯基曾经指出的："教师所知道的东西，就应当比他在课堂上要讲的东西多十倍，多二十倍，以便能够灵活地掌握教材，到了课堂上，才能从大量的事实中挑选出最重要的来讲。"教师必须具有广博而精深的专业知识，因为专业知识是教师履行教书职责的基础。此外，高校教师还应该有开阔的教学视野，即不仅要掌握本学科的最新发展动态、了解本学科最前沿的发展资讯，而且要广泛涉猎其他学科，拥有跨学科的视野，这样才能跟学生的专业需求紧密结合，更好地满足青年学生对新知识的追求。

第二，教师要有高尚的品德素质。

作为教书育人的工作者，教师应该在教学工作中杜绝各种有悖于教师职业道德的态度和行为，在德智体美劳各方面为学生做出表率，给予学生指导。教师要不断提高政治思想素质，要具有现代价值取向和现代人的思想修养，并树立正确的教学观、质量观和人才观。

高校教师面对的是一群世界观、人生观、价值观正在逐步形成的青年，教师的一言一行都会给学生以直接的影响。"身正为师，学高为范"，中国自古以来不仅重言传，还重身教。作为一名高校教师，具有高尚的道德情操是顺利进行教学的一个必备条件。高校教师应该努力使自己成为"一个高尚的人，一个纯粹的人，一个有道德的人"，这样才能对学生的成长、发展具有正面的感染性和示范性。伟大的教育家孔子也说过："其身正，不令而行；其身不正，虽令不从。"要为人师表，先要端正自己，品行高洁，志存高远，通过自己的率先垂范给学生以心灵的净化和情感的熏陶，这样才能真正担负起培养社会主义建设者和接班人的使命。

第三，教师要有良好的生理素质和心理素质。

这主要体现在两个方面：一是生理机能健康，即拥有可以承受繁重教学、科研工作的健康身体；二是心理机能健康，即能在快节奏的社会生活中，保持情绪稳定、态度乐观，能以良好的人际关系和自我解压的形式应对复杂多变的外部环境。在与学生的互动中，教师需对学生人格加以尊重，对学生心理进行关照，同时面对不同层次、不同心理特点的学生，教师不能产生偏执的心理，应该采取不同的方式给予学生有针对性的指导。另外，教师还要善于发现学生的长处和优点，通过鼓励和表扬与学生建立良好的心理沟通渠道。此外，教师教学工作中良好的心理素质，还包括积极的情感、坚强的意志及良好的性格特点。这在一定程度上可体现一个人的心理自控能力，对学生的行为、学校的精神文明都会产生潜移默化的影响。健康的体魄及充沛的精力可以帮助教师更好地完成教学工作，胜任高强度的教育教学劳动，提高工作效率，取得良好的教学效果。

### 三、积极参与知识创新，不断提高教学质量

知识创新能力及创新攻关能力是教师业务素质得以提升的不竭动力，作为高校教师，更应该关注学科前沿问题，完善知识结构，积极参与知识创新。其主要内容如下。

第一，教师要有适应现代化教学需要的知识结构。高校教师不仅要具有掌握和了解本学科、本专业前沿知识的能力，还要具有对不同学科和专业知识进行融会贯通的能力。但目前高校教师队伍的知识结构还不能满足这一要

求。比如，有些教师专业研究内容单一、层次浅、范围小，有较大影响的教学成果少，且教学中还存在着一本教案用多年、一个实验反复做的现象；有些教师掌握的知识、传授的理论仍处在原有的基础和水平上，知识结构没有发生根本性的变化；不少教师对新兴学科、边缘学科、自然科学、人文科学知识了解甚少，对最新科学成果知识知之更少。这种状况很难适应现代化教学的需要，也不能满足培养具有创新意识、创新能力人才的要求。这就对高校教师的知识结构提出了更高的要求，其不仅应具有本专业学科教育的"高、新、尖"知识，还应具有与相关学科知识融会贯通的能力。

第二，教师要有很强的研究问题的能力。当今社会，要造就一大批教育研究人员，要求高校教师扮演双重角色，既是教育者又是研究者。因此，高校教师要增强科研意识，提高科研素养，努力成为科研的志愿者。如今，科技日新月异，许多新理论、新观念、新思想都是以往教学过程中所没有遇到的，是无法从现有的教科书上找到的，必须靠教师自己在教学实践中去研究、去总结，这就要求高校教师善于思考，善于发现问题和选择课题，搜集整理相关资料并对其进行理性加工等。

第三，教师要有很强的交流协作能力。现代社会之所以被称为信息社会，一个重要特点就是信息的可共享性。交流协作就是为了充分利用信息的这一共享性。交流协作能力包括很多内容，如写作能力、语言表达能力、处理公共关系的团结协调能力等。现在的教学和科研活动仅靠某个人单打独斗是不行的，有时需要多学科联合"作战"，且一些重大的科研项目，要由不同学科、不同专长的专业人员组成的集体来完成，参加科研人员在联合攻关中相互交流、拓宽知识。因此，高校教师要充分认识到交流协作的重要性，要建立一种竞争、协作、和谐的关系，这也是提高高校教师业务素质的一项重要内容。

## 四、适应时代发展，创新教学方法和手段

学高为师，在倡导现代化教学的今天，这仍是对一名高校教师的基本要求。由于现代化教学理论具有不同于传统教学理论的新特点，特别是在教学方法和教学手段上有很多不同于传统教学的地方，所以高校教师不仅要精通本专业知识，还要具备熟练运用现代化教学方法和教学手段的能力。

第一，教师要深入研究和改造传统的教学方法。

在长期的教学理论和实践发展过程中，高校教师总结出了一整套教学方法，这是教师们多年教学经验的结晶，其中有许多是体现教育智慧的成果，但是也有保守与僵化的东西。因此，教师要改变传统教学中机械传授知识的做法，培养学生发现问题、探索问题、解决问题的能力，改变学生掌握知识和应用知识的方式，培养学生理论联系实际的能力。此外，改变传统教学中教师定期对学生学习成果进行检验的做法，让每一位学生都成为自己学习成果的评价者和检验者。

第二，教师要充分运用现代信息技术手段。

现代信息技术为现代化教学的发展注入了新的活力，这就要求高校教师除科学编排课程、精选教学内容、突出教学重点、讲求实用高效，还必须充分运用现代化教育手段和技术，提高教学效果。为此，高校教师要努力学习和掌握计算机网络教学、多媒体辅助教学、仿真教学、虚拟教学、计算机模拟对答等现代化教育手段，以便在较短的时间内使学生获得更多信息，并提高岗位适应性。

另外，传统的教学要求教师苦练教学基本功，如"一话三字"训练，即教师必须能够说一口流利标准的普通话，写一手规范端正的粉笔字、毛笔字、钢笔字，还要具有过硬的本专业知识等。现代化教学使教师这个"新角色"的职能更趋多元化，对其教学基本功的要求更高了。除了具有原来的基本功，教师还要具有现代化的教学基本功，即"两种理论、两个设计、五项操作"。两种理论就是掌握教育教学理论和现代教育技术理论；两个设计就是会教学设计、会教学软件设计；五项操作指"编"——会编写电教教案、电教流程图；"演"——会进行各种多媒体操作演示；"导"——会选择媒体、教学软件，导演教学过程；"练"——会收集各种信息，增加课堂容量，加大教学训练；"馈"——会对信息资源进行及时反馈调整。现代化教育技术的不断发展，还将对高校教师的基本功提出更多更高的要求。

## 第二节　科学研究中的师德

大学不但是培养高级人才的学府，也是研究学问、孕育高新技术的学术文化组织，这就决定了高校教师必须是研究者或学者。雅斯贝尔斯曾说："最好的研究者才是最优秀的教师。只有这样的研究者才能带领人们接触真正的求知过程，乃至科学的精神。只有他才是活学问本身，跟他来往之后，科学的本来面目才可以呈现。通过他的循循善诱，在学生心中引发同样的动机。只有自己从事研究的人才有东西教给别人，而一般的教书匠只能传授僵硬的东西。"[①] 对于教师来讲，教学和科研可以说是两驾马车，两者并驾齐驱，是相互促进的。特别是在高校，作为一名教师，如果没有高水平的科研能力，就不可能有高水平的教学能力。科学研究可使教师的学术水平不断提高，丰富教师的教学内容，提升教师的教学质量。同时，科学研究的新成果也会为社会发展注入新的生机和活力。教师的科研能力和学术成果有助于增强其在学生心中的威信，也有助于培育其学术科研习惯。科学严谨的学风、忠于科学的品质是每一个高校教师应具备的素养。

### 一、科学研究的社会要求

在高校教师的科研道德中，为了祖国的繁荣昌盛而忘我劳动是首要的规范，它要求学者把人生的价值目标定位在为祖国作贡献上，而忘我劳动、勤于钻研则是通达这一目标的路径。科研劳动是人生的第一需要，这是绝大多数科学家的道德价值方针。许多科学家废寝忘食地劳动，并不是为了个人丰衣足食，而是对科学劳动本身感兴趣，其最终目的是要报效祖国，是要为祖国的科技发展和繁荣昌盛作出贡献。因为科学家的人生价值只有在为祖国的发展和建设事业作贡献中才能真正实现。我国的学者历来都有爱国的光荣传统。在20世纪50年代，就有大批海外科学家通过各种曲折途径返回祖国，为新中国的科学发展作出了卓越的贡献。1955年，在美国从事核研究的钱学

---

① 雅斯贝尔斯：《什么是教育》，邹进译，生活·读书·新知三联书店1991年版，第150页。

森和其他37名科学家带了800千克资料离美返华，使我国在1964年就成功爆炸了第一颗原子弹。以后又有100名火箭专家、物理学家回国参加建设。从美国回来的哈佛大学博士、研究员欧阳本伟说："不管祖国怎样贫穷、落后，她总是我的祖国。就像我的母亲，不管她怎样穷，总是我的母亲。"他们在各自的科学领域中都为新中国作出了巨大的贡献，同时祖国和人民也永远地将他们的业绩刻在了历史的丰碑上。

对于高校教师而言，为什么要树立爱国主义的道德价值观呢？主要是因为科学研究的特殊性及其最终目的，要把论文写在祖国大地上。科学研究是一项艰难困苦的高级复杂的脑力劳动，它不但需要扎实的学术功底、个人的聪明才智，而且需要克服困难的勇气、百折不挠的毅力，需要崇高理想的精神激励，及内心信念的有力支撑。这种勇气、毅力的源头，以及这种崇高理想的激励和内心信念的支撑，就是热爱祖国、报效祖国的拳拳之心。从科学研究的最终目的来看，高校教师从事科研工作，不是为了科研而科研，而是为了推动我国科技文化事业的发展，使我们的祖国能够跻身于世界先进水平，成为经济发达、政治民主、精神充裕的社会主义强国。热爱祖国、报效祖国应该是高校教师积极投身于科研工作的最终价值目标追求。只有树立了爱国主义的崇高理想和远大目标，人们才能拥有聪明才智和勇气毅力，才能产生排除万难、勇攀高峰的持久精神动力；只有树立了爱国主义的崇高理想和远大目标，才能把国家利益和人民利益的追求和实现当作最终目的而不计个人得失，全身心投入科研，才能在自己的研究领域有所发明、有所建树。

## 二、科学研究的行为规范

第一，求真务实，勇于探索。教育部、中国教科文卫体工会全国委员会颁布的《高等学校教师职业道德规范》中针对少数高校教师在科研工作中弄虚作假、抄袭剽窃，侵占他人劳动成果的不端行为，明确提出"坚决抵制学术失范和学术不端行为"。遵守学术道德规范，必须做到在从事科学研究的过程中，既严格遵守国家有关法律法规、社会公德，又秉持学术良知，尊重他人劳动和学术成果，尊重知识产权，尊重研究对象，诚实守信，不弄虚作假，不利用科研活动谋取不正当利益，尤其不得存在造假、抄袭、剽窃和其他违背学术活动公序良俗的学术不端行为。

如马克思所说，在科学的入口处，正像在地狱的入口处一样，必须提出这样的要求：这里必须根绝一切犹豫，这里任何怯懦都无济于事。科学研究是一件追求真理、探索事物发展规律的艰巨而又复杂的事情，来不得半点虚假。客观事物不会以人的意志为转移，它有着自身发展运动的客观规律，这就要求学者必须具有求真务实、勇于探索、追求真理的品德和精神。当然，这种精神不是一朝一夕就能养成的，它要求高校教师从一点一滴做起，循序渐进，逐步培养自己的科研能力。要培养求真务实、勇于探索的精神，最重要的还在于树立爱国主义道德价值观，树立报效祖国、报效社会的远大志向，因为这将促使教师在平凡而艰苦的科学研究活动中感受到工作的价值，获得精神动力，激励教师在科研工作中踏踏实实，追求真理，不畏艰难险阻。

第二，谦虚好学，诚实可信。高校承担着人才培养、科学研究、社会服务、文化传承与创新的重任。2021年9月，习近平总书记在给全国高校黄大年式教师团队代表的回信中指出："好老师要做到学为人师、行为世范。"作为实践高校使命的主体力量，高校教师应该成为铸造社会信用的标杆，且尤以体现其本职工作的科研诚信为重。然而，在实际科研过程中，频发的科研失信问题极大影响了高校教师的社会评价与社会声誉。

高校教师科研诚信体现于现代大学人才培养、科学研究、社会服务、文化传承与创新四大功能之中，映射着社会对高校教师的期望。一方面，"人才培养"是大学工作的核心。《国家中长期教育改革和发展规划纲要（2010—2020年）》强调，学生健全的人格直接得益于高校教师的"学高为师，身正为范"。另一方面，"科学研究"历来是高校教师的重要使命。探求真理、发现知识、创生知识等一系列科学研究活动为优化教学的前提和基础。而"社会服务"为高校教师智力输出和转化的直接途径，是自身诚信行为扩展至其他社会主体的纽带，直接衍生出社会对高校教师的诚信评价。此外，以立德树人的根本任务为指引，高校教师的价值更多外显于对人才的培养。毋庸置疑，身处知识的创生地和传播场域，高校应具有"文化传承与创新"的内在使命，对保有"真知识"负有公共责任。可见，高校担负的四大功能和使命构筑了高校教师诚信的基本域别，延伸出高校教师强化诚信建设的多维要求，其中科学研究的自主性特征则强化了科研诚信先行建设的合理性和必然性。

首先，是理性层面的自我思考。高校教师对科研诚信概念的有效认知是之后一系列诚信行为的逻辑基础。其次，是情感层面的自我认同。围绕科研诚信问题，形成道德判断、道德勇气、自律意识以及对社会的良知与责任。最后，是行为层面的自律与实践。科研诚信知识融会贯通后转换为个人技能，从而间接影响行为。对科研诚信的自我落实有助于教师以身作则，以榜样示范作用助力其他科研主体。由此，高校教师科研诚信的行动维度和梯度构成更为显性，科研诚信建设的结构脉络得以生成，科研诚信的塑造成为重要的可行性命题。

第三，淡泊名利，不慕虚荣。高尚的道德情操是促进科技人员成功成才的重要基石，勉励学生以国家和集体利益为先，不图个人名利，为国家科学事业默默耕耘，修养淡泊名利、甘于奉献的道德情操，是科研育人的基本要求，也是科研工作者坚守科研道德的重要方面。淡泊名利、甘于奉献的道德情操一旦形成，可以直接转化为道德行为的动力，它可以将观念、目标和行为融合在一起，然后转化成一种巨大的力量。它会促使人产生积极的思维和心态，从而催生积极的行动。特别是高尚的道德情操对科技工作者的合作精神、优良学风、科技伦理起着引领作用，有利于推动科技进步，有利于学者学术生涯发展与生活品质提升。

养成高尚道德情操的前提是淡泊名利。只有淡泊名利，才能甘于奉献。淡泊是面对诱惑的从容、面对名利的洒脱、面对成败的豁达。专注科研之人，都有一颗"淡泊"之心，他们不图名利，在不断超越自我中为社会树立价值标杆。20世纪五六十年代，中国科学家为了国家科技事业发展隐姓埋名、默默奉献，不计个人得失，在做出成绩后依然淡泊名利，这是他们对甘于奉献道德情操的诠释。①

这种精神影响了一代又一代的科技工作者。例如，黄大年从英国归来不要任何职务，带领团队在航空地球物理领域取得了系列成就；袁隆平院士名满天下、举世誉之，却仍淡泊名利、专注田畴，为保障国家粮食安全与世界粮食供给作出贡献。淡泊之人无论"穷"与"达"，始终将"兼济天下"当作人生信条；不论荣或辱，始终能够坦然待之。因此，教师在科研过程中，应强化立德树人意识，注重对淡泊名利、大公无私的奉献精神的言传身教，促进学生形成高尚的道德情操。

① 丁俊萍、李庆：《20世纪五六十年代中国科学家精神及其价值》，《思想理论教育导刊》，2020年第3期.

### 三、科学研究的个人要求

第一，相互尊重，团结合作。尊重他人劳动，保持科研友谊，在学术活动中相互合作，是科研道德的又一规范。科研是一项复杂、艰巨的群体劳动，在科研活动中人与人之间的相互作用直接影响着科研协作和科研计划的完成。提到科研团队，就会想到团队之间团结协作的问题。团结协作包括许多含义，它既是一个分工、协作、团结配合的概念，也是一个领导、服务、组织、指导的概念。科研团队不能搞成帮派，虽然团队间有竞争，但相互之间的团结更为重要，大力倡导团结协作精神有利于团队发展和成果涌现。

承认他人的学术成就，是对科学家艰苦劳动的认可，也是学术活动中的重要道德规范。学术活动中的相互尊重是学术民主的重要要求，没有学术民主，自然也就没有学术的繁荣昌盛。团队合作不仅能激发出人们不可思议的潜力，而且所出成果往往能超过成员个人业绩的总和。团队不仅强调个人的工作成果，而且强调团队的整体业绩。团队所依赖的是集体讨论和决策、信息共享和标准强化，强调成员的共同贡献，能够得到实实在在的集体成果；强调明确科研目标，在目标驱动下，团队每个成员都会积极地投身于科研当中，贡献自己的时间、精力和才识，通过整个团队的携手努力，取得创造性的科研成果。所以，团队合作是一种为达到既定目标所显现出来的协同努力的精神。它可以调动团队成员的所有资源和才智，消除团队不和谐、不公正现象，同时会给予那些诚心、大公无私的奉献者适当的回报。

高校教师在科学研究中要做到相互尊重、团结合作，首先需要做的是明确科学研究的目的，端正科学研究的态度。科研工作者要认识到一切科研活动都是为了祖国的繁荣昌盛，为了人类社会的进步，为了广大人民群众的福祉。只要有了这样的认识，我们就不会丧失公正的判断，就会对他人的贡献表现出应有的尊重，这样才能在科学研究中与他人达成长远合作。同时，高校教师还应对他人的科研能力有基本的信任，相信他人的专业理论水平，相信他人的科研道德素质，相信他人有能力完成自己的科研任务。

第二，尊师重道，提携后人。提携后人与培养人才是老一辈科学家的道德责任。科学是继承性很强的事业。科学事业的兴旺发达离不开不断涌现的青年科学家。在科学发展的历史上，正是老一辈科学家相信年轻人的能力，大胆提携年轻人，不遗余力地为年轻人的进步创造条件，才使得一代又一代的年轻科学家不断涌现出来继承老一辈科学家的事业，肩负起科学研究的重任。我国自古以来就重视教育，重视人才的培养；我国传统文化历来把尊师重教，提携后人当作社会美德和教师职业道德，许多人都以充当伯乐为荣。现代高校教师应该继承和发扬我国尊师重教的传统美德，在科学研究中贯彻尊师重教，提携后人的职业道德规范，使科学研究薪火相传、后继有人，不断把科学研究推向新阶段、新水平。在科学发展的历史长河中，许多科学家因在尊师重教、提携后人等方面作出了典范而被传为佳话。

尊师重教、提携后人的职业道德规范主要有两方面的具体要求：要求青年教师尊重老教师，尊重老一辈专家、学者在学术上和专业上所取得的成果以及作出的贡献，而且要尊重他们的劳动和经验，虚心向他们学习、向他们求教；要求老教师关心、爱护青年教师，认真传授自己的知识和研究成果，传授自己的科研经验和教训，帮助青年人尽快成长，使之能够尽快胜任重要的科研工作，以接替前辈，挑起科研大梁。

## 第三节　服务社会中的师德

新时代的大学不仅是一个学术研究和教育教学机构，而且还应该是一个服务机构，即要为社会提供工业、农业、商业服务，要为那些与民众生活密切相关的事业提供服务，这是包括培养人才、提供技术、发展科技、传递信息等在内的广义上的社会服务。对此，高校教师要适应新时代趋势，积极投身于社会服务，成为现代化的建设者。在新时代的教师职业规范要求当中，对教师应当树立并强化社会服务精神提出了明确要求。对于社会上任何一项职业素养，服务社会、报效祖国的精神理念都是重要支撑。在我国提出构建和谐社会要求的背景之下，培养和提升社会服务精神不仅是社会主义核心价值观与教师职业规范的本质要求，也对教师教书育人工作有着重要影响。

### 一、构建人类命运共同体的世界责任

党的十九大报告指出："构建人类命运共同体，建设持久和平、普遍安全、

共同繁荣、开放包容、清洁美丽的世界。"人类命运共同体理念的提出是中国共产党对处于大发展大变革大调整时期面临诸多挑战的世界贡献的一种中国方案。习近平总书记指出："人类命运共同体，顾名思义，就是每个民族、每个国家的前途命运都紧紧联系在一起，应该风雨同舟，荣辱与共，努力把我们生于斯、长于斯的这个星球建成一个和睦的大家庭，把世界各国人民对美好生活的向往变成现实。"

构建人类命运共同体，教师的角色不言而喻。"教师承担着传播知识、传播思想、传播真理的历史使命，肩负着塑造灵魂、塑造生命、塑造人的时代重任，是教育发展的第一资源，是国家富强、民族振兴、人民幸福的重要基石。"从教师职业的特性来看，教师应该是最为关注人类命运走向，对人类未来命运具有重大影响力的群体之一。人民教育家陶行知曾言："教师手里操着幼年人的命运，便是操着民族和人类的命运。"① 从这一意义上讲，教师是人类命运共同体"大厦"的奠基者。因此，高校应努力打造一支道德高尚、业务精湛的高水平教师队伍，形成世界教育领域的中国学派，为构建人类命运共同体作出新的贡献。这将为高校教师队伍建设及师德建设拓展新的视域。人类命运共同体具有以下特点。

第一，人类命运共同体理念关注主体价值。

在本质上，人类命运共同体最基本的构成主体应该是在一定社会历史条件下具有高度能动性的从事认识和实践活动的具体的、现实的人。从长远看，人类命运共同体的旨归是为具有多样性命运联系的人的自由全面发展创造政治、安全、经济、文化和生态各方面的条件。这就要求人类命运共同体中的个人以及其联合的群体具有高度的主体性，在积极参与社会实践过程中把握自己及群体的命运，实现自我主体价值。这给高校教师师德建设的启示就是，高校教师要具有持续提升自我道德修养的自觉，凸显教师在道德修养上的主动性、自觉性和能动性，这样才能不断适应构建人类命运共同体对教师专业发展提出的更高的要求。

一方面，高校教师应该更积极地回应构建人类命运共同体的诉求，思考和关切人类命运的终极去向，并自觉将自己的前途命运融入人类命运的共同体轨道，这是教师崇高的职业道德使命。在实践中，此体现为教师对教师专

---

① 中国教育报评论员：《自觉践行社会主义核心价值观——论学习贯彻习近平总书记五四重要讲话精神》，《中国教育报》,2014-05-06（1）.

业发展共同体的群体归属认同和自觉融入。只有这样，教师的独立人格品性和生命独特性才能与教师群体的价值普遍性实现内在和谐统一，教师才能获得群体归属感和尊严感，从而实现群体规约之下的教师道德自由与道德自觉。另一方面，作为高校教师师德建设整体规划的负责者，学校领导决策层应该凸显教师在师德建设中的主体地位，切实转变管理与服务风格，在制度设计、评价体系、教师参与权、学术自主权等方面凸显激励性、人本化，从而使教师获得道德发展的内驱力。

第二，人类命运共同体理念凸显共同体意识。

人类命运共同体以人类共同利益为最高准则，为其参与主体提供一种道德规范与行为体系，这是实现国家利益与人类共同利益有机整合应该遵循的道德规则。在现实中，参与主体可根据这些道德规则处理争端、矛盾和冲突，构建合作共赢模式。可见，人类命运共同体是一种参与主体命运攸关、命运相连的真正共同体。这对高校教师师德建设的启示就是，师德建设应凸显共同体意识，发挥共同体的育人性和规范性价值功能。

一方面，应该认识到共同体是教师成长与道德养成的重要环境。亚里士多德很早就意识到"个人的善不能与共同体的善分离开来看待，人们是在一个共同体中，对共同善的共同追求使人们获得了相应的利益或善"[1]。因此，教师应主动融入教师专业发展共同体之中，并将之打造成"为教师提供分享共同的实践、信念和理解的平台，这将能促进教师间交流差异、优势互补、情感体验、整合知识、形成愿景、增强职业归属感和形成团队精神与凝聚力"。另一方面，应该指出共同体中形成的共同道德规约是教师个人发展的重要条件。教师应通过创设多样化的学习机制完成专业道德发展"由外在规约的他律逐步走向道德体系的'内化'并自律的过程，也就是由专业道德集体规约走向个性化建构的过程"。这一过程是教师道德养成的一个必经阶段，是教师融入教师专业发展共同体的必要前提。因此，教师应基于教师职业特性，使自己的意识、行为符合教师专业发展共同体的道德要求。在新时代，中国教师队伍应"有理想信念、有道德情操、有扎实知识、有仁爱之心"。

第三，人类命运共同体理念蕴含开放性。

人类命运共同体高度尊重文明间的差异性，强调不同文明通过相互尊

---

[1] 张志旻、赵世奎、任之光：《共同体的界定、内涵及其生成——共同体研究综述》，《科学学与科学技术管理》2010 年第 10 期。

和欣赏，才能获得包容性发展。这一理念为教师道德发展提供了广阔的国际视野，同时对教师道德发展也提出了更高的要求。一方面，教师在完善自我道德修养过程中应具有国际视野，应从人类命运这一基点出发正确看待人类文明发展过程的差异性和多样性，深刻领会人类命运共同体理念所蕴含的平等、互利、包容、开放等精神，形成正确的世界观和正义观念；应以开放姿态主动学习吸纳和包容不同国家和民族的优秀文化成果，掌握和熟悉国际沟通基本技能，提升教师国际参与、合作意识和国际交流能力，积极承担相关的国际责任。另一方面，不得不承认，当前构建人类命运共同体将长期面对全球化和信息化所带来的价值诉求多样、文化影响多元以及信息来源冗杂等冲击，如何应对这一开放社会的现实，"守住师德之魂"是对教师的严峻考验。

### 二、保障国家意识形态安全的国家责任

党的十八大以来，习近平总书记多次强调，"意识形态工作是党的一项极端重要的工作"，并围绕意识形态工作尤其是高校意识形态工作发表了大量讲话，提出了一系列新思想、新观点、新论断和新要求，深刻阐述了新时代意识形态工作相关重大理论和现实问题。高校教师是贯彻党的教育方针、落实立德树人根本任务的核心力量，而加强高校教师意识形态能力建设是新时代高校思想政治工作和宣传思想工作的重要内容，是办好新时代中国特色社会主义大学、维护高校政治安全的重要要求。探索加强高校教师意识形态能力建设的内容和路径具有重要和深远的意义。其主要内容如下。

第一，把握正确方向和舆论导向的能力。

价值观是意识形态的核心内容。就我国而言，社会主义核心价值观是社会主义意识形态的重要内容，承担着推进实现中华民族伟大复兴的历史重任，各个领域、各个层次的社会成员必须高度认同社会主义核心价值观、自觉遵守和切实践行社会主义核心价值观。社会主义核心价值观是我国价值观的核心内容，体现了中国价值观精髓。大学生作为实现中国梦的主体力量、中国未来的建设者和接班人，其价值取向决定了未来整个社会的价值取向。

人们头脑中不会自发产生先进的理论，只有经过理论灌输才会有确立正确政治信仰的基础。毛泽东指出："代表先进阶级的正确思想，一旦被群众掌

握，就会变成改造社会、改造世界的物质力量。"① 因此，高校教师在开展价值观教育时要灌输正面理论，既注重对马克思主义相关理论的科学阐释和分析，又要注重回应大学生关心的现实问题，帮助学生对理论内容进行内化，从而让他们理解、接受灌输的内容，并将其转化为自己的思想认识。灌输强调"灌"的外在性和"输"的内因性有机统一，既强调理论的科学性，加强对学生的理论引导，又强调以理服人，使学生理解和认同科学理论。

第二，巩固壮大主流思想文化的能力。

高校教师要主动培养巩固壮大主流思想文化的能力，以高度的使命意识、责任意识和引领意识，坚定不移地开展文化传承和创新，服务主流意识形态，主动打造新时代思想文化高地。同时，要坚持文理交融、古今会同、中外相知的发展思路，围绕新的时代课题不断推进理论创新，理直气壮地用马克思主义中国化的最新理论成果和"四个自信"为广大青年学生提供精神指引。此外，要大力培育和践行社会主义核心价值观，运用中国智慧、讲好中国故事、传播中国声音，打造具有中国特色的话语体系，彰显中国气派，唱响主旋律，壮大正能量，使之成为时代最强音，以鼓舞高校师生士气，振奋师生精神，更好地强信心、聚民心、暖人心、筑同心，使他们成为高校主流思想文化的传播者、弘扬者和创新者。

第三，强化意识形态阵地管理的能力。

一个国家的主流意识形态是整个国家思想文化的凝结，反映了一个国家的精神信仰。"它是一定社会占统治地位的阶级、阶层或社会集团基于自身根本利益对社会关系自觉反映而形成的思想体系，它是该社会占统治地位的政治和经济思想、法律、道德、哲学等社会意识形式。"② 通常而言，通过主流意识形态就能看到相应的统治阶级的利益。它在该社会意识形态系统中居于主导和核心地位，规定和影响其他意识形态的生存与发展。

高校是意识形态的前沿阵地，是意识形态最敏感、最活跃的地方。多元文化、社会思潮在这里交织和交汇，思想文化、意识形态在这里碰撞和交锋，表面平静的高校面临国内外各种错误思潮和观念的挑战，面临市场经济条件下功利主义、实用主义和消费主义的冲击，面临肢解和遮蔽社会主义文化和马克思

---

① 中共中央文献研究室：《毛泽东文集（第八卷）》，人民出版社 1999 年版，第 320 页。
② 马克思：《马克思恩格斯全集（第 1 卷）》，人民出版社 1995 年版，第 292 页。

主义意识形态的威胁。在新的时代背景下，我国高校已成为西方意识形态渗透的重点领域、成为境外敌对势力思想渗透的重要目标。高校意识形态具有的特殊复杂性，要求高校教师要大力培养和提升意识形态阵地管理能力，守好高校这个意识形态工作的前沿阵地，巩固马克思主义在意识形态领域的指导地位，牢牢把握高校意识形态的主动权，在阵地管理上寸土不让，构建教材、课堂、网络、讲坛"四位一体"的意识形态工作平台体系，时刻保持政治上的清醒，增强政治敏锐性和政治鉴别力，自觉抵制意识形态"淡化论""终结论"，在重大政治原则问题上旗帜鲜明、态度坚决、毫不退让，且要敢于亮剑、勇于担当，做高校意识形态阵地的坚定守卫者、保护者和建设者。

第四，强化网上舆论宣传斗争的能力。

随着媒体信息技术的发展，意识形态的传播途径逐渐多元化。20世纪八九十年代，国人通过传统媒体报纸、书籍和电视接收国内外资讯和信息，现今通过多媒体信息技术便可知晓天下事。报纸、书籍、电视节目大多为主流媒体，主要传播的是社会主义意识形态，所以当时人们很少接触到西方意识形态及其价值观。而现今，互联网传播给人们带来全新世界的同时，西方意识形态也混杂其中，主流意识形态的主导地位面临威胁，出现了意识形态失衡的状况。对此，高校教师需要做到以下两点。

首先，积极推动社会主义意识形态进校园网络。网络作为西方社会思潮传播的主要途径，在一定程度上被西方国家当作意识形态渗透的主要载体。在全球化、多极化的浪潮下，高校教师应积极推动社会主义意识形态进入校园网络。具体而言，教师应在校园微博、学校官网、学校微信公众号上建专门的社会主义核心价值观、马克思主义理论、中国特色社会主义理论与实践相关栏目和内容，坚持进行社会主义意识形态宣传，实时报道党政方针、政策等前沿内容，主动占领网络意识形态舆论阵地。

其次，加强校园网络意识形态管理。高校青年学生思想活跃、个性独立，高校教师可通过校园网络加以管理，及时发现学生产生的问题，通过网络走进学生内心、融入他们的生活，并从他们的实际出发提供引导和支持。在这个开放包容的平台上无论是思政课教师、专业课教师、辅导员还是后勤人员，都可以与学生进行平等互动交流。通过建设和维护校园网络平台，进行网络舆论引导，时时关注网络社会热点问题，打造适合青年身心健康成长的网络平台。

### 三、以"铸魂育人"为本的人才培养责任

铸魂育人是贯彻我国教育方针的重要方法。高校的思想政治课程作为落实铸魂育人教学目标的重要阵地，必须发挥出其价值和作用，将新时期中国特色社会主义思想作为主体内容，以达到既定效果。在思想政治课教学中，需要将中国特色社会主义思想作为主导方向，明确中国特色社会主义思想的真理性以及价值性，同时教师应该坚定其政治立场，拓展自身的思想政治教学水平，树立较为完善的师德，尊重学生在课堂上的主体地位，进一步培育出我国特色社会主义发展所需要的综合性优质人才。对此，高校要做到以下三点。

首先，坚持"知识体系教"。新时期，我国高校大学生充满热情，思想政治教育工作者需要做的就是促使学生基于青春热情和青春力量，为实现中国梦、实现中华民族伟大复兴而努力，这也是我国高校办学过程中的重要战略使命。为了进一步强化针对高校大学生的思想政治教育体系改革，高校需要充分了解现阶段教学体制供给主体和需求主体两者之间存在的矛盾和冲突，积极引导学生对自身的价值体系和知识体系进行更新和完善，让学生学会运用学习的新知识来解决现实中的各种新问题，最终促使我国高校大学生思想政治素养、知识水平以及个人解决问题的能力都得以提升。

其次，坚持"价值体系育"。对于现阶段高校的思想政治教育工作来说，需要将优化高校大学生的思想价值作为核心目标，逐渐构建沉浸式的思想政治教育。在实际的教学过程中，教师应将铸魂育人作为核心的教学任务，将立德当作教学的根本，引领我国高校大学生这类青年群体逐渐拥有高素质、高水平的思想价值理念，优化其认知水平，使高校大学生的社会服务能力能够在思想政治教育过程中逐渐得到创新性的突破。

最后，坚持"创新体系做"。我国现阶段高校思想政治教育工作要实现铸魂育人目标，就需要将创新建设扎根在日常教学中，实践创新就是优化人才培养质量的关键所在。高校有效落实铸魂育人思想的关键就在于科学合理地运用校内、校外各类育人资源，引领高校大学生衔接好学习和实践，创新改进现阶段的高校思想政治教育工作育人体系，从根源上改变传统的说教式、灌输式、理论式教学形式，充分掌握思想政治教育工作主体和客体两者之间存在的矛盾和内在联系，突出思想政治教育工作创新特点，进一步推进思想

政治教育理念、教学制度、教学方法、教学载体的全面创新优化，确保思想政治教育工作实践的育人质量全面提升。

### 四、以"立德树人"为宗旨的育人责任

高校是为党和国家培养、输送人才的重要场所，高校课堂应具有育人功能。2016 年 12 月，习近平总书记在全国高校思想政治工作会议上强调，"高校立身之本在于立德树人""要用好课堂教学这个主渠道，思想政治理论课要坚持在改进中加强""其他各门课都要守好一段渠、种好责任田，使各类课程与思想政治理论课同向同行，形成协同效应"。对此，高校教师需要具有以下意识或能力。

第一，政治方向把握能力。

高校教师作为教书育人的参与者和执行者，担负着为国家培养中国特色社会主义事业合格建设者和可靠接班人的重任，必须坚持正确的政治方向。因此，政治方向把握能力就成了高校教师应当具备的首要能力，这一能力决定了高校教师的政治立场、政治方向、政治态度和政治原则，其应当始终与党中央保持高度一致，同时要对中国特色社会主义理论、道路、制度有自觉的认知与认同。

高校处于思想意识形态领域的前沿阵地。当前西方价值观以及各种社会思潮对我国意识形态领域的渗透和影响不断加剧，使得高校成为各种社会文化思潮交融交锋的重要战场，部分教师出现了理想信念缺失、价值观混乱等问题。对此，高校教师应当具备高度的政治敏锐性和政治判断力，自觉抵制各种错误的社会思潮以及一些腐朽的思想文化，在大是大非面前始终保持头脑清醒、立场坚定。高校教师在课堂教学活动中对于一些政治敏感性问题、社会事件不应采取回避的态度，更不能不负责任地发表偏激的言论，而应当旗帜鲜明地亮出自己的政治立场和态度，高举中国特色社会主义伟大旗帜，正面抵制各种错误观点和言论，及时回应学生关切的问题和思想困惑，引导大学生坚定中国特色社会主义道路自信、理论自信、制度自信和文化自信，牢固树立共产主义远大理想和坚定的共产主义信念。

第二，与思想政治理论课"同向同行、协同育人"的育德意识。

育德意识是指高校教师以身作则，积极主动地以高尚的职业道德修养结

合自身所教授的专业课程特点去感染、熏陶、影响学生，培养学生的高尚道德情操。在教学过程中，高校教师必须自觉树立牢固的育德意识，构建全员、全过程、全方位、全天候育人的大思想政治格局。教师需要做到以下三点。

首先，高校教师应明确意识到做好高校思想政治工作不单单是高校思政理论课教师、辅导员或是党团组织的事情，而应当是全体教师的神圣职责。每一位专业教师都应改变过去"只教书不育人"的落后观念，使思想政治教育工作从"专员"转向"全员"。其次，各专业课教师要回归到"教书育人、立德树人"的教育本质上来，对待各自所教授的课程要"守好一段渠、种好责任田"。具体来讲，高校教师在各自的教学课堂上不应单纯地向学生教授专业知识技能，而应当把能力培养以及思想价值引领贯穿教育教学的整个过程，教会学生如何做人做事，重视对学生良好道德品行的塑造，把"单一"课堂教学过程转化为既引导学生学习科学文化知识又加强思想道德教育的"复合"过程。最后，高校教师还应当树立发展育人的理念，注重"因事而化、因时而进、因势而新"，用发展的眼光和创新的思维方式确保各学科课程与思想政治教育长期有效地精准衔接。

第三，挖掘各学科思想政治教育资源的能力。

在"课程思政"教育改革理念下，各类人文、自然科学本身就蕴含着丰富的辩证唯物主义世界观和方法论，蕴含着培养大学生理想信念、价值取向、道德品质、社会责任的隐形教育资源。"课程思政"要求高校教师能够深入挖掘各类课程教材中"育人"的价值元素和价值功能，将学术资源有效转化为育人资源，在教授专业知识过程中加强思想政治教育。教师在课堂教学过程中应重视建立知识与教育对象之间的深度融合关系，引导学生在课程学习的过程中体验科学魅力，进行人文反思，并将所学的科学文化知识内化为一种德行、修养和觉悟，从而实现"知识传授""技能培养""价值引领"的有机统一。

第四，准确把握德育教育时机的能力。

著名教育理论家苏霍姆林斯基曾经说过："学校教育中智育的目标不仅在于发展和充实智能，而且也在于形成高尚的道德和优美的品质。"高校教师应当在课堂教学过程中善于主动把握德育时机，在恰当的时候将德育教育渗透到具体教学环节，努力促进德育与智育有机融合，使学生在学习专业知识的同时，不经意间接受到思想政治教育，达到"春风化雨、润物无声"的效果。

对此，教师要做到以下三点。首先，教师要加强对学生的了解，关注学生内在的德育需求。教师在课堂上应善于通过对学生兴趣点、兴奋点、利益点、热衷点的发现和捕捉，分析其背后的思想状况、价值判断和道德需求，因为只有始终以学生为中心，采用正确的手段和方法，所渗透的德育内容才能真正被学生认可和接受。其次，教师要加强师生间的情感交流，有效拉近师生距离。"课程思政"绝不是要求专业教师在课堂上生搬硬套、死板教条地开展德育教育，而应采用恰当、灵活的方法，以达到"无痕"的教育效果。这就要求师生通过选择一些恰当的话题进行情感交流，以达到德育渗透前"预热"的效果。只有消除了师生间的距离感和紧张感，在心与心真诚交流的基础上进行德育教育，才能有效提高德育效果。最后，教师应设置问题情境，并且主动创造德育教育时机。学生往往对于教师填鸭式、灌输式的说教方式比较反感和抵触，教师可以在自己的课堂教学中有意识地创设问题，启发学生思考，将学生渴望解决问题的求知欲转化为德育教育的认知驱动力，由此创造出德育教育的时机。

# 第七章　新时代高校师德建设的主体建构

高校的立身之本在于立德树人，高校教师是高校思想政治工作的重要主体，是"立德树人"根本任务能够完成的决定力量，是决定高等教育"为谁培养人"和深入推进"三全育人"的关键。抓好高校师德师风是打造高素质教师队伍的内在要求和重要保证，是确保教师"为谁培养人"的前提和基础，更是保证教师自觉践行立德树人根本任务的关键。新时代高校教师肩负着立德树人的重要使命，而且作为学生的典范，其需要思想充盈，精神饱满，行动有力。中国特色社会主义已经进入新时代，这是党中央对事关党的建设全局战略的考量，是一个重大的战略判断，而高校教师群体是见证者、参与者，是圆梦人，更是筑梦人，因此要强化高校教师理想信念教育，营造尊师重教的浓郁氛围，激发教师内心力量，拓展教师教书育人职责。

## 第一节　理性认知：强化理想信念教育

### 一、新时代高校教师理想信念教育面临的挑战

习近平总书记指出："正确理想信念是教书育人、播种未来的指路明灯。不能想象一个没有正确理想信念的人能够成为好老师。"高校青年教师肩负培养担当民族复兴大任的时代新人的重要任务，是高校教师队伍中的新生力量

和中流砥柱。随着信息技术的飞速发展，网络的多元化不仅带来了生活中的极大便利和教育教学模式的不断创新，而且为高校青年教师的理想信念教育带来了新的挑战。其主要内容如下。

第一，高校青年教师理想信念教育的内在自觉性不足。高校青年教师的政治素养要求他们必须树立坚定正确的理想信念。党的十九大报告指出："我国社会主要矛盾已经转化为人民日益增长的美好生活需要和不平衡不充分的发展之间的矛盾。"如今我国综合国力显著增强，在国际社会占据重要地位，但我国处于并将长期处于社会主义初级阶段的基本国情仍未改变，且社会不平衡不充分发展问题还有待进一步解决。所以，社会负面现象仍然存在，不平衡不充分发展与人们利益诉求多样化的矛盾仍对人们的价值观念和行为方式有着较为严重的影响。虽然新时代高校教师思想主流是积极向上的，但是不可避免地出现了理想信念迷茫、人生信仰缺失等问题，从而造成了"社会人"和"经济人"两个方面的角色定位矛盾与价值体系冲突。有学者指出："90 年代青年普遍缺失终极关怀，他们中的大多数人都认为自己没有信仰，其中不少人甚至认为根本不需要信仰。"

第二，高校理想信念教育受到了网络化与信息化的消解。当前正值新媒体蓬勃发展的网络信息时代，网络已经与当代大学生的日常生活密不可分。中国互联网络信息中心（CNNIC）第 44 次《中国互联网络发展状况统计报告》表明：截止到 2019 年 6 月，我国网民规模达 8.54 亿，较 2018 年底增长 2598 万，互联网普及率达到 61.2%，较 2018 年底提升 1.6 个百分点。同时，我国手机网民规模达 8.47 亿，较 2018 年年底增长 2984 万，网民中使用手机上网的比例由 2018 年年底的 98.6% 增长到 99.1%。其中，受过大学专科、大学本科教育的网民群体分别占 10.5%、9.7%。网络的高速发展是一把"双刃剑"，一方面，网络信息化带来了极大的便利，提供了海量的知识，加速了大学生知识系统的储备和更新速度，给高校思想政治教育方式和手段带来了极大的技术优势；另一方面，消极网络信息正在侵蚀大学生的世界观、人生观和价值观，无形中给大学生思想政治教育带来消解作用的同时，更给高校青年教师的理想信念教育带来了困难和压力。因此，对新媒体网络阵地的占领以及对"话语权"的领导已经到了刻不容缓的时刻。

第三，高校教师理想信念教育实效性有待提升。

在党中央的指导下，全国各地方和高校高度重视青年教师的理想信念教育。据调查显示，"73.6%的受访教师认为自己所在学校领导'比较重视'或者'非常重视'青年教师思想政治教育"，并有"74.9%的受访青年教师对实际工作效果作出了'非常满意'或'比较满意'的积极评价"。但是我们也应清醒地看到，一些高校青年教师理想信念教育力度不够、缺乏实效的问题依然存在。据有关访谈表明，"有一部分受访对象指出了本校青年教师思想政治工作所存在的一些问题，如学校领导对青年教师思想政治工作的重视程度不够，工作方法不多且较为落后，思想政治工作形式化较为严重，致使工作针对性和实效性不强，很难引起青年教师的思想共鸣"。总之，一些高校对青年教师理想信念教育重视力度不够，所用方法不够精准等，这些都严重制约了高校青年教师理想信念教育实效性的发挥。

### 二、加强高校青年教师理想信念教育的对策

第一，强化青年教师对理想信念的认识。

理想信念教育要求青年教师坚持以马克思主义为指导思想，深入学习马克思主义以坚定科学信仰，读原著、学"四史"以强化真理认同。要培养青年教师运用马克思主义观点分析解决生活中问题的能力以抵御各种不良社会思潮的侵蚀，让科学的马克思主义理论成为坚定青年教师理想信念的内化力量。要强化党史、新中国史、改革开放史、社会主义发展史教育，引导青年教师在学史明理、知史砺行、明史布道中坚定"四个自信"。同时，高校青年教师要把学习马克思主义当作良好的习惯，要把读马克思主义经典、悟马克思主义原理当作一种生活习惯、当作一种精神追求，用经典涵养正气、淬炼思想、升华境界、指导实践。青年教师在学习理论知识的同时，要联系国际形势，在了解世情、国情、党情的基础上，将理论知识与实际结合起来，与自己的理想信念状况以及教育对象的理想信念状况结合起来，有针对性地学习，有的放矢地教育，以提高育人效果。

第二，丰富青年教师理想信念教育方式和载体。

当前高等教育，特别是理想信念教育，肩负着培养大学生个人理想、社会理想，以及为实现中华民族伟大复兴而努力这一理想的时代重任。在这一背景下，高校青年教师人文素养教育和科学技术教育理念的调整与教育模式的创新成为当前的重要任务。新时代理想信念教育的动态发展和即时性特点

要求高校理想信念教育要紧跟时代的信息传播及转换模式，根据高校青年教师的思想特点，适时调整教育方式，与时俱进、因势利导地采取有针对性的教育方式，搭建符合高校青年教师需求的全方位、宽层次和多功能的理想信念教育载体。首先，改进单一性教育方式是高校青年教师理想信念教育的必要途径和时代需求。传统教育方式比较单一，已经远远不能满足"微"时代迅速、即时和互动等特点的发展需求。其次，高校青年教师多样化的心理需求呼唤多样化的教育载体和平台。理想信念教育是知识教育和信仰教育的统一体。新时代"微"媒介承载着充分的可被利用的"微文化"资源，新时代高校理想信念教育的重要任务就是促使"微"话语与主流价值观相接轨。正如有学者指出的，要创造出内容新颖、形式多样，且深刻理论主题与鲜活生活世界相结合的教育话语，推动高校理想信念教育话语内涵创新，实现高校理想。

第三，拓宽青年教师理想信念教育思路。

要想在新时代做好高校青年教师理想信念教育工作，要求高校充分认识到新时代加强青年教师理想信念教育的特殊重要性，把青年教师理想信念教育摆在更加突出的位置，将其当作一个系统工程统筹谋划、科学布局、高效实施，为理想信念教育奠定坚实的思想和组织基础。对此，高校要做到以下三点。一是高校要提高战略认识，将理想信念教育放到首要位置。高校要把思想政治工作摆在根本性、全局性的战略位置，而教师作为抓好思想政治教育这一工作的"关键一招"，则要有坚定的理想信念。二是强化高校党委领导，建立健全党委领导体制建设。新时代，高校要坚持和加强党的全面领导，建立健全高校教师理想信念领导体制，确保教师的理想信念教育有方向、有章法、有力量。三是加强党的领导工作机制，建立健全高校教师理想信念教育专门功能机制。

第四，丰富青年教师理想信念教育内容与形式。对此，高校要做到以下三点。

首先，加强理论武装，提升教师的理论素养。习近平总书记曾深刻指出科学理论、历史规律、基本国情对理想信念的夯基垒石的重要作用。科学理论、历史规律、基本国情是我们加强新时代青年教师理想信念教育的基本方向。其主要内容如下：一是加强政治理论教育，包括马克思基本原理教育、中国化的马克思主义理论教育；二是加强历史教育，包括近代中国史和新中国史教育、中国共产党历史特别是中国革命史教育以及马克思主义发展史和社会主义运动史教育，高校要引导青年教师从"革命理想高于天"的革命历史中树立坚定的理想信念；三是加强形式政策教育，高校要引导广大青年教师拥有正确认识世界和中国发展大势的眼界，同时，要正确认识中国和国际社会之间的差异，加强社会主义核心价值观宣传教育。

其次，加强实践锻炼，培养青年教师的情感认同。对理想信念的理性认识来源于社会实践，只有在实践基础上获取的观念才会为理想的践履提供落脚点。高校要将校内实践和校外实践结合起来，这样才会增进青年教师理想信念的价值和情感认同。具体而言，高校需要做到两点。一是组织青年教师参与学生思想政治工作。例如，青年教师兼任辅导员或班主任、兼职团委书记和指导老师、兼职学生社会调查和校园文化活动导师、兼职学生心理咨询和辅导老师等。二是组织青年教师广泛开展社会实践活动。新时代高校要积极搭建青年教师社会实践平台，探索和完善青年教师社会实践基地建设，保障青年教师社会实践专项投入。同时，高校需依托各个学科平台和专业优势，围绕革命文化、科技转化等开展社会实践活动，从而使青年教育与国家同发展、与时代共进步，进而使青年教师在实现中国梦的舞台上加深理想信念认同。

最后，直面青年教师的现实困惑，增强理论的现实解释力。当前社会形势纷繁复杂，网络信息碎片化，各种价值观充斥其中，同时社会主流价值观有所消解，因此少数青年教师会出现政治信仰迷茫、理想信念模糊、教书育人意识弱化等问题。为了改变现状，高校在思想政治工作中要从根本上去做人的工作，帮助教师筑牢理想信念，不仅要抓理论教育，而且要引导实践锻炼。高校要坚持理论与实践教育相互贯通，直面教师的价值困惑，增强理论的现实解释力，搭建起心灵对话、价值沟通的桥梁，这样才能让青年教师解除困惑，坚定理想信念。

## 第二节　情感认同：浓郁尊师重教氛围

进入新时代，加强教师队伍建设，尊师重教成为最强音。2018年初，《中共中央　国务院关于全面深化新时代教师队伍建设改革的意见》明确提出"百年大计，教育为本；教育大计，教师为本"，明确要求"不断提高教师地位待遇，真正让教师成为令人羡慕的职业"。"国将兴，必贵师而重傅"，尊师重教是中华民族的传统美德，也是社会文明进步的重要标志。党的十八大以来，习近平总书记在考察、讲话、批示中将师德师风建设提到了前所未有的战略高度，从师德师风建设的重要性、师德师风建设的内涵、师德师风建设的社会氛围等多个层面发表了一系列重要论述。要想加强师德师风建设，就需要着力营造尊师重教的浓厚氛围。当前新时代要促进教育高质量发展，就需要一大批"有理想信念、有道德情操、有扎实学识、有仁爱之心"的"四有"好老师。"四有"好老师的成长，需要一个尊师重教的好土壤。习近平总书记在全国教育大会上强调，教师是人类灵魂的工程师，是人类文明的传承者，承载着传播知识、传播思想、传播真理，塑造灵魂、塑造生命、塑造新人的时代重任，全党、全社会要弘扬尊师重教的社会风尚。

## 一、新时代尊师重教的意义

《礼记·学记》中指出："师严然后道尊，道尊然后民知敬学。"这句话的意思是教师受到社会普遍尊敬之后，教育才能得到重视，教育得到重视后，人们才能懂得努力学习。习近平总书记多次在考察、讲话、批示中表达了对教育事业的重视和对教师职业的尊敬。他明确提出："百年大计，教育为本。教育大计，教师为本。教师承担着国家繁荣、民族振兴、教育发展的重大责任。"尊重老师，意味着懂得感恩。尊敬老师和孝敬父母一样，体现的是个人品行和感恩心态。

## 二、新时代营造尊师重教氛围的基本策略

为发扬中华民族尊师重教的传统美德，重振优秀尊师文化，倡导全社会尊师重教，破解新时代尊师重教的主要"瓶颈"，亟须建立健全新时代尊师重教的政策体系，而学校领导要在尊师重教方面先行示范，不断增强新时代教师的身份认同，着力规范新时代媒体对教育和教师的报道，促使教师自身在实践中不断提高职业道德境界。

第一，建立健全新时代尊师重教政策体系。

认真做好尊师重教政策体系顶层设计，建立健全尊师重教宏观政策的具体操作细则，让尊师重教政策得以落实。具体内容如下。一是出台尊师重教专项政策文件。已有尊师重教相关政策大多散见于国家宏观教育文件之中，

系统性不够，操作性不强，所以制定出台尊师重教专项文件对弘扬尊师重教社会风尚意义重大。二是完善尊师重教特殊政策。研究制定新时代尊师重教特殊政策，如比照现役军人，建立教师工作学习生活出行"绿色通道"等礼遇制度，在医院、车站、港口、飞机场等场所特辟教师窗口，在纪念馆、博物馆、展览馆、旅游景点等地实施教师优惠制度，在全社会倡导"尊师重教，教师优先"的风气，提升教师社会地位。三是健全尊师重教表彰体系。健全教师荣誉表彰奖励体系，丰富不同类别、不同层次教师荣誉，提高教师表彰人数比例，加强教师荣誉配套待遇保障，带给教师更多获得感，提升教师幸福指数，激发社会尊师风尚。

第二，学校领导在尊师重教方面先行示范。

首先，学校领导要更新观念，在思想上真正认同尊师重教。由于长期受封建官本位思想影响，领导人员的等级观念较重，民主意识不强，对个性尊重不够，从而造成了尊重上级有余而平等对待下级不足问题。当今社会，学校管理应是一种服务性工作，且衡量学校领导的管理水平、管理思想，主要看他们能否为教师创造有利的发展条件，能否为教师营造有利的氛围，能否排除教师专业发展过程中的种种障碍。其次，领导要以身作则，起到表率作用。学校就像一个大家庭，学校领导就是家长，教师就是学校的未来和希望。学校领导应利用资源分配权千方百计改善教师的工作环境，提高教师的待遇，同时采用各种方式深入到教师当中去倾听他们的心声，了解他们的需要，为他们创造良好的工作环境和轻松融洽的心理环境，进而为和谐校园建设打造良好的外部环境。

第三，不断增强新时代教师的身份认同。

美国著名社会心理学家马斯洛提出了著名的需求层次理论，把人的需求分为生理需求、安全需求、爱和归属感、尊重和自我实现五个层次，依次从较低层次向较高层次递进。教师身份认同在马斯洛需求层次理论中表现为尊重的需要，即"自我尊重"和"被他人尊重"。如果尊重需要得到满足，教师就会对自己充满信心，对社会有满腔热情，体验到教师职业的崇高价值，进而提升自我身份认同。具体而言，相关部门要做到以下两点。

首先，要确保和提高教师应有的地位。习近平总书记在全国教育大会上提出努力提高教师政治地位、社会地位和职业地位后，教师的认同感、荣誉感、幸福感被迅速激发，因此后续需要相应政策措施的跟进，以确保和提高教师应有的地位。例如，在一些评估考核项目中单列"尊师重教"，让广大教师得到应有的尊重，享有崇高的社会声望，以在教书育人岗位上为党和人民的事业作出更大的贡献。其次，要落实和提升教师的经济待遇。提高教师经济待遇是教师职业提升吸引力的关键，因此必须建立健全教师待遇保障机制，不断改善教师待遇。

第四，着力规范新时代媒体对教育和教师的报道。

新时代背景下，部分媒体报道的偏差必须得到扭转，损害尊师重教氛围的行为必须得到有效遏制。当前倡导尊师重教，亟须全面加强"正面宣传"，及时纠正"失实报道"，全方位展示教师形象。一方面，全面加强对教师群体的正面宣传。利用互联网、广播、电视、报刊等媒介，通过专栏、专版、系列通讯报道等多种形式，宣传报道教师群体的正面形象和真实的工作与生活。建议在每年教师节前后，设立"尊师重教宣传活动周"，全方位、多层次展示教师群体先进集体、典型个案，引导全社会尊师重教。同时，要加强社会教育，通过剧院、街道板报、新媒体等多种渠道，营造尊师光荣、鄙师可耻的浓厚氛围；通过"讲师团"开展尊师重教社会宣讲活动，纠正社会"重教"不"尊师"的认知偏差；学校要加强对教师工作生活的正面宣传，尝试每学期设置"尊师重教月"。另一方面，要着力减少对教师群体的负面报道。

第五，从法律和政策角度关注教师地位，营造尊师重教浓郁氛围。

高校教师是高校的活细胞，是高校履行责任和发挥功能的中坚力量，而加强高校师德师风建设，必须积极营造尊师重教良好氛围，让教师成为令人羡慕的职业，这需要全社会共同努力。营造良好教育教学氛围时，既要从精神上肯定教师付出的辛劳、贡献的力量、奉献的才智，也要从法律和政策层面更加关心关注教师。要密切关注国家立法进程，持续研究吸纳各地反映的合理意见和建议，从而把近年来有关我国教育实践的成熟经验和制度上升为法规，为推进各高校高素质、专业化、创新型教师队伍建设提供有力法治保障。

第六，高校教师应加强自身师德师风修养。

"道德修养的意义就在于使人们把道德准则和规范变成自己的内心信念，并用这种内心信念来指导和支配自己的思想和言行"，具备较高的师德师风修养，自然会有高尚的师德师风行为，从而更容易得到别人的尊重，正所谓"自重者，人恒重之"，因此高校教师要"自重、自省、自警、自励，从自我做起，严于律己"，养成内省慎独的习惯。高校教师可主动参照师德师风标准和规范克制利己的欲望，自觉约束自己的行为。对于高校教师来说，职业生活中难免遇到各种诱惑和挑战，始终坚持慎独和自律是比较有挑战性的，所以要鼓励高校教师从身边小事做起，从细微处着手，养成慎独和自律的习惯，主动加强和提升自身的道德修养和师德师风修养。所谓"自省"，即指通过对照一定的道德标准和行为准则，来进行自我认识、自我反思和自我剖析，从而实现提升自身道德修养的目标。高校教师要自觉反思自身在师德师风方面存在的问题，客观剖析产生这些问题的原因，找准症结，改正不足，努力提升自身的道德修养和师德师风修养，这也是营造尊师重教社会氛围的必要前提条件。

# 第三节　教育信仰：激发教师内心力量

教育是需要信仰的事业，有信仰的教育呼唤有教育信仰的教师。教师教育的根本目的并不在于建构对教师的外在专业规范，而在于唤醒教师对教育的虔诚与爱，激发教师内心的力量。高校教师要切实担负起相应的教育职责，发挥自身生命的价值，必须确立起自身的教育信仰。

## 一、教师教育信仰的内涵

教师教育信仰是教育信仰主体、教育信仰客体两者关系的反映，这种教育关系实质是价值关系，表现为教育本真属性和教师自身需要两者所构成的价值关系。教师教育信仰不同于宗教信仰、政治信仰、科学信仰，它是教师教育活动的前提。教育活动内在的要求必须以对教育的信仰为基础，以对真、善、美的终极追求为目标，由此实现人之为人、教师之为教师的价值追求。教师教育信仰是教师在对教育信仰绝对崇敬与信服的心理状态中，通过意志努力而使自身统一于教育信仰客体的过程，反映了教师对教育信仰的高度自觉性，是教师在评价教育本真属性和教师需要关系的基础上，对于某种被认定的终极价值的极度信奉和自觉追求。教育信仰是教育活动中信仰关系的具体化，是教师精准地把握教育活动的基础。

## 二、教育信仰的内容

信仰是人们对某事、某知、某人的一种信服与尊仰，并且人们以此为自己的行为准则与行动目标。信服与尊仰的本质就是一系列知、情、意、行的过程。所以，教育信仰的本质就是教育工作者对教育的一种知、情、意与行的确信与投入，始于认知，通过情感予以维系，终于一种教育投入与对教育事业的坚定追求。

第一，教育认知。教育信仰的主要对象就是对教育内部各个结构的一种认知与确信，包括对基本教育价值的信念，对教育理论的信服，以及对自我教育行动的一种认识、对自己教育事业发展的体知等。其具体内容如下。一是教育信念。一个人愿意做某件事的前提是对这件事的意义有所认识。除对教育价值的确信，教育信念还包括教师对自己教育行为的效能与价值的一种确信，相信自己可以成为一名好教师，相信教育的价值与功效，并将这种相信内化为一种确信与坚定、信奉与尊崇。二是理论信服。除对教育自身价值的确信，教师还应相信知识。知识在本质上讲就是一种信仰。知识唯有在主体相信其真理性与价值性时，才能焕发个体的强烈意愿，进而内化为个体的文化素质。

第二，教育情感。信仰中信服与尊崇的调节与发起，源于一种本真的情感关切。情感在心理学上的解释就是对某事的一种心理倾向。教育情感是教师对教育的心理倾向，其一方面影响着教育信仰的形成，另一方面也是教育信仰的内部结构，是教育信仰中对教育价值与方式信服的心理因素。其主要内容如下。一是爱的情感。爱的情感就是教师喜欢教育，喜欢从事教育事业，喜欢教书育人。在教育工作中会遇到各种挫折与困难，但他们不畏任何困难，他们一生都决定了与教育同行，他们的生活、生命与教育融为一体，他们自身就是教育。二是价值追求。这是指教师希望通过教育来完成各种更大的抱负与追求，如通过教育改善民生，提高国民素养，促进经济社会发展，促进世界大同。教师教学不仅仅是简单地上好一节课，让学生学会书本知识，而且要关注学生良好习惯的养成，帮助其获得积极的生活态度和价值观。三是理想使命。富有理想的教师坚信，通过自身努力可以达到自己的理想境界，而且在为理想而奋斗的过程中，他们也乐于承担自己的责任。

第三，教育意志。对教育与自身教育行为的认知转化为教育行动还需要一定的意志力做保障。教育信仰本质上就是一种意志力的体现，表露为对教育事业坚定不移的确信与投入、行动与奉献。其具体内容如下。一是精神力量。教育信仰的生发机制是从思想、信仰到力量的系列演变过程，并最终体现为一种精神状态与行为力量。拥有教育信仰的教师更坚定自己脚下的路，他们既有清晰的目标，也有清晰的路径规划，并持之以恒地不断学习、研究、实践、总结。不卑不亢，自信乐观，不负不傲，既认同自己，也正视自己的问题，认为能力是发展的，坚信自己终会成为理想中的自我。二是道德良知。作为教师，还需要拥有一定的职业道德、专业道德。道德本质上是对行为的一种导向与规范，教师应当遵守基本的师德规范，并以师德规范为行为的基本准则，这一方面是教师教育工作的必然要求，另一方面也是教育信仰的重要组成部分。

第四，教育行动。信仰最终的体现形式就是坚定的行为活动与行动力量。教育行动主要包含职业投入和得失平衡。一是职业投入。具有教育信仰的教师往往会自觉地投入到教育工作中，不会因为外界影响而放弃，不会因为他人的阻拦而屈服，表现为一种自主投入到自主享受的高境界工作模式。二是得失平衡。即使具有崇高的教育理想、教育使命，具有坚定的行动力量，教师最终在教育实践中也会有得有失。教师有些奋斗目标能达成，有些目标则无法完全实现。这个时候，信仰就表现为一种正确对待得失的良好心态，直面向前的勇气与力量。用一句著名的话来说就是"不以物喜，不以己悲。"

### 三、青年教师教育信仰养成路径分析

信仰来源于人对客观世界的归纳与升华，是基于现实生活环境的精神生活领域。在青年教师成长过程中，为了培养他们高尚的道德情操，使他们对教育事业产生崇高的信仰，需要从以下五个方面探讨培养路径。

第一，要加强公民对信仰的系统认知，优化社会人文环境。因为处在社会转型期，物质财富迅猛增长，但精神文明建设相对滞后，价值观多元化倾向严重，所以我们的社会就出现了信仰危机。青年教师在这样的宏观环境中要树立对教育的信仰，需要先厘清自己的人生观和价值观，但他们往往带着"不识庐山真面目，只缘身在此山中"的先天不足。因此，在全社会培养公民对信仰的认知，优化社会人文环境尤为重要。在学校层面，应当着力加强校

园文化建设，积极开展思想政治教育活动、科技活动、学术活动、文体活动等，增加学校凝聚力和青年教师关于学校发展的荣辱观。同时，要加大经费保障力度，解决青年教师教学和科研之外的后顾之忧，创造积极向上的学校人文环境。

第二，优化高校青年教师信仰教育环境。社会应当重塑尊师重教的文化传统与氛围，切实提升教师的经济待遇与地位，关注教师的生存状况，从而促进教师的职业认同。这是教师教育信仰形成的外在客观条件。具体而言，可以从以下五个方面着手。一是合理利用民族、社群及社会的价值理想激发教师的理想使命。二是以中国特色社会主义教育体系为教育信仰愿景，促进教育信念的形成。三是政府要广泛颂扬教育宗旨，凸显教师的社会地位，提升教师的职业情感认同。四是社会各界应加强对教师的理解和关爱。社会、学校、家长要为教师提供良好的教学环境和条件，给教师正确的职业定位，并通过各种形式对教师的奉献精神进行嘉奖、宣传和鼓励，从而激发教师工作的积极性，提高教师对教育事业的热情。五是加强和完善教育制度的建设。首先，完善教师资格认证制度。必须形成发展性的教师资格认证体系，同时既要关注教师的专业成长，又应注重教师个体的提升和发展。其次，完善教师评价制度。我们在对教师进行评价时，应把奖惩性评价和发展性评价结合起来，并以各种激励手段促进教师专业发展。

第三，优化高校青年教师信仰教育内容。首先，信仰基本常识教育。信仰的基本知识大致有三方面：其一，信仰的概念、特点、本质、规律，以及信仰产生、发展、变化的相关规律；其二，信仰与人之间的关系以及互动，包括信仰在社会、人们中的地位和作用，以及信仰的必要性等；其三，科学选择信仰的基本标准，以及确立信仰的方法。其次，马克思主义科学信仰教育。要推动马克思主义与时俱进，倡导理论联系实际，并在实践中用不断发展的马克思主义理论来引导高校青年教师正确认识信仰中的各种现实问题。而且在当代中国，我们要把马克思主义与毛泽东思想、邓小平理论和"三个代表"重要思想一脉相承的理论体系结合起来，用发展的角度来看待这一科学体系在人类信仰中的内涵和重要意义。再次，中西方优秀文化传承中的信仰教育。新时期高校青年教师的信仰教育，必须建立在中国优秀传统文化和当代社会主义文化相结合的基础上，要吸收西方优秀文化成果，并通过整合，去除糟粕，取其精华，以加以利用。最后，教师职业道德教育。高校青年教师对职业道德的认识将直接影响学校培养人才的质量，良好的职业道德益于为学生各种品质的形成创造良好的氛围。因此，要将教师职业道德教育纳入信仰教育体系，促使两者良性互动，使教师职业道德的形成建立在理性基础之上。

第四，建立多层次信仰教育体系。首先，信仰教育与知识教育相结合。任何形式的信仰教育都必须以知识为载体，在知识教育中传授信仰有关内容。同时，要把信仰教育与知识教育有机地结合起来，在知识教育中深化信仰教育的内容。正如平常高校青年教师对政治的学习，关键在于使教师接受相关知识并将其转化成他们的内在信念。其次，信仰教育与生活实践相结合。高校可以通过学校所在的共青团组织、党组织引导青年教师参与一系列的活动，如参观爱国主义教育基地，开展社会调查和扶贫支教活动，有意识地引导青年教师体察社会、了解民情、感受中国特色社会主义建设取得的成果和存在的问题，在社会实践中引导青年教师体验信仰马克思主义的意义与价值，激发青年教师爱国、爱社会主义的政治情感和努力学习、报效祖国的社会责任感，增强青年教师实践信仰的信心。再次，对高校青年教师进行信仰教育，要从心理疏导切入，要让他们意识到国内外形势的变化和动态发展过程，使他们坚定对中国共产党的信任，坚定走社会主义道路的信念，坚定实现中华民族伟大复兴的信心，从而树立共产主义的远大理想和信念。在实际的生活中要关心高校青年教师，增强他们对社会主义的信任，提倡人文关怀，以情动人，以实际行动关心高校青年教师。最后，信仰教育与信仰考核机制相结合。政治理论素质考核、品德素质考核和业务能力考核要结合起来。

第五，教师自身要树立坚定信念，积极学习实践，促进信仰内化。首先，以中外教育家为榜样，向专家型教师目标发展。作为教师，应当向中外教育家学习，将专家型教师当作自己的奋斗目标，建构起自己的教育理论体系，从而树立牢固的教育信念，走向一种深度的自我觉醒与职业投入。其次，加强自主学习，提升内在素养与教育认识。教师的文化程度决定了教师树立科学、理性教育信仰的速度和程度。教师教育信仰的确立，需要教师具备较高的文化修养。再次，以理论为指导，积极实践，及时反思，提升自己，促进情感认同。实践出真知，实践育品格。教师要坚持以理论为教育行动的指南，积极投身教育实践，及时反思总结自己的经验，发现问题，积极寻找解决办法。教师要在实践中磨砺自己，在反思中不断进步，在总结中不断改进优化，树立理想，培养能力，乐于从教，享受为人师者的幸福，真正为教育信仰打下坚实的根基，在实践反思中内化信仰与发展信仰。最后，正视信仰危机，重铸教育信仰，提升教育意志。当信仰遭遇危机时，教师不要过于焦虑，一方面等待"留白"后可重塑信仰，另一方面也要意识到信仰进入潜意识层面时，实际上是更大的"深层信仰"。这正是信仰的内化与转化机制、生成与发展机制。

## 第四节　履职践行：拓展教书育人职责

教师职业是以教书育人为中心的一种职业。教师承担着传播人类文化，开发人类智能，帮助学生形成科学的世界观和正确的人生观，用崇高的思想、高尚的道德去塑造学生的灵魂，引导学生养成良好行为习惯的神圣职责。

### 一、论敬业，奠定师德修养的起点

敬业，就是要求我们把教育当作我们的生命，把教书育人看成自己的天职和使命，从而激发自己对教师职业的认同感和责任意识，在平凡的教师职业生涯中实现生命的价值。具体而言，教师需要做到以下两点。

第一，教师要敬重教师职业。敬业对社会、学生和教师个人有何价值？敬业对教师的幸福人生有何影响？这些都是值得我们思考的问题。对于职业价值的领悟和理解，往往决定着教师的敬业程度。我们只有走进教师职业，把握教师职业的内在精神，把握教师的灵魂，才能在积极的教育实践中实现职业价值。具体可以从以下方面着手。一是寻找日常教育工作的内在趣味。二是发掘教师职业的价值。教师职业的价值需要教师用心去挖掘，用生命去创造，用智慧去实践。三是在敬业中感悟教师职业的幸福。四是在敬业中透露感化与美。五是在教师生涯中播撒和谐。教师职业有着源远流长的社会价值，新时代教师肩负着立德树人的重任，立德具有双重思想指向，既包括学生之德育，又包括师德之建设；树人就是培养中国特色社会主义事业的建设者和接班人。

第二，教师要爱岗敬业。爱岗敬业既是教师坚持为人民服务的宗旨，也是所有教师实现自我价值、获得个人满足的有效途径。在实际工作中，教师只有爱岗敬业，才能积极面对自身的社会责任和义务，才能不断完善自我，正确处理各种社会关系并化解各种冲突与矛盾，才能对教育事业尽心竭力，在工作岗位上发光发热，把全部心血奉献给所从事的教育事业。所以说，作为一名人民教师，应把"爱岗敬业铸师魂"当作加强师德修养的一个重要内容，不断提高自身素质，以适应时代需要，完成教书育人的重任。爱岗敬业突出了四个特点：敬业意识、乐业意识、职业规范意识、勤业意识。

我们所处的时代就是一个爱岗敬业的时代，在我们身边，不乏爱岗敬业的优秀教师。我国西部山区的农村教师群体不计个人得失，献身教育，克服条件艰苦、环境恶劣等种种困难，既教书又育人，为大山捧出了一只又一只"金凤凰"。教师是人类灵魂的工程师，是青少年学生健康成长路上的引路人。他们的职业道德修养直接关系到青少年学生灵魂的塑造，关系到国家的前途和民族的未来。教育之本在于育人，育人之本在于育德。爱岗敬业是一个永恒的主题，在倡导师德修养、振兴教育的今天，要求每个教育工作者都能不断加强自身的师德修养，让自己成为具有爱岗敬业精神的人，把自己锤炼成"一个高尚的人，一个纯粹的人，一个有道德的人，一个脱离了低级趣味的人，一个有益于人民的人"。我们只有在职业生涯中不断地反思、提高和升华，才能使自己成为一名人民满意的合格教师。在爱岗敬业精神的鼓舞下，教师队伍一定会更加坚强有力，教育事业必将会蓬勃发展。

## 二、讲师爱，铸就师德修养的灵魂

师爱是指教师对学生的爱，它是学生成长的力量之源，是教师道德修养的灵魂，也是教育成功的根本前提。师爱既是教师的一种情感，又是教师的一种美德，还是教师的一种奉献。师爱的主体是教师，教师应该是爱的使者；师爱的场所是学校，学校应该是爱的摇篮；师爱的对象是学生，学生应该在教师的关爱中成长。师爱的主要内容如下。

第一，师爱是教师职业行为的基础。

首先，师爱是一种情感，是教师在教育实践过程中由对教育对象、教育事业本身的神圣感所产生的一种发自内心的爱的情感；其次，师爱是一种关系，一种师生和谐交往的关系，而且师爱是保持教师的独立性、尊重学生的完整性与个性条件下的师生融合；最后，师爱是教师的一种主动力，是一种使教师和学生、教师和教育事业的内在要求紧密联系起来的能力。师爱使学生克服孤独和分离的感觉，但也允许他们成为自己，期待他们保持自我的完整。教师要把学生当作精神整体并与之进行交往，尊重他们的人格与自由，同情他们，支持他们，鼓励他们，引导和帮助他们。这样学生渐渐会理解教师，不仅理解教师的意图、目的、动机、情感和态度，而且把教师当作一个与自己一样具有个性、情感的真实的人来接纳和尊敬，达到师生融合的目的，促进学生人格的发展与情感的完善。

第二，师爱的特殊性。

任何一种情感，都具有自身无与伦比的魅力与特殊性。对儿女来说，母爱是最伟大的；对于恋人来说，爱情是美好的；对于学生来说，师爱则是最神圣的，它是教师对学生抱有的一种特殊的高尚情感，超越了本能、利益等诸多因素。学生能够悦纳教师，并不仅仅取决于教师渊博的知识，而且取决于教师对自己的态度与情感。师爱的特殊性体现在以下三个方面。首先，师爱是师生交往中萌生的特殊情感。师爱是世界上一种不计回报、无私的、广泛的、没有血缘关系的神圣的爱。其次，师爱与渊博的知识同样重要。一个富有爱心的教师远比一个知识渊博的教师更具有魅力。最后，师爱的力量是无穷的。师爱，作为一种无形的教育力量，通常在潜移默化中发挥巨大作用。师爱可使学生的人格受到感化，使学生情操受到陶冶，使自卑者自尊，使悲观者看到希望，使落后者上进。奇妙的是，教师在悄悄感化学生的同时，也完善了自身。

第三，师爱的表达方式。

热爱学生并不是一件容易的事，让学生体会到教师的爱很困难，师爱是一门艺术。师爱，不仅仅要求教师有爱学生的感情，而且要求让学生感受到这种爱，从而有利于教育活动的顺利进行。爱既是一种艰辛的劳动，又是教师素质的最好体现。正如苏霍姆林斯基所说："明智地爱孩子，乃是我们教育素养、思想和情感的顶峰。"爱不爱学生是教师师德的问题，善不善于爱学生却是教师能力素质的体现。只有具有爱的能力的人，才能够爱世界，爱生活，爱他人，爱自己。教师不仅应该爱学生，而且应该善于爱学生。教师要把学生当"人"。教师要尊重每一个学生作为具有鲜活生命的"人"的权利，尊重学生的人格、尊严、情感等，要欣赏每一个学生。渴望认同、渴望赏识，是每一个人深层次的精神需要，而作为学生，被教师欣赏是最幸福的事情。

### 三、有师能，把握师德修养的时代要求

第一，高校师德的特殊性。

各行各业都有各自的职业道德。教师，无论高校教师还是基础教育教师，都需面对前面介绍的师德共性要求：爱岗敬业、关爱学生、严谨治学、为人师表等。但是，高校教师和基础教育教师在师德要求上又有所差异。例如，高校教师的教育对象大都是年过 18 岁的成年人，而且教学工作的内容更多涉及学术领域的问题，因此高校教师既要有高尚的道德情操，又要有扎实的学术功底，这样才能成为合格的高校教师，承担起国家赋予的历史使命。高校师德特殊性主要体现在以下四个方面。一是高校教师师德以崇尚学术为基础。学术是高校教师的生命，崇尚学术、艰苦奋斗、一专多能并积极追求高水平学术是高校教师师德修养的重要表现。二是高校教师师德以培养基础人才为标志。培养出对国家有用的人才，是衡量教师师德的根本标准。三是高校教师师德以淡泊名利为行为准则。高校教师应对社会负责，全心全意地为人民服务，为教育事业作贡献。四是高校教师师德以教育创新为前提。讲究师德，高校教师就要在自己的科研和教学过程中树立创新意识。

第二，做教育创新的引领者。

教育创新目的在于应对教育内外环境的快速变化，理性、系统与全面地变革教育观念、教育制度、教育模式、教育关系及教育评价机制，更快、更好地提升学生的创造性素质，造就各行各业德才兼备的创新型人才。今天在建设创新型国家的过程中，高校教师更要在创新人才工作体制机制的过程中，激发各类人才的创造活力和创新热情，开创人才辈出、人尽其才的新局面。所以，创新意识是凸显高校教师的学术道德伦理性和科学研究精神的关键。高校教师只有贯彻教育创新，并在人才培养和科技创新中发挥作用，才能显现自身价值。

第三，做学术道德的实践者。

学科建设是高校发展的重中之重，而学科建设的核心在于教师队伍的建设。崇尚学术，谨防玷污，正是高校教师队伍建设，特别是师德建设的关键。学术是非常崇高而神圣的事业，搞学术必须遵循学术道德规范。玷污学术，

学术失德，是高校教师的耻辱。因此，高校教师要积极探索学术道德的内涵，做学术道德的实践者。讲学术道德，首先要讲献身科技、服务社会的使命感和责任心。其次，必须有实事求是的科学精神和严谨治学的态度。再次，要自觉地树立法制观念，不做任何学术道德失范的事。最后，要保证学术评价的公正和公平。

第四，做严慈相济师爱的开拓者。

在教书育人实践中，应提倡实施"爱的教育"，即爱祖国、爱党、爱教育、爱学生。爱的教育集中地体现在"师爱"上，师爱是教师对学生的爱，也是师德的核心。但师爱不同于父爱、母爱、情爱，师爱出自教师的职责。在性质上，它是一种只讲付出不计回报的、无私的、广泛的且没有血缘关系的爱；在原则上，它是一种严慈相济的、一视同仁的爱。这种爱是教师教育学生的感情基础，学生一旦体会到这种感情，就会"亲其师"，从而"信其道"。因此，师爱就是"师魂"。提倡师爱，首先，要强调高校教师师爱的特殊性。其次，必须强调严慈相济，教书育人。最后，在感情投入与"回报"的过程中，教育要实现其根本功能。

## 四、立师风，筑牢师德修养的基础

《高等学校教师职业道德规范》在谈及"为人师表"时提出，教师要"学为人师，行为世范。淡泊名利，志存高远。树立优良学风教风，以高尚师德、人格魅力和学识风范教育感染学生。模范遵守社会公德，维护社会正义，引领社会风尚。言行雅正，举止文明。自尊自律，清廉从教，以身作则。自觉抵制有损教师职业声誉的行为"。"为人师表"可以表现为教师在与社会、职业、集体、学生的关系中所起的表率作用。

第一，教师与社会的关系。

我们提倡"爱的教育"。因此教师要爱国、爱党、爱学生、爱教育。在教师与社会的关系中，首先，要热爱祖国。教师的爱国之情主要表现为深深地热爱自己的教育事业，满腔热情地教书育人，竭尽全力为祖国培养优秀人才。其次，依法执教。教师在教育活动中必须做到知法、守法、不违法，依法履行自身职责。

第二，教师与职业的关系。

教师与职业的关系主要体现在以下三个方面。一是教师必须忠诚于教育事业。"忠"是中华民族的美德之一。忠诚于教育事业是教师人格不可或缺的一部分，它要求教师应树立崇高理想，志存高远。二是教师要以培养优秀人才为己任。这也要求教师做到三个奉献：奉献爱心、奉献知识、奉献生命。三是教师必须廉洁从教。廉洁是教师立教之本，也是为人之本。教师要做到廉洁从教，必须坚守高尚的情操，树立正确的义利观，坚持大义为先，私利居次，始终以廉洁的道德品行为学生与世人作出表率。

第三，教师与集体的关系。

教师是集体的一部分，集体由一个个教师个体组成。一方面，教师要坚持团结协作。团结协作是教师处理与集体关系的重要要求之一。苏霍姆林斯基说过："教师集体是大家志同道合进行创造性合作的团体，在这里，每个教师都能为集体的创造作出自己的贡献，每个人都可以从集体的创造中吸取精神力量，同时以精神力量去激励自己的同志。"另外一方面，教师要严于律己，宽以待人。这是中华民族传统美德所倡导的道德品质，对于以教书育人为职责的教师尤为重要。

第四，教师与学生的关系。

《高等学校教师职业道德规范》对"教书育人"作了如下说明：教师要遵循教育规律，实施素质教育；注重学思结合，知行合一，因材施教，不断提高教育质量；严慈相济，教学相长，诲人不倦；尊重学生个性，促进学生全面发展；不拒绝学生的合理要求；不得从事影响教育教学工作的兼职。教师与学生的关系主要体现在以下两个方面。首先，教师与学生的关系中重点强调教书育人。教师职业是以教书育人为中心的一种职业。其次，教师甘为人梯。甘为人梯是指自己默默耕耘，为别人的成功而做出牺牲。作为教师，甘为人梯是一种追求，是一种境界，更是一种精神。

# 第八章　新时代高校师德建设的保障机制

党的十九届五中全会提出，在"十四五"时期要加强党对教育工作的全面领导，全面提升教育服务贡献能力，加快推进教育治理体系和治理能力现代化。高等教育领域落实中央战略，加强新时代高校教师队伍建设是个重大课题。教师队伍建设不是一个静态的、被动的、一成不变的局面，而是一个动态的、积极有为的、充满生机活力的过程。教师思想政治工作和师德师风建设也不是一个不用费多大气力自然而然就可以完成的工程，而需要一个阶梯式进步、不断发展优化的过程。站在新的历史起点上，高校必须牢记教育初心，调动一切可以调动的积极因素，团结一切可以团结的力量，把学校各方面的优势资源和立德树人的目标紧密对接起来，不断丰富创新高校教师思想政治工作和师德师风建设的实践路径，切实推动中央精神落地生根和文件举措落地见效，为新时代高校师德建设提供完善的保障机制，为推进教育现代化、建设教育强国努力奋斗。

## 第一节　优化师德建设的顶层设计

高校师德建设的顶层设计，简单来讲就是学校师德建设的核心理念、顶层目标以及其实现的系统、路径和方法，也是学校师德建设的发展规划。高校师德建设的顶层设计关系到"建设什么样的教师道德"和"如何建设这样的教师道德"的问题。高校师德建设的顶层设计对学校的建设和发展来说至关重要，具有根本性和战略性的指导意义，同时顶层设计也是学校工作的纲领，它包含了一个学校的教育观、质量观、人才观、发展观。

## 一、创新高校师德建设核心理念，培养新时代"大先生"

习近平总书记关于新时代"大先生"道德的论述既涵盖了教师的卓越品质，又阐明了教师的基本行为，既高瞻远瞩，又接近实际，并按照原则、规则和理想由低到高进阶的顺序描绘出了他心目中新时代"大先生"的标准。习近平总书记的师德思想理论基础雄厚，有理有据，综合了新时代伦理的诉求，将教师道德上升到了新的高度，指导了新时代高校教师师德规范的发展。新时代"大先生"的标准内容如下。

第一，"大先生"的师德理想。

中国传统师德观一向崇尚高标准、高要求的人格特征，始终在追求崇高境界和向往理想人格的道路上尽善尽美。习近平总书记对教师道德的见解，既是对几千年来传统师德思想精髓的继承与发展，又是立足于现实对当前社会所需人才特征的生动凝练。他把理想信念比喻成人生的第一粒扣子，并认为理想信念作为现实实体的补充，是"大先生"的人格基石。高校教师作为知、情、意、行有机结合的道德实践者，肩负着培养时代新人的光辉使命，理应树立对自己职业的理想信念。十八大以来，习近平总书记在多个场合、不同时间为新时代教师勾勒出了道德理想的蓝图，督促当代教师一直处于走向师德理想的路上。在他看来，高等教育任重而道远，教师要心中有理想，心中有追求。不管道德理想能否实现，身处新时代的我们生逢其时，重任在肩，应该重在拥有道德理想所能带来的学而知之的追求精神，重在心中有魂、眼前有光。教师对教育理想的持续追求，实质上是对教育本质认识的反映和实践，是一个提升自我专业能力的过程，也是新时代提倡高校教师要有道德理想的原因。

习近平总书记提出的师德理想反对"速度焦虑"，始终以人民群众为重点，具有鲜明的政治导向。首先，传授学生处世之道与立世之本乃教师之根本，而"甘当人梯，甘当铺路石"①与"捧着一颗心来，不带半根草去"②的奉献精神实质上是对教师道德素养的升华，也是习近平总书记认为新时代的教师应该追求的道德理想。高校教师应该干好本职工作，同时要秉持奉献精神，具体表现为有钟爱教育的定力，有执着于传授知识的狂热，有最为纯粹、无私为他人着想的决心。其次，一名有理想信念的"大先生"心中应该装着国家与人民，应该主动承担社会责任。习近平总书记赋予了教师"做中国梦的积极传播者"的伟大道德理想，并指明了"好老师不仅在孕育民族希望，还在实现希望"的职业任务。习近平总书记提出，作为社会的一员，高校教师应该以保障国家、民族、人民的公共利益为己任，以发展扎根中国国情的现代教育为终身事业，以传承红色基因为时代任务，主动参与实现中国梦这一历史性决策并作出切实贡献。习近平总书记提出的这一要求把普通教师的责任和担当升华到了更高的境界，督促教师把恪守新时代的公德当作首要任务，清楚地说明了教师在实现中国梦中的重要作用。

第二，"大先生"的师德原则。

师德原则是高校教师在教育领域所遵循的行为指导和价值引领，也是建设师德规范的基本依据。习近平总书记通过对教师职业角色的解构与研究，认为新时代教师应该清晰地认识到自身的使命与任务，准确把握住当今时代发展的主流本质与价值旨向。因此，对于教师要从意识形态上正本清源、固本培元，以纾解与突破高校教师师德规范面临的困境。新时代高校教师应该抛开专注于个人的局限，以他人为伦理的逻辑起点，从而实现从"利己"的个人道德到基于他人之利的公共伦理的视野转换。

习近平总书记从"培养什么样的人、怎样培养人、为谁培养人"这三个方面对高校教师作出了明确的指示。首先，新时代应该培养什么样的人？我国是社会主义制度，因此培养为社会主义建设奋斗终身的时代新人是高校教师担负的重大历史责任。具体表现为培养出爱党爱国家、不懈奋斗的中国新青年。其次，怎样培养人？"育人的根本在于立德。"为了实践立德树人的理念，我们应该始终厘清培养人才的逻辑范式与关键因素：立德树人是育人的

---

① 习近平:《青年要自觉践行社会主义核心价值观——在北京大学师生座谈会上的讲话》,《中国民族教育》2014 年第 6 期。

② 习近平:《做党和人民满意的好老师——同北京师范大学师生代表座谈时的讲话》,《中国民族教育》2014 年第 10 期。

核心环节，保证教育公平是育人的重要保障，提出高等教育内涵发展是育人的长远策略，实现全员育人、全程育人、全方位育人"三全育人"是高校教师的必然使命。各高校要为党和国家做"教育扶贫的先行者"，鼓励教师为党和国家的建设"不断作出新的更大贡献"，为维护社会的秩序奉献力量，如教师在疫情期间成功守护了亿万学生身心健康的行为得到了习近平总书记的赞扬。

第三，"大先生"的师德规则。

师德规则是维护一个人身份角色必须遵守的基本规范和具体细节，也是通往崇高人格境界的唯一途径。相对于师德理想、师德原则，它将教师道德诉诸最基本也是必须达到的要求。习近平总书记根据教师的职业特殊性，从教师的行与想入手，在教师的教学活动、处理师生关系、意识形态三个方面作出了具体指示，为广大教师阐明了底线道德的内容，勉励教师把握好课堂阵地，要求教师率先垂范、扮演好学生"领羊人"的角色。

首先，习近平总书记提出的"四个统一"[①]，规定了教师日常的教学活动以及学术精神，遵循四个统一的每一个要求，是新时代高校教师义不容辞的职责。他还指出"四有"是新时代好老师的标准，强调教师群体要有扎实的文化学识，如此才能实现文化反哺，才能开拓创新；只有具有高尚的道德情操才能当好筑梦人，引领新常态的高等教育发展。此外，习近平总书记倡导终身学习的教育理念，为了实现更好的教育，教师应该防止知识老化、思想僵化的现象发生。

其次，教师与学生之间是一场精神交往，教师不只是知识的"留声机"，让学生在教师身上持续有新的收获与发现，才是新时代"大先生"的成就之本。关于如何正确处理师生关系，习近平总书记认为，教师要有"仁爱之心"，在教学过程中要时刻注意、关切学生，"平等对待每一位学生"，不要敷衍塞责、不要依据表面对学生的行为下判断，要真正体会学生的情感，"做学生锤炼品格、学习知识、创新思维、奉献祖国的引路人"[②]。

---

① 习近平：《把思想政治工作贯穿教育教学全过程 开创我国高等教育事业发展新局面》，《中国领导科学》2017年第2期。

② 教育部课题组：《习近平总书记教育重要论述讲义》，高等教育出版社2020年版，第206页。

## 二、以"四有"好老师为目标，践行"大先生"核心理念

高校师德建设的顶层设计在确立了核心理念后，就应确立学校师德建设的顶层目标，即最高目标。顶层目标必须与核心理念相一致，体现核心理念的基本意蕴和价值取向，不可游离，更不可背离。党的十九大报告指出，建设教育强国是中华民族伟大复兴的基础工程，必须把教育事业放在优先位置。学习贯彻党的十九大精神，办好新时代人民满意的教育，要把握好新时代教育的新使命，坚持教育自信，培养新时代"四有"好老师。

2014年9月，习近平总书记视察北京师范大学，发表了"四有"好老师重要讲话，并且专门强调，今天的学生就是未来实现中华民族伟大复兴中国梦的主力军，广大教师就是打造这支中华民族"梦之队"的筑梦人。打造一支有理想信念、有道德情操、有扎实学识、有仁爱之心的"四有"好老师队伍，是学校办学的重要任务。对此，高校要切实加强教师思想政治工作，引导广大教师自觉做先进思想文化的传播者、党执政的坚定支持者，更好地担起学生健康成长指导者和引路人的责任。要加强师德师风建设，坚持教书和育人相统一，坚持言传和身教相统一，坚持潜心问道和关注社会相统一，坚持学术自由和学术规范相统一，引导广大教师以德立身、以德立学、以德施教。要立足培养中国特色社会主义事业建设者和接班人的需要，立足国际视野、家国情怀、集体精神和创新思维等新时代人才基本需求，不断提升自己的学识能力。各高校要以"四有"好老师为目标，引导广大教师既做好"大先生"，又做好"教书匠"。具体而言，高校要做好以下四点。

第一，引导高校教师坚定理想信念，落实立德树人根本任务。

首先，引导高校教师充分认识到坚定理想信念的重要性。习近平总书记指出："正确的理想信念，为教书育人与播种未来指明了方向。"① 高校教师是培养社会主义合格建设者和可靠接班人的特殊群体，其理想信念导向直接影响着大学生的思想行为及价值观念。一位高校教师如果没有坚定的理想信念或者理想信念模糊、产生动摇，就会失去奋斗目标，就会在工作和生活中迷失方向，就会得"软骨病"。理想信念具有强大的力量，坚定的理想信念能够为高校教师提供强大的精神支撑，提升高校教师的精神境界，并帮助高校教

---

① 习近平：《做党和人民满意的好老师——同北京师范大学师生代表座谈时的讲话》，《云南教育（视界时政版）》，2014年第10期。

师克服和战胜在工作和生活中遇到的困难，使他们越挫越勇，形成良好的工作和生活态度。坚定的理想信念能够为高校教师指引奋斗方向，使他们牢记立德树人初心，成就学生人生的同时实现自身的价值。坚定的理想信念能够为高校教师带来奋斗和前进的动力，激励高校教师投入到为党育人、为国育才的工作中，不断为国家的教育事业发展贡献力量。

其次，引导高校教师树立坚定的理想信念。要将理想信念教育作为教师师德培养的首要任务。其具体内容如下。一是引导高校教师坚定马克思主义信仰。坚持对马克思主义理论知识的学习，将马克思主义理论作为行动的指南，用马克思主义世界观、方法论指导育人工作，并将所学理论应用于立德树人实践。二是引导高校教师坚定中国特色社会主义理想信念和共产主义理想信念。高校教师要充分认识到社会主义制度的优越性、最大优势，充分认识到共产主义理想信念不是虚无缥缈的，而是科学的，是以资本主义经济制度的基本矛盾和人类社会发展的规律为依据的。三是引导高校教师坚定职业理想信念。教师要将对党忠诚、热爱祖国、爱岗敬业、教书育人、终身学习等理念作为理想信念教育的重要内容，并在育人工作中不断强化，使其成为自己不断进步的力量源泉，力争最终成为学生满意、家长满意、党和人民满意的专家型教师。

第二，引导高校教师陶冶道德情操，提升个人人格魅力。恩格斯指出："每一个阶级，甚至每一个行业，都各有各的道德。"[1] 马克思主义伦理学认为道德是一种特殊的社会意识形态，是特殊的社会规范调解方式。与其他的社会意识形态相比，道德具有特殊性，主要体现为道德规范是一种非制度化的规范，主要借助传统习惯、社会舆论以及个人内心的信念来实现，从一定意义上来讲是一种内化的规范，即良心的驱使。针对高校教师，也有专门的职业道德规范要求，因此要引导高校教师遵守职业道德规范要求，不断陶冶个人道德情操，提升个人人格魅力。具体而言，陶冶道德情操体现在以下三个方面。

首先，对待教育事业的道德情操。高校教师对待教育事业的道德情操发端于教师的道德心灵，体现在开展教育工作的实践之中。一方面，要引导高校教师提升对教师职业的认同度，深化其对高等教育事业重要性的认识，使

---

① 《马克思恩格斯选集（第4卷）》，人民出版社1995年版，第240页。

其心怀敬畏，从内心深处真正热爱教育事业，从而敬业、勤业、乐业。高校教师的敬业精神是自身责任感和使命感的集中体现，敬业程度是衡量教育所取得效益的标准。勤业就是指高校教师要勤于开展立德树人工作，付出大量的时间、精力、情感，对自己负责，对学生负责，对国家的教育事业负责。乐业是指高校教师要有更高的境界和价值观念，能够从教育事业中找到乐趣，达到乐此不疲、诲人不倦的状态，进而以更加饱满的精神投入到每一天的工作中。另一方面，要引导高校教师拥有积极的工作状态。引导高校教师积极进取、以身作则、正视困难与挫折，学会调整心态和情绪，以积极乐观的人生态度面对工作和生活压力。

其次，对待学生方面的道德情操。以德施教、敬业爱生是有道德情操的好老师的根本标准。高校要引导教师做到以下四点。一是引导高校教师在教育教学工作中注重良好品德的展现。高校教师与大学生之间联系紧密，其一言一行都会给大学生带来较大的影响，教师良好的师德能够为大学生道德养成树立好的榜样，有大德的教师才能教出志向远大、品学兼优的学生。二是引导高校教师向学生传授专业知识。教师要遵循教育发展规律和大学生成长规律，指导大学生掌握扎实的专业基础知识，掌握科学的学习和研究方法，为大学生步入社会奠定坚实的基础。三是引导高校教师锤炼学生优秀品格，播撒阳光。高校教师要主动引导学生自尊、自爱、自强，成为一个心灵纯洁、人格健全、积极向上的人。四是要引导高校教师尊重学生的个性差异、尊重学生的人格，理解、关爱学生，公平公正地对待学生，设身处地地为学生着想。

最后，对待学术研究的道德情操。高校教师是国家科学研究创新和进步的重要力量，肩负着国家兴盛的重要责任，所以其在学术研究方面的道德情操十分重要。高校要引导高校教师遵守学术道德规范，避免学术造假、学术腐败、论文抄袭剽窃等现象，尊重他人学术成果，恪守学术规范，从自身做起，注重学术成果的质量，遵从严谨治学、实事求是、精益求精的态度，秉持内心的学术良知进行相关的学术研究。

第三，引导高校教师锤炼扎实学识，做学生合格的引路人。具备扎实的学识是高校教师做好教书育人工作的基础，关系到教育的质量，因此必须引导高校教师锤炼扎实学识，使其成为大学生学习知识、创新思维、成长成才的合格引路人。其主要内容如下。

首先，引导高校教师具备勤勉的教学态度。是否能做好教学工作的前提在于是否具备端正的教学态度，因此要引导高校教师树立良好的自我形象，注重在讲台上的仪态，以饱满的精神、生动形象的语言、强大的自信心为学生上好每一节课，自觉规范每一个教学环节。

其次，引导高校教师具备扎实的知识功底。高校教师要追求并达到对专业知识的精通，形成所教授学科的完整专业知识体系；要深入研究和学习专业知识的基本架构、原理、难点、重点等，通过讲解、演绎等方法将知识以通俗易懂的方式传授给学生；要广泛学习所在领域的新知识、新技术，了解和熟悉前沿学术动态，并将其运用于教学工作；要加强进修学习，向同行专家请教知识上的疑惑，不断丰富自身学识，努力成为专家型、研究型教师。除此之外，还应当引导高校教师广泛学习哲学、政治学、教育学、心理学、管理学、法学、文学、历史学等社会科学知识，学习天文学、物理学、化学、生物学、地球科学等自然科学知识，在陶冶情操、开拓视野的同时，获得更加全面的知识储备，应用于教育教学实践，更好地引导学生全面发展。

最后，引导高校教师具备过硬的教学能力和科学的教学方法。高校要引导教师提升能力，包括在课堂教学工作中的语言组织表达能力、课上课下的观察能力、时间管理能力、把握教材的能力、创新能力以及研究能力等。此外，还要引导高校教师掌握科学的教学方法，包括讲授法、讨论法、直观演示法、参观法、实验法、谈话法、自主学习法等，同时注重启发学生，增加课堂互动，营造活跃的课堂学习氛围。除此之外，还应当重视网络资源的运用，将大学生喜欢的动漫视频、电影等融入授课过程，提升课堂的趣味性，引导大学生更好地学习。

第四，引导高校教师富有仁爱之心，献身教育事业。富有仁爱之心是好老师的本质要求。"仁师"如冬日的暖阳，温暖学生的心灵，如潺潺溪流，滋润学生的心田。富有仁爱之心的高校教师更具有独特魅力，更懂得如何真诚地对待学生、尊重学生、宽容与厚爱学生、理解学生。其主要内容如下。

首先，富有仁爱之心表现为真诚地尊重学生。高校要引导教师真诚地与学生相处，尊重学生的主体地位，坚持以生为本和师生平等相统一。新时代，进入高校的大学生大部分为"00后"，自尊、平等意识较强。因此，一方面，高校教师应当怀着一颗真诚的心与学生相处，通过交朋友的方式，与学生坦诚相待，平等地与学生沟通交流，取得学生的信任，成为学生成长成才路上的知心朋友。另一方面，尊重学生的人格、兴趣爱好以及个人隐私的同时，还要学会欣赏学生。尤其是面对一些缺点较为明显的学生时，要将对其的不满、抱怨、批评、指责换成表扬、激励、启发，要善于发现他们身上的优点，并将学生身上的优点无限放大，为学生创造展示自我、展现才华的平台和机会，让每位学生拥有成就感的同时获得自信心。

其次，富有仁爱之心表现为对学生的宽容与厚爱。要引导高校教师宽容与厚爱学生，主要表现在以下三个方面：一是教师对学生人格的宽容，可以为学生提供充分表达自我的机会，进而可进行有针对性的教育，培养学生评价善恶的能力；二是高校教师对学生思维的宽容，可以激发学生个体思维，发展学生创新思维；三是教师对学生行为的宽容，建立在尊重学生个性发展特点的基础上，可使学生在自由的环境中展现自我、发展自我。对于高校教师而言，能宽容地对待学生，意味着教师自身对教育思想的理解更加深刻，也能更加科学地看待教育学生的过程。但是宽容并不是放任不管，针对学生出现的违反原则的不良行为，高校教师要进行恰如其分地批评和教育。高校教师对学生的厚爱是一种无私、真挚、高尚的爱，包含着对学生成才的辛勤付出与美好期待。

### 三、坚持党的领导，强化责任落实

《关于加强新时代高校教师队伍建设改革的指导意见》（以下简称《意见》）对新时代高校教师队伍建设改革进行了系统部署，明确了高校教师队伍建设改革的指导思想、目标任务、具体举措和实施路径，对高校落实立德树人根本任务，扎实推进"三全育人"综合改革，建设一支高素质、专业化、创新型教师队伍具有重大意义。高校应根据《意见》要求，准确把握"高等教育是教育的制高点、高校教师是制高点的制高点"这一核心要义，对当前高等教育发展面临的挑战有清醒的认识，对高校教师思想政治与师德师风建设现状有充分的了解，进而在此基础上系统梳理学校相关制度，进一步完善工作机制，多维度引导教师以德立身、以德立学、以德施教、以德育德，营造静心教书、倾心育人、潜心治学的良好氛围，强化教师育德育人意识，提升教师育人能力。具体而言，高校应做到以下四点。

第一，胸怀"两个大局"，擘画工作蓝图。习近平总书记指出："在学生眼里，老师是'吐辞为经、举足为法'，一言一行都给学生以极大影响。"作为中华民族"梦之队"的筑梦人，教师的思想素质、道德水平、价值观念直接影响"未来实现中华民族伟大复兴中国梦"的进程。高校教师是新时代高等教育事业的重要人力资源，这支队伍的建设是一项复杂的系统工程。当今社会思想文化多元、多变，国际、国内形势持续变化，习近平总书记指出"我们要胸怀两个大局，一个是中华民族伟大复兴的战略全局，一个是世界百年未有之大变局，这是我们谋划工作的基本出发点"。高校要自觉站在"两个大局"的背景下，思考和分析面临的机遇和挑战，主动强化教师思想政治和师德师风建设，做好统筹协调，系统推进各项工作，提升立德树人成效。

第二，牢牢把握党对教育事业、教师队伍建设的领导权。习近平总书记在全国教育大会上发表的重要讲话强调，要在党的坚强领导下，全面贯彻党的教育方针，坚持马克思主义指导地位，坚持中国特色社会主义教育发展道路，坚持社会主义办学方向，培养德智体美劳全面发展的社会主义建设者和接班人。加强高校师德建设要从中国特色社会主义教育的本质特征出发，全面落实党和国家关于高等教育的各种政策、方针、制度与战略，站在实现中华民族伟大复兴中国梦的高度上，确保我国高校教师师德建设的政治方向不动摇，把提高高校教师的专业科研素养、思想道德修养、思想政治素质三者统一起来，使高校教师树立崇高的职业理想、坚定的政治方向，做好中国特色社会主义的"大先生"。具体可从以下两点着手。一是要凝聚社会主义核心价值观的引领力量，涵育社会主义高校师德师风。要把学习和践行社会主义核心价值观放在首位，夯实高校教师师德大厦的坚实基础。要树立社会主义核心价值观的道德标杆，引导广大教师以德立身、以德立学、以德施教。二是汲取中华优秀传统文化滋养，厚植师德建设的根基。自古以来，"学不厌，诲人不倦""善为师者，既美其道，又慎其行""师者，所以传道授业解惑也"等中华优秀传统师德文化为新时代高校师德建设提供了丰富的思想资源，高校教师要善于从中汲取滋养并与现代高等教育相结合，赋予其时代内涵与价值。

第三，深耕工作重点，强化责任落实。其具体内容如下。

首先，要科学谋划、精准发力，切实落实党委主体责任。《意见》提出"切实落实主体责任，将师德师风建设情况作为高校领导班子年度考核的重要内容"，高校党委书记要履行好教师思想政治工作第一责任人的职责，书记和校长要共同履行好师德师风建设第一责任人的职责。高校党委要做好教师思想政治与师德师风建设工作的顶层设计和科学谋划，形成党委统一领导、党委教师工作部统筹协调，职能部门各司其职，院系党委具体落实的工作机制，提升育人合力，落实立德树人根本任务。要加强党建、突出实效，强化教师思想政治引领。要坚持群众路线，深入了解教师思想状态和工作生活情况，做好关爱帮扶工作。要加强教师党支部建设，把教师党支部建设成为团结凝聚党内外教师的坚强堡垒，发挥好教师党支部在强化教师思想政治意识、涵养师德方面的重要作用。要注重在优秀青年教师、海外留学归国教师中培养和发展党员。要进一步提升教职工理论学习成效，分层分类扎实推进，推动理论学习入脑入心。要创新形式、突出特色，丰富师德师风内涵教育。

其次，《意见》对新时代师德教育提出了更高的要求。高校要将师德教育贯穿教师职业生涯、个人成长发展全过程，根据不同学科、不同年龄、不同职业阶段的教师特点，创新方式方法，打造价值认同、见贤思齐、美美与共的师德教育精品课程体系。要注重发挥典型引领作用，充分挖掘宣传新时代师德典型，利用教师节等重大节日，举办仪式和表彰活动，营造尊师重教的良好氛围，激发教师立德树人、为人师表、爱岗敬业的荣誉感和责任感。要强化引领、规范行为，优化师德考评监督机制。要筑牢红线，守牢底线，坚持思想政治和师德师风第一标准。要严格落实教师职业行为十项准则，加强科学家精神和学术诚信教育，提升教师自律意识。要加大对师德违规行为的查处力度，健全举报受理机制，严肃查处师德失范行为，对学术不端和师德失范行为"零容忍"。要压实二级学院师德建设责任，加强工作评估考核与监督。

第四，积极开展社会实践，增强教书育人使命担当。

教师要以家国情怀关注现实，在实践中汲取养分、丰富思想。高校要加强顶层设计，建立健全学校党委统一领导，党政齐抓共管的工作格局，构建起教师工作部门牵头，相关部门协同配合，院系单位党组织具体实施的领导体制，建立校院系一级教师社会实践活动体系，以确保社会实践有保障，并扎实推进。同时，要本着互利多赢、差异多样原则，深化合作共建，建立多样化社会实践基地，以项目合作、志愿服务、调查研究等形式，组织教师到基地开展社会实践，努力做到社会实践有载体、有平台、有成效。师德养成教育离不开个人努力，也需要到社会大课堂中锤炼提升，所以要有计划地组织教师到改革开放前沿阵地、西部边远地区、革命纪念地以及街道社区开展社会实践，加强党史、新中国史、改革开放史教育，汲取党史、国史精神给养，同时要围绕国家经济社会发展热点、难点问题开展调研，引导广大教师坚持潜心问道与关注社会相统一，并利用所学专长服务人民、服务社会的同时，在社会大课堂中增长见识。

## 第二节　完善师德校本建设的长效机制

高校教师的思想政治素质和道德情操直接影响着青年学生世界观、人生观、价值观的形成，决定着人才培养的质量，关系着国家和民族的未来。加强和改进高校师德建设工作，对于全面提高高等教育质量、推进高等教育事业科学发展、培养中国特色社会主义事业的建设者和接班人、实现中华民族伟大复兴的中国梦，具有重大而深远的意义。

建立健全高校师德建设长效机制要坚持以下四点基本原则：坚持价值引领，以社会主义核心价值观为高校教师崇德修身的基本准则，促进高校教师带头培育和践行社会主义核心价值观；坚持师德为上，以立德树人为出发点和立足点，找准与高校教师思想的共鸣点，增强高校师德建设的针对性和贴近性，培育高校教师高尚的道德情操；坚持以人为本，关注高校教师的发展诉求和价值愿望，落实高校教师主体地位，激发高校教师的责任感、使命感；坚持改进创新，不断探索新时期高校师德建设的规律特点，善于运用高校教师喜闻乐见的方式方法，增强高校师德建设的实际效果。

### 一、以社会主义核心价值观为引领，坚持正确方向

各高校要按照习近平总书记提出的做"有理想信念、有道德情操、有扎实学识、有仁爱之心"的"四有"好老师总目标要求，加强师德建设，强化教师立德树人责任，建立健全师德建设长效机制。高校要积极引导广大教师树立正确的理想信念，自觉践行社会主义核心价值观，履行立德树人的神圣使命；不断提高道德修养，恪守职业道德，把正确的道德观传授给学生；树

立终身学习意识，准确把握教育规律，自觉提升专业素养；增强仁爱意识和责任意识，做学生的良师益友，促进学生健康成长。高校教师要充分认识所承担的神圣使命，自觉捍卫职业尊严，珍惜教师声誉，提高师德境界。具体而言，高校要做到以下四点。

第一，明确政治方向，加强高校教师爱国忠诚教育。习近平总书记指出："政治方向是党生存发展第一位的问题。"政治方向也是高校师德建设第一位的问题，我国的国家性质和制度、高等教育事业发展的内在要求决定了新时代高校师德建设的根本前提是明确政治方向。其具体内容如下。

首先，明确政治方向，必须引导高校教师以马克思主义理论武装头脑。高校教师担负着培养优秀人才的重任，是否具备马克思主义信仰、共产主义理想信念，关乎高校意识形态的阵地牢固与否。因此，必须引导高校教师掌握科学的理论思维，在教育教学工作中，始终以马克思主义理论指导实践，筑牢马克思主义在意识形态领域的指导地位，开展教书育人工作。在新时代，要引导高校教师认真学习、宣传和贯彻落实习近平新时代中国特色社会主义思想，从中汲取科学的智慧和最新的理论力量，用于指导解决教书育人过程中遇到的困难和问题。

其次，明确政治方向，必须引导高校教师热爱祖国。一是引导高校教师加强国家发展历史知识的学习，从国家发展的历史长河中感受国家一步一步发展起来的不易，增强爱国情感，更加珍惜今天的美好生活。二是激发高校教师的家国情怀，并促使其将自己的强国志向融入高校立德树人的根本任务中，为国家发展培养更多的优秀人才。三是增强高校教师的民族自豪感、归属感和自信心。高校要引导教师了解国家时事政治，促使其从国家在政治、经济、科技、军事、文化等方面取得的最新成就中认识到社会主义制度的优越性，进一步增强对国家的情感及道路认同。

最后，明确政治方向，必须引导高校教师忠于党和人民的教育事业。一是引导高校教师加强对党的忠诚，使教师真学、真懂、真信、真用党的最新理论知识，学会用其中蕴含的立场、观点、方法来审时度势、分析问题。高校教师要加强对党的领导的忠诚，从自身出发，坚决拥护党的领导；要加强对党的事业的忠诚，在日常的工作中敢于担当，勇挑重担，基于奉献精神致力于高等教育事业发展，并保持清正廉洁，坚决同一切腐败分子作斗争，坚决反对一切形式的民族虚无主义、历史虚无主义以及文化虚无主义。二是引导高校教师忠于人民的教育事业。高校教师忠于人民的教育事业可体现出其坚定的职业信仰和追求，而且只有忠于人民的教育事业，他们才能发挥自己最大的作用和价值，推动教育事业的发展。忠于人民的教育事业也是高校教师在处理个人与集体利益之间的关系时应当遵循的基本原则。

第二，提高政治素养，加强高校教师敬业奉献教育。对于高校教师而言，政治素养是首要素养。这不仅关乎高校安身立命之本，还关乎高校拥有一支什么样的教师队伍，更关乎"培养什么人，为谁培养人"的根本性问题。因此，必须发挥社会主义核心价值观在塑造人、提升人方面的作用，不断提升高校教师政治素养。"敬业"是社会主义核心价值观在个人层面的重要内容，也是提升高校教师政治素养的重要途径和必要手段。其主要内容如下。

首先，强化理论教育，引导高校教师树立正确的职业观。高校要有组织、有计划地开展系列讲座，邀请有学识、有情怀、有底色的教育大家和有担当、有作为、讲奉献的道德模范来学校进行讲课，用他们专业的学识、敬业的精神、感人的事迹鼓舞和引导高校教师树立乐业奉献的职业观，摒弃"功利化"的思想。同时，高校要根据实际，强化社会主义核心价值观教育。在教师完成日常教学任务的前提下，要组织引导教师自主学习社会主义核心价值体系理论，使敬业奉献的价值观扎根内心，生根发芽。

其次，开展政治理论培训活动，提高教师政治信仰。引导高校教师敬业奉献，就必须提高教师政治信仰，这与提高高校教师的政治素养具有内在的一致性。高校要通过开展政治培训活动，不断提高教师政治站位，帮助教师坚定政治信仰和政治立场。一方面，要开展政治理论培训活动。高校可邀请专家学者、党政干部到校授课，还可充分利用好"周末理论大讲堂"的平台，使教师学有所思、学有所悟、学有所获，进而提高教师的敬业奉献精神和政治理论素养。另一方面，要开展政治实践培训活动。高校可组织教师到红色实践基地、革命老区等地方参观学习、实地考察，使教师了解红色历史，传承红色基因，将"信仰"转化为敬业奉献的内驱力。总之，要以生动的理论及真切的实践引导高校教师敬业奉献，提高其政治素养。

第三，严明政治纪律，加强高校教师诚信意识教育。其主要内容如下。

首先，要建立常态化的诚信教育制度。高校党委要依据本校实情构建常态化的诚信教育制度，并在高校教师入职之初，对其进行诚信教育，引导其学习相关法律法规，以及学校关于失信的惩戒措施，同时还要与教师签订诚信承诺书。除此之外，要定时召开诚信教育大会，告诫教师既要在学术上、经济上恪守法律法规，又要在言行举止上严守党的政治纪律。

其次，加强对高校教师政治纪律的监督。高校党委要切实担负起政治领导责任，压实纪委的政治纪律监督检查职责，建立规范有效的政治纪律监督检查机制，层层把关。同时，要严把课堂关，监督高校教师的教学内容是否与课堂相关，发表的言论是否弘扬当代主旋律，有无违反政治纪律。要畅通纪律问题反映渠道，对所反映的问题依照程序调查处理，严明党纪国法。

第四，严格政治标准，加强高校教师修身养德教育。高校开展师德建设工作，归根结底是要提升教师内在的"德"，使教师的"德"符合师德规范要求。高校教师的"德"体现在教书和育人工作的方方面面，但最根本的就是要严格执行高校教师政治标准，引导高校教师坚定政治立场、遵守政治纪律和政治规矩，自觉维护好国家政治安全。其具体内容如下。

首先，引导高校教师在学习研究中修身养德，形成把守政治底线的意识。高校教师要自觉修身养德，谨言慎行，主动学习党的基本政治理论，了解哪些是应该做的、哪些是禁止做的，并通过加强政治理论学习，增加政治知识储备，逐渐形成把守政治底线的意识。另外，高校教师所发表的学术观点要始终与党的政治方向、政治立场等保持一致，不发表同党的主张相悖的言论，不抹黑我们的国家。

其次，引导高校教师在教书育人中修身养德，养成把守政治底线的习惯。修身的目的不是让高校教师成为一个圣人，而是让教师进一步提升自身责任感，引导高校教师热爱事业，自觉践行社会主义核心价值观，将党的基本路线、方针政策融入教书育人实践，引导学生爱党爱国，成为又红又专的合格的社会主义接班人。严禁高校教师在教书育人工作中出现损害国家利益的行为和言论，同时引导高校教师在教书育人中不断正身、涵养师德，养成把守政治底线的习惯。

最后，引导高校教师在严于律己中修身养德，提高把守政治底线的能力。修身的根本在于端正内心，而要做到端正内心，就必须严于律己，自我克制和把持。一方面，高校教师要把守好思想底线，经常对自身的政治生活和言行进行自省、自审、自纠，牢记党的初心和使命。另一方面，高校教师要把守廉洁底线，一心一意为学生的成长成才发展服务，立足立德树人，干净干事。

## 二、加强师德制度建设，构建师德建设机制

各高校要立足学校发展和教师队伍建设实际，按照抓当前、管长远、见实效原则，整体构建师德建设新机制，将师德建设各项要求落实到教师管理各项制度中。同时，坚持统筹设计，坚持管理岗位、教学岗位、后勤服务岗位全方位推进，形成教书育人、管理育人、服务育人的浓厚氛围；坚持从群众和师生反映最突出、最现实、最强烈的问题入手，科学谋划，有序推进。其具体内容如下。

第一，构建入职师德把关机制。高校要建立健全科学规范的教师准入机制，坚决把好入口关。在教师招聘录用和人才引进中，要加强思想政治素质和德行考察。实行师德承诺制度，让教师自觉践行高校师德规范；把师德当作研究生导师、班主任、辅导员遴选的首要标准。

第二，构建师德教育机制。高校要将师德教育摆在高校教师培养首位，贯穿高校教师职业生涯全过程。青年教师入职培训必须开设师德教育专题。要将师德教育当作优秀教师团队培养，骨干教师、学科带头人和学科领军人物培育的重要内容。要重点加强社会主义核心价值观教育，重视理想信念教育、法制教育和心理健康教育，同时创新教育理念、模式和手段。要建立师德建设专家、育人楷模定期进校宣讲制度，把高校师德重大典型、全国教书育人楷模、一线优秀教师等请进课堂，用他们的感人事迹诠释师德内涵。要举行新教师入职宣誓仪式和老教师荣休仪式，增强教师"德高为师，行为世范"的责任感。要结合教学科研、社会服务活动开展师德教育，鼓励广大高校教师参与调查研究、学习考察、挂职锻炼、志愿服务等实践活动，切实增强师德教育实效。

第三，构建师德宣传机制，营造重德养德良好风尚。高校要把握正确舆论导向，坚持师德宣传制度化、常态化，将师德师风宣传作为校园文化建设的核心内容，以及高校宣传思想工作的重要组成部分。系统宣讲《中华人民共和国教育法》《中华人民共和国高等教育法》《中华人民共和国教师法》，以及教育规划纲要等法规文件中有关师德的要求，宣传普及《高等学校教师职业道德规范》。弘扬高尚师德要把握师德建设的舆论导向，挖掘和提炼学校师德师风先进典范，培育师德建设品牌项目，精心策划"师德建设月"主题宣传活动，开展"师德标兵""我最喜爱的老师""优秀模范教师""最美校园

人物"等评选活动，注重发现典型、培育典型、宣传典型，充分利用教师节、校庆日等重大节庆日，综合运用授予荣誉、专题研讨、事迹报告、媒体宣传、文艺创作等手段，通过电视、广播、报纸、网站，以及微博、微信、微电影等新媒体形式，组织教师队伍中的"时代楷模""全国教书育人楷模""国家教学名师""最美教师"等先进典型，开展师德宣讲活动，讲好师德师风故事，集中宣传优秀教师的典型先进事迹，大力宣传新时代广大教师阳光美丽、爱岗敬业、甘于奉献、改革创新的新形象，挖掘和提炼名家名师"为人、为学、为师"的大爱师魂，生动展现当代高校教师的精神风貌。此外，要树立尊师重教的社会风尚，强化师德典型引领，发挥典型引领示范和辐射带动作用，努力营造崇尚师德、争创师德典型的良好舆论环境和校园氛围，做到校校有典型，榜样在身边，弘扬主旋律，增强正能量。

第四，构建师德考核机制。高校要结合实际制定师德考核的具体实施办法，将师德考核当作高校教师考核的重要内容。在进行师德考核时，要充分尊重教师主体地位，坚持客观公正、公平公开原则，采取个人自评、学生测评、同事互评、单位考评等多种形式进行。考核结果应通知教师本人，考核优秀的应当予以公示表彰，考核不合格者应当要求教师说明理由，听取教师本人意见。最后，考核结果存入教师档案。师德考核不合格者年度考核应评定为不合格，并在教师职务（职称）评审、岗位聘用、评优奖励等环节实行一票否决。

第五，构建师德监督机制，有效防止师德失范行为。一是将师德建设当作高校教育质量督导评估重要内容。高校要建立健全师德建设年度评议、师德状况调研、师德重大问题报告和师德舆情快速反应制度，及时研究加强和改进师德建设的政策措施。建立高校、教师、学生、家长和社会多方参与的师德监督体系。二是健全完善学生评教机制。充分发挥教职工代表大会、工会、学术委员会、教授委员会等在师德建设中的作用。三是建立师德投诉举报平台，及时掌握师德信息动态，及时纠正教师的不良倾向和问题。

## 三、完善师德建设体系，全面提高师德建设整体水平

各高校要完善师德建设体系，实现领导体系、研究体系、发展体系和保障体系的融合创新，全面提高师德建设整体水平。其具体内容如下。

第一，完善领导体系。高校要建立和完善党委统一领导、党政齐抓共管、院系具体落实、教师自我约束的领导体制和工作机制，形成师德建设整体合力。同时，明确师德建设的牵头部门，成立组织、宣传、纪检监察、人事、教务、科研、工会、教师发展中心、学术委员会等协同配合的师德建设委员会。

第二，完善研究体系。高校要重视研究和探索新时期高校师德建设的特点和规律，把握特殊性、增强引领性、体现前瞻性。重视发挥有关高校德育研究机构的智库作用，组织开展师德理论研究和应用研究，传承弘扬优良师德，科学研判师德舆情，以引领高校师德研究和建设工作。高校要设立师德建设研修基地，建立健全师德建设年度评议、师德状况调研、师德重大问题报告和师德舆情快速反应制度，及时研究改进师德建设政策措施。

第三，完善发展体系。在完善发展体系的过程中，高校要重视教师自律意识与自身修养的提高。健全教师发展制度，构建完整的职业发展体系，鼓励支持教师参加培训研修，开展学术交流合作、社会实践、社会考察和挂职锻炼，促使教师做好职业生涯规划，自觉将师德规范转化为稳定的内在信念和行为品质，积极主动融入教育教学、科学研究和服务社会的实践中，提高立德树人的自觉性。

第四，完善保障体系。高校要设立专项经费，为师德建设提供有力保障。健全教师权益保障机制，根据相关法律法规和高等学校章程，明确并落实教师在高校办学中的主体地位。完善教师参与治校治学机制，在干部选拔任用、专业技术职务评聘、学术评价和各种评优活动中，充分保障教师的知情权、参与权、表达权和监督权。创设公平正义、风清气正的环境条件。充分尊重教师专业自主权，保障教师依法行使学术权利和学业评定权利。保护教师正当的申辩、申诉权利，依法建立教师权益保护机制，维护教师合法权益。将师德建设当作高校教育质量督导评估的重要内容，建立和完善师德建设督导评估制度，不断加大督导检查力度。

## 四、尊重教师主体地位，强化教师道德自觉

师德建设是教师在教育活动中不断学习、反思、重构以及实践师德内容体系的自觉建构，是对教师职业理想、职业信念、职业道德从"内化于心"

到"外化于行"的变革与完善过程。因此，高校教师师德建设应该在尊重教师主体地位的基础上强化教师的道德自觉，充分发挥高校教师率先垂范的引领作用；应通过增强教师在师德建设中的自主性、能动性、创造性、实践性，培养高校教师的师德成长自觉，因为没有教师对师德的自觉践行，高校师德建设也就无从谈起。康德认为，道德的行为不是产生于强制，而是产生于自觉，达到自律道德，才算真正具有了道德意义。在新时代，要使师德建设在大学教育场域中落地、开花、结果，必须促使教师主体自觉地参与师德建设，提升自身道德修养。具体而言，高校要做到以下三点。

第一，高校要提升教师对师德建设的价值认同。师德建设不是一种"强制要求"，也不是对现有的制度规范敷衍了事，而是提升学生道德修养的一面"镜子"，是对学生爱的真情实感，是对学生成长成人的责任，是对教师职业操守的内心认同。广大高校教师要充分认识自己所承担的庄严而神圣的使命，发扬主人翁精神，自觉捍卫职业尊严，珍惜教师声誉，提升师德境界；要将师德修养自觉纳入职业生涯规划，明确师德发展目标；要通过自主学习、自我改进，将师德规范转化为稳定的内在信念和行为品质；要将师德规范积极主动融入教育教学、科学研究和服务社会的实践中，提高师德践行能力；要弘扬重内省、重慎独的优良传统，在细微处见师德，在日常工作和生活中守师德，养成师德自律习惯。

第二，高校要强化教师在师德建设中的自我批判性与自我调控性。自我批判性指教师应时刻保持对教师职业道德规范的敬畏与认同，依据自我的"内心法则"与"道德律令"，时刻反思与批判日常的教学行为与教学活动，不断强化自身对师德之于教师发展与学生成长的意义的认识，不断增强自身的职业道德修养。自我调控性指教师对师德的"内化"过程是自我调控和约束的结果，而非外在压力的作用。教师应将社会的客观道德要求内化，而且这种内化应是教师自己主动选择的结果，是教师发自内心的践履。

第三，高校要健全教师主体权益保障机制。根据《中华人民共和国教育法》《中华人民共和国高等教育法》《中华人民共和国教师法》等法律和高等学校章程，明确并落实教师在高校办学中的主体地位。健全教师发展制度，构建完整的职业发展体系，鼓励支持教师参加培训、开展学术交流合作。

### 五、创新教师道德教育，选树师德师风典型

第一，抓好创新师德教育，筑牢立德树人思想根基。师德需要教育培养，做一个高尚的人、纯粹的人、脱离了低级趣味的人，应该是每一个教师的不懈追求和行为常态。校院系两级党委理论学习中心组要切实将师德师风建设作为理论学习的重要内容，充分发挥领导干部在师德师风教育中的带头作用，充分彰显重视师德师风教育的强烈指向。抓好教师集中理论学习，建立健全每周一次的教师集中学习制度，把师德师风当作不可或缺的学习内容，深化思想认识，坚定理想信念，牢记育人使命，坚持把教师职业理想、职业道德教育融入培养、培训和管理全过程，建立多层次教师培训体系，并坚持将师德教育摆在教师培训首位。要在全体教师中开展做新时代"四有"好老师和"四个引路人"学习实践活动。要确立每年九月为师德学习教育月，开展师德学习大讨论，营造浓厚的师德教育氛围，引导广大教师弘扬新时代人民教师的高尚师德和奉献精神，增强教师的责任感、使命感和荣誉感。

第二，选树师德师风典型，树立学习先进鲜明导向。伟大时代呼唤伟大精神，崇高事业需要榜样引领，要定期选树师德先进典型，讲好师德故事，营造尊师重教浓厚氛围，引导广大教师以德立身、以德立学、以德施教、以德育德。高校要综合运用授予荣誉、事迹报告、创作文艺作品等手段，大力宣传新时代广大教师牢记职责、教书育人、改革创新的新形象，充分发挥典型引领示范作用。要利用校园网、报纸、微信、橱窗等多种媒体宣传师德典型的优秀事迹，形成校校有典型，榜样在身边，人人可学可做的局面。坚持"引进来"与"走出去"相结合，组织教师中的"时代楷模""最美教学名师""最美教师"等开展师德宣讲活动，认真学习他们的师德修养，感悟他们的人格魅力。鼓励采取实践反思、情景教学等形式，把一线优秀教师请进课堂，用真人真事诠释师德内涵。

# 第三节　建立师德评价体系

师德师风建设需要优化师德考核评价，落实师德第一标准，同时以完善的制度作为保障，包括评价激励与监督惩处等机制，通过制度的不断建设与完善，进一步确保师德师风评价管理的规范化与常态化，促成人人重视师德师风建设的浓厚氛围。科学、合理的师德师风评价方法和评价机制不仅能激励教师提升道德修养，约束教师的言行举止，还直接关系到教师队伍的工作行为、教学效率。在对高校教师师德师风进行评价时，要正视其评价导向不明、评价内容不足、评价方法陈旧、评价范围狭窄、评价形式空洞等不足，坚持以客观、辩证的态度，从认识层面、价值层面和操作层面加深对师德师风评价的认知，在评价标准、评价目标、评价内容、评价方法等方面强化制度建设，构建符合社会发展主流趋势、遵循教育客观规律的高校教师师德师风评价制度化体系。

## 一、优化师德考核评价，落实师德第一标准

第一，提高师德考评的科学性与实效性。首先，高校可以制定出台比较详细的教师量化考核方案，确立"四重"教师考评准则，即重师德、重教学、重育人、重奉献[①]，同时把师德师风作为评价教师的第一标准，力克"重科研、轻教学"的倾向。其次，建立多层次的师德考评指标体系，分别从"德、能、勤、绩"四个方面进行系统考评，加强对教师思想行为及规范执行情况的管理与检查[②]，使教师践行师德具体性和现实性的内容和发展方向。在此基础上，高校应把"爱国守法、敬业爱生、教书育人、严谨治学、服务社会、为人师表"六个层面的表现作为教师聘任、评优、考核和晋升的标准，同时打破名师终身制，将教师专业职称评审、年终考核等与师德表现紧密结合起来，

---

① 范猛，许玉乾：《高校青年教师思想政治工作的时代嬗变及优化路径》，《国家教育行政学院学报》，2015年第3期。

② 韩健文、谢洪波、蒋茵婕：《新时代高校立德树人的实现路径》，《学校党建与思想教育》2021年第6期。

引导教师坚持以学生为本的初心，坚守立德树人理念，自觉践行高校教师职业道德行为规范准则。

第二，完善评价考核办法，破除"五唯"顽疾。2020 年 11 月，教育部学位与研究生教育发展中心印发《关于公布〈第五轮学科评估工作方案〉的通知》，针对高校教师的考核评估提出了具体的工作方案。高校在评价教师时，不唯学历和职称，不设置人才"帽子"指标，不将论文数、专利数与薪酬直接挂钩，扭转了不科学的评价导向，同时坚持师德考核评价改革的正确方向①，注重教学能力和实际表现，克服了唯职称、唯论文等倾向。同年 12 月，教育部印发《关于破除高校哲学社会科学研究评价中"唯论文"不良导向的若干意见》，要求进一步严格底线，优化评价方式，不得把 SSCI、CSSCI 等论文收录数当作教师招聘的直接依据，营造健康良好的学术风气。

第三，高校应形成全方位、多角度的高校师德考评方式。首先，高校应使社会评价与学校评价、同事评价与学生评价、定性考核与量化考核等考评标准有效融合，发挥其合力，这样有助于增强师德考评的客观性与公平性。其次，高校要采取平时考核与年度考核相结合的师德考评办法，而考核最终结果可作为教师奖惩、教师职称晋升的重要依据。在教师职务评聘、评优评先中，要处理好"师德"与"师才"的关系。高校要重"才"，但更应重"德"，要把两个方面统一起来，力克重"才"不重"德"的错误倾向。在教师职称评定、职务晋升时，要把"德"放在突出位置，将其作为评价教师的第一标准，使"德"成为整个教师队伍建设的统率。同时，建立专家"元评价"制度，进一步提升评价信息结果的可靠性与科学性。最后，高校应建立科学研究评价与课堂教学评价、基础研究评价与应用研究评价相统一的考核评价，使考聘指标细化与量化，把评价机制与激励机制合理对接并有效落实，使广大教师舒心从教，调动教师的工作积极性与创造性，营造"争当先进，赶超先进"的师德氛围。

## 二、强化师德监督机制，建立多元监督体系

建立科学有效的师德监督体系是促进高校教师由自律转向他律的关键，是加强高校师德建设不可或缺的重要保障。其主要内容如下。

---

① 教育部.第五轮学科评估工作方案 [EB/OL].（2020-11-03）.

第一，高校应健全师德监督机制。各高校要加强党委组织、教务处、人事处、纪检部门、师资科、教师发展中心、研究生会等部门对师德建设的实时监督，构建社会、学校、教师、学生与家长五位一体的监督主体，积极鼓励社会、家长和学生共同对师德建设进行监督。教育主管部门要跟踪师德建设进程，及时反馈，并根据反馈信息及时纠正高校在师德建设中存在的误区或问题，提出更加合理、有效的师德建议。

第二，高校还应加大对广大教师师德的监督检查，真正使师德建设制度成为广大教师必须遵循的刚性约束，同时还要制定具体化的教师职业行为负面清单，提高监督机制的针对性与操作性，对违反师德制度规范的教师，坚决实行师德"一票否决"。各高校既要做到高线追求，也要做到负面禁止、底线要求，净化高校教师师德氛围，增强高校教师队伍的整体道德素养，切实加强高校师德建设。同时，高校还应提供多渠道师德监督途径。高校应设立意见箱，认真听取各方面的意见和建议，及时了解师德信息新动态；建立师德举报平台，接受社会监督，根据社会的反馈积极改进师德建设工作，使教师、学生等群体能通过邮箱、电话、网络等各种监督形式进行实时监督，确保师德监督渠道的畅通。

### 三、完善师德激励机制，提升教师精神境界

高校师德激励机制是提升高校教师职业道德素养的重要保障，更是促进高校教师积极性与主动性的关键抓手。想要完善高校师德评价体系，必须建立科学有效的师德激励机制，重视和发挥高校师德激励的促进作用，把有效激发其积极与合理的需求动机当作高校师德建设的出发点，真正满足高校教师内心的需要，从而促使教师自觉主动地加强道德修养，自觉践行师德规范。具体而言，高校要做到以下三点。

第一，高校要加大师德激励表彰力度，坚持物质激励与精神激励并重。正如黑格尔所说："理想的人物不仅要在物质需要的满足上，还要在精神旨趣的满足上得到表现。"在物质激励方面，要对师德高尚的教师进行适当奖励，尤其要在薪资福利、待遇发展、职称晋升等方面给予政策倾斜，同时还应增加课题立项以及科研基金的支持，鼓励教师攻读硕士或博士学位，给予教师最实在、与自身利益相关的奖励方式，满足教师内心所需，增强教师内心的

满足感和获得感，使其对教师职业充满荣誉感和使命感。在精神激励方面，要延续高校现有的对师德高尚的教师进行通报表扬等普遍性奖励形式，更应为师德优秀的教师设立专门称号，定期评选"师德师风先进个人"等，引导师生关注身边师德突出的优秀教师，充分肯定教师的师德水准，提升教师的荣誉感，从而使其不断完善自我。

第二，高校应将情感激励与榜样激励相贯通。高校要关心理解、信任尊重教师，想教师所想，为教师解决其所关心的问题，为教师办实事，而且要在情感上与教师形成共鸣。教师处于关心理解的氛围中，易形成积极良好的情感体验，而当积极的情感体验升华为情感认同时，其便会衍生出对职业坚定的信任感和对自身学习的使命感，从而增强工作的积极性与主动性，促进自身整体发展。如果教师感受到了学校对自己的高度关怀与重视，自身发展也有学校作为坚实的后盾，那么其就有足够的底气去不断学习、提升自我，提高师德认识，增强师德情感，培养强烈的爱校爱岗情感，进而全身心地投入到教育事业中，全心全意为教育服务，心甘情愿为学生奉献。榜样激励，即典型引领示范。高校要挖掘师德先进典型，发挥高校各级领导干部和优秀教职工的示范引领作用，同时发挥名师的传、帮、带作用，激励广大师生向师德模范学习，坚持正确舆论导向，树新风、扬正气，传播正能量。

第三，高校应创新"提、转、留、荐"激励形式，统筹规划教师的师德发展。高校可将品德素养优、业务能力强、有发展潜力的教师当作学校党政后备干部进行重点培养，并根据工作需要提拔使用；对于对科研或其他工作岗位感兴趣的教师，学校可以安排其继续学习，进行专业进修，进而将其转到科研、教学或其他工作岗位上；对于热忱一线教育事业的教师，高校要继续将其留在岗位上并加以培养；对于拥有崇高品德、超高技艺的教师，高校可积极向地方组织部门推荐，多措并举地提升广大教师工作的积极性与主动性，促使教师自觉提升自身道德素养。

### 四、健全师德惩处机制，杜绝失德行为蔓延

师德惩处机制的作用在于对有悖师德规范、影响恶劣的教师进行严肃处理，使违规者付出应有的代价，杜绝失德行为蔓延。具体而言，高校要做到以下两点。

第一，高校要强化师德惩处机制，将物质惩戒和精神惩戒相结合。对于师德失范的教师，必须通过严格的惩处措施进行惩处，具体可实行物质惩戒与精神惩戒相结合的惩处方式。物质惩戒即当教师的师德行为有悖师德规范时，高校应对师德失范的教师予以降职停职、降薪、罚没奖金等惩处，取消该名教师所享有的福利待遇，包括收回教职工子女享受的教育资源，取消享受学校团购房屋优惠政策，取消职称晋升、评奖评优、人才培养方面的资格等，使违规者付出应有的代价，并起到警示威慑的作用，有效防止师德失范行为的发生。精神惩戒即对不符合职业道德规范的教师，高校应及时开展批评与自我批评活动，将教师的自我反思与他人建议有机结合起来[①]，同时由教育行政部门和学校组织进行诫勉谈话、责令检查，由教师所在高校或主管部门视其情节轻重给予警告、记过、降低岗位、撤职或开除等不同层次的处分。

第二，高校应健全师德失范行为调查处理机制，坚持实行师德"一票否决"。首先，高校要设立专门的师德调查小组，同时明确受理、调查、认定、处理等程序，以及时发现违反师德规范的行为，及时处理，绝不含糊。当教师出现违反师德行为时，应采取"零容忍"的态度，坚决实行师德"一票否决"。只要教师触碰师德"红线"，一经发现，一视同仁，即刻严肃惩处，坚决遏制师德失范行为在高校教师队伍中蔓延。其次，高校应健全教师个人诚信体系和失信惩戒机制，将师德失范、失信行为记录在系统内，作为教师评先评优、职称评定、考核任用的重要依据，彻底否定违背师德的动机和不良行为，严明措施，明确师德方向，向教师传达正确、科学的价值信号，以达到肃清教师不良道德作风的目的。

---

① 黄建榕、郭娟梅：《底线思维视域下新时代高校师德建设研究》，《学校党建与思想教育》2021 年第 2 期。

# 第九章　百廿师大师德建设的实践探索

　　加强师德建设，是一所大学的重要任务，是一所大学的生命所在，也是学校党委保证育人方向的有效抓手。作为河北师范大学土生土长的"本土人"，笔者在这所百廿学府学习生活了近 20 年，对学校深厚的文化内涵、健全的管理体系和传承血脉的师生情谊耳濡目染、感同身受。正是在这样的环境下学习成长，对河北师范大学的师德师风建设情况有切身的体会和认识，所以专写此章以做纪念。

　　河北师范大学是河北省人民政府与教育部共建的省属重点大学，河北省"双一流"建设一层次高校。学校起源于 1902 年创建于北京的顺天府学堂和 1906 年创建于天津的北洋女师范学堂，具有 120 年的发展历史和光荣的办学传统。学校传承红色基因，校友中有老一辈革命家邓颖超、刘清扬、郭隆真、杨秀峰、康世恩、荣高棠等，有著名爱国主义学者梁漱溟、张申府、汤用彤等，有两院院士严陆光、郝柏林、李树深、贺泓等，也有许绍发、蔡振华等一批体育界精英。

　　作为以培养教师为主要任务的高等学府，河北师范大学在 120 年的办学历程中，始终扎根中国大地办大学，把培养优秀教师当作重点任务，把师德师风建设当作根本指南。无论是早期办学中孕育的一大批先贤名师，还是新时代开创的教师教育改革新模式和实践探索，都充分彰显了学校深厚的办学底蕴和办学效果。

　　在建校 120 周年之际，全面回顾学校办学成绩，认真梳理师德师风建设的有益经验，回溯历史，找寻曾经辉煌的过往，展望未来，擘画学校发展的蓝图，也是对两个甲子办学历程的最好诠释。

# 第一节　历史洪流进程中孕育的红色师承血脉

历史的脚步滚滚向前，河北师范大学的百年历史生生不息。在学校发源、发展、不断成长壮大的过程中，一大批知名校友为学校赢得了至高的礼赞，这些学术大儒、革命先辈之间至亲至爱的师者情怀更是值得致敬和尊崇，这是学校最为宝贵的精神财富和文化底蕴。

## 一、战火纷飞中的师徒轶事

1921年，中国共产党正式成立，这是中国近现代史上开天辟地的大事件，中国革命的面貌从此发生了历史性的重大转折。从中国共产党的初创到其逐渐发展壮大，每一个重要的时间节点都有河北师范大学的身影。在中国共产党艰难曲折的探索中，李大钊是一位极为重要的人物。在河北师范大学前身学校学习或工作过的人中，有数位与李大钊关系较为密切，其中就有被称作"李大钊之师"的白雅雨烈士。

1908年秋，白雅雨应北洋女师范学堂（河北师范大学前身）、北洋法政学堂（后并入南开大学）的聘请，从南洋公学启程，携家眷来到天津，以学校为阵地，寓爱国思想于地理教学之中，培育了一批出类拔萃的爱国青年。李大钊1907年到北洋法政学堂求学，一年后，白雅雨成为他的老师。白雅雨渊博的史地知识、鲜明的爱国思想、献身革命的豪情壮志深深地影响并强烈地吸引着年轻的李大钊。师生二人志气相投，经常在一起促膝谈心、交流思想、研究时事，探讨救国救民的真理。白雅雨的谆谆教导，在李大钊心坎里播下了革命的火种，对李大钊的成长有着重要影响。

1911年10月10日，武昌起义爆发，白雅雨极力主张组织发动京、津起义，以彻底动摇"清室之根本"，达到推翻清王朝之目的。1911年11月，白雅雨在法租界的生昌酒楼与李大钊等建立了天津共和会，首批会员有20余人，白雅雨被公推为会长。1911年12月31日，白雅雨只身来到滦州发动起义，4天后，滦州宣布独立并成立北方革命军政府，白雅雨任参谋长。遗憾的是，起义很快遭到袁世凯镇压，白雅雨不幸被清兵捕获，后壮烈牺牲。白雅雨殉难后，李大钊因未能参加起义而十分懊悔。

今天，以"白雅雨"为题名查阅电子文献时，得到结果最多的一个是"辛亥革命滦州起义主要领导人"，另一个是"李大钊之师"。这段经受战火洗礼的革命师承，弥足珍贵、历久弥坚。

## 二、中国妇女解放运动的先驱邓颖超

作为河北师范大学的著名校友，1915 年夏，邓颖超考入天津直隶女子师范学校（河北师范大学前身）预科，次年，学校改称直隶第一女子师范学校，邓颖超以优异的成绩升入该校本科，为第十级学生。邓颖超的一生是光辉战斗的一生。在七十多年的革命生涯中，她始终坚持生命不息、战斗不止的革命精神，为中国革命、建设和改革事业毫无保留地奉献了自己的一切。她是 20 世纪中国妇女的杰出代表，也是中国妇女的骄傲，在国内外享有崇高声誉，深受全党和全国人民的尊敬和爱戴。

邓颖超一生历任党和国家多个领导岗位，而其职业生涯中第一个身份是教师。邓颖超幼年丧父，靠母亲杨振德行医或当家庭教师生活。清贫的生活孕育了她知人民疾苦、晓百姓苦难的灵魂。邓颖超的母亲深知教育的重要性，受母亲影响，邓颖超先后在北京平民学校、天津直隶第一女子师范学校读书，后在北平师大附小、天津达仁女校任教。

1986 年 6 月 13 日，时任全国政协主席的邓颖超作为校友参加了河北师范大学校庆 80 周年纪念大会。在会上，邓颖超表示虽然离开了教育岗位，但她始终热爱和尊重教师工作。她深情地说："要我选择职业，我还是选择当老师。"她勉励母校师生要永远忠于光荣的师范教育事业。邓颖超崇高的革命情怀与思想品格，依旧为母校提供着蓬勃的奋进力量和精神动力。全体师大人正以老校友邓颖超为榜样，秉承"怀天下、求真知"的校训精神，奋进新时代，开启新征程，为实现中华民族伟大复兴继续贡献智慧和力量。

## 三、为人师表的教育家杨秀峰

杨秀峰，无产阶级革命家、教育家、法学家，河北师范大学著名校友。1929 年，杨秀峰赴法国留学，并在法国加入中国共产党，1934 年回国从事教育工作，"七七事变"后，投笔从戎，深入太行山建立抗日武装，同刘伯承、邓小平一起开辟晋冀鲁豫抗日根据地。1949 年至 1952 年，杨秀峰任河北省人民政府主席兼河北师范学院（河北师范大学前身）院长，1954 年任高等教育部部长，1958 年任教育部部长，1965 年任最高人民法院院长，1979 年任第五届全国政协副主席。

1934 年，杨秀峰学成回国，先后在北平师范大学、中国大学、东北大学等几所大学任教。借助大学教授这一公开身份，他积极在青年学生中传播革命理论，在平津文化界秘密从事抗日民族统一战线工作，被誉为"红色教授"。他的大无畏革命精神深得青年学生尊崇。1938 年 8 月，杨秀峰创办了河北抗战学院，后陆续创办冀南抗日干部学校、冀南抗战学院、冀太行政干部学校、晋冀鲁豫边区行政干部学校，均兼任校长。

杨秀峰一边积极开展平津地区文化教育界人士的统战工作，一边在天津河北法商学院、北平师范大学、中国大学、东北大学等高校任教授。他著有《社会科学方法论》《中国最近世史》，其中学术讲义《历史动力学说之检讨》曾轰动一时。他在北师大开设了社会主义思想史、法俄革命史、中国近世史课程；在中国大学、河北法商学院开设了世界经济发展史、中国经济史、社会科学方法论等课程。

新中国成立初期，杨秀峰担任河北省人民政府主席时兼任河北师范学院（河北师范大学前身）院长。当时河北省省会在保定，河北师范学院校址在天津。河北师范学院教职工虽然不能经常见到杨秀峰院长，但据朱泽吉老校友回忆："大家从当时主持学校工作的李继之副院长的传达（杨秀峰院长讲话）中，都可以知道，杨院长对师院的各项工作，对教职员工和同学们是时刻关心的。杨院长认为，把这所师院办好，对全省的教育工作都有带动意义。"为了河北省的教育发展，杨秀峰亲自邀请不少在京津工作的专家学者到河北任职或兼职，参加河北省的教育工作。

1952 年底，杨秀峰调到高等教育部主持工作，1954 年任高等教育部部长。1958 年 2 月，高等教育部和教育部合并成教育部，杨秀峰任部长。在任职高等教育部、教育部长达 13 年的时间里，他为发展人民教育事业倾注了全部智慧和精力，为新中国教育事业作出了重大贡献。

担任教育部部长以后，杨秀峰仍十分关心河北师范学院发展。1956 年，河北师范学院搬迁到石家庄办学，改名石家庄师范学院。1960 年 5 月，教育部部长杨秀峰到石家庄师范学院（河北师范大学前身）视察工作。杨秀峰对办好高等师范教育有深刻见解。他认为，高等师范院校也必须重视学术研究工作，否则教学无法提高，无法适应形势发展的要求。1939 年夏，邓小平赴延安途中，在谈到杨秀峰时说："文官不要钱，武臣不怕死，杨兼而有之。"

## 第二节　新时期顶岗实习实践彰显师德风范

河北师范大学学科专业齐全，办学特色鲜明，走进新时代，学校继续高擎师范教育大旗，突出师范主责主业，而且明确了建设高水平综合性师范大学的坚定目标。特别是学校结合实际全面开展的顶岗实习支教工程，是一个全面加强师德建设的典范工程，每个环节都彰显了教师教育特征，对于加强师德师风建设起到了积极的推动作用。

### 一、顶岗实习全过程着眼于重塑学生能力和高尚师德

作为地方师范大学，河北师范大学始终以打造鲜明的教师教育特色，培养合格基础教育师资为己任，致力于培养"为中国而教"的"四有"好老师。在学校党委的强力推动和上级部门的大力支持下，学校开展以顶岗实习为突破口的"实践型"教师教育改革，并取得了积极成效。开展实践型的教师教育模式改革探索活动，一方面可锻炼学生的从教技能，全面提升学生从事教师这一神圣职业的信心和决心，另一方面也益于从事顶岗实习指导工作的青年教师深刻体会这项工作的重大意义，从参加学生和辅导教师两个维度推动师德师风建设深入开展。其主要内容如下。

第一，实践型师德师风锻炼模式的系统设计。

2006 年以来，河北师范大学开展了以实践教学为特色的教师人才培养模式改革活动，相继成立了顶岗支教指导中心、教师教育中心、教师教育学院，充分体现了学校对教师人才培养工作的高度重视。学校选拔经过师范课程系统培训的高年级学生，深入基层中学教学一线，从事真正的任教工作，让学生切身体验"当老师"的感受，全面感受作为一名教师的全链条、全流程要

素，在真实的环境中锻炼自己，激发自己成为一名好老师的责任感和使命感，从而提高自己的师德能力。十几年来，学校已有28期21个专业的37500余名师范生到河北、新疆、北京、天津等省、自治区、直辖市的150多个县（市、区）的6000余所中小学完成了半年教育实习，拓展了半年教育实习内涵，形成了一套完整的制度体系。

第二，顶岗实习可提升师范生的综合素质和师德认知。

师范生在学校时，身份固定，角色单一，各种社会关系相对单纯，思考问题相对简单，因此思想不易成熟。在"顶岗"环境中，师范生既是学生，又是教师，同时在教育教学活动中需要与人交往和沟通，需要独立地思考解决问题，需要自己去处理和协调各种社会关系，这就需要他们自己转换角色，独立做人。再加上实习点的艰苦生活环境，基层师生的生存状态都会给学生带来极大的震撼。在艰苦环境中的生命体验和情感体验引导学生迅速走向成熟。通过顶岗实习，师范生能力素质、思想素质，以及对教师行业的认知能力都得到全面提高，他们逐渐重新认识教师这个职业，逐渐深化对教师神圣使命的思考和选择。

第三，顶岗实习可提升学生的知识运用和教育教学能力。

实习生可将理论知识融入实践，在教与学的实践过程中，从多角度全面提高教育教学能力和专业素质。师范生围绕顶岗实习的三大任务（课堂教学、实习班主任、社会调查与研究）进行一个学期的顶岗实践，有利于其职业能力的养成，也可为其将来走向社会参与人才竞争奠定坚实的基础。通过在顶岗实践中担任实习班主任，师范生可学会有效管理学生，提升了教育能力；通过在顶岗实习中开展社会调查与研究，师范生可提升教育研究能力。在顶岗实习中，通过开展与专业相关联的多种形式的调研活动，大学生可在基层取得货真价实的第一手资料，为专业学习研究拓展领域。顶岗实习工作开展以来，每学期实习生均能上交与教育教学或本专业学习相关的论文、调研报告千余篇，形成了大量研究农村基础教育的资料。顶岗实习益于全面提升师范生的能力素质，缓解师范生就业难的问题。如2007届参加顶岗实习的毕业生共677人，毕业离校前已签约教育岗位就业的占65%，高出未参加顶岗实习的毕业生38个百分点；2008届参加顶岗实习的毕业生1509人，毕业离校前已签约教育岗位就业的占51%，高出未参加顶岗实习的毕业生12个百分点；2009届参加顶岗实习的毕业生有1496人，毕业离校前已签约教育岗位就业的占 53.7%，高于全校师范生签约就业率 11 个百分点；2010 届参加顶岗实习的毕业生有 1452 人，毕业离校前已签约教育岗位就业的占 56.3%，高于全校师范生签约就业率 10 个百分点。师范生的顶岗实习实践经历，已成为笔者所在学校毕业生向用人单位展示的第一张"名片"。用人单位反映，参加过顶岗实习的学生在教学内容的组织、教学技能、语言表达等各方面都有了明显提高，就业竞争力明显增强。

第四，顶岗实习可全面提升学生的语言表达和适应能力。

实习生到达农村基层中学后，面临心理、生理、主观、客观等多方挑战。在主观心理上，很多人要经过一段长时间的调整。同时，实习地多在农村，生活条件不如城市，住宿、饮食、交通、环境、生活等多方面问题都会涌现出来。在前期培训中，学校要对学生进行意志品质和基本生活能力的训练和教育，而在驻县管理教师的积极引导下，在学生党员和学生干部先锋模范带领下，实习生需不辱使命，坚持克服各种困难，积极主动与实习学校领导和师生沟通，抓住各种机会提高自己，适应环境变化。当实习实践结束后，许多学生基本具备了处理突发事故、人际交往、煮饭烧菜等能力。实习生赵晨说："我从小到大都成长在城市，半年的顶岗实习生活使我得以飞速成长，再回到家，爸爸妈妈都说女儿长大了，会做饭了，也更懂事了。"

## 二、顶岗实习强化学生思想政治教育效果和师德养成

顶岗实习支教为师范生提供了全方位的实战演练机会，使之在身份转换中健全心理素质，在教育教学中提高专业素质，在文明教育中完善人格素质。河北师范大学在顶岗实习培训阶段，号召实习生"热爱党和人民的教育事业，忠诚于党和人民的教育事业"，教育实习生转换角色，以教师的身份严格要求自己，为早日成为一名合格的教师做好准备。其主要内容如下。

第一，选树一大批优秀典型。

在顶岗实习过程中，对涌现出的优秀和积极典型，利用河北师大顶岗实习网站和河北师大网络新闻、校报、校广播台，及时予以宣传报道，并对评选出的顶岗实习支教"先进个人"和优秀团员给予表彰，从而利用榜样的力量，达到升华学生思想政治素质的目的。顶岗实习可为广大学生带来精神上的洗礼，可彻底重塑学生以前的价值观体系，让学生切身体会到我国城乡教

育的巨大差异，进一步思考自我奋斗目标与国家发展的内在关系。这样有助于学生树立"自强不息、超越自我"的价值观念，有助于学生热爱和忠诚教育事业，有助于学生形成作为一位人民教师的使命感，有助于学生树立伟大崇高的人生观。正如一位学生在自己的体会中写道："十几年的求学之路是我向家庭、向社会索取的过程，只有从顶岗实习开始，我的心才真正为自己而骄傲。因为我终于可以为这个社会做点儿事了，可以做一个有用的人了。我已不单单是一个独立的个体，而是一个社会中的个体，虽然我依旧甚是渺小，但已不再微不足道。正如教师这一岗位，平凡却肩负着重大的责任和使命。这份责任与使命足以让我为其倾注一生。一个人不可能靠自我来成就自我，只有在服务人民、服务社会、成就国家的过程中才能真正成就自我。"为鼓励、表彰在顶岗实习中克服困难、认真开展工作的实习生，2011年底，笔者所在学校与卓达集团合作设立面向实习生的"卓达奖学金"，其中有一项专门发放给在顶岗实习期间克服困难、自强自立的顶岗实习生。

第二，增强师范生对师德的认知能力。

实习生在实习过程中体验了从学生到教师再到学生的角色转换，经历了从理论到实践再到理论的循环，对教师职业、理论学习的认识以及自我评价达到一个新高度，同时其教师角色意识进一步增强，职业能力进一步提升，最终较全面地掌握教师职业规范，发展教师职业性格，对教师的职业价值产生更加深刻的认同。实习生在学习上能够及时查漏补缺，有针对性地进行改革，不断完善知识结构；在自我评价上，由盲目自信或消极自卑转变为更加客观自信，发展自身的闪光点，也查找到自身不足之处。例如，思政专业实习生闫甜是一个桀骜不驯的年轻人，在参加完顶岗实习之后，他表示："实习真的让我收获了很多，我想我学会了如何与他们协作开展工作，如何去学习他人在教学、生活中的优点，如何更好地认识自己。"

参加顶岗实习的广大学生在实践中受锻炼、长才干、作贡献，一方面可提高教学技能，另一方面也可对教师职业有切身的理解，明确自己的教师职业角色意识，进一步坚定从教信念。例如，外国语学院任丽在实习总结中说："参加顶岗实习工程，让我们都有了一个提升个人素质的大好机会，让我们真正完成了由学生到老师的角色转换。我们不断地跟指导老师学习优秀的教学经验、教学方法，不同学科同学之间相互交流、互相点评，在教学中不断摸索进步，深刻体会到了'学高为师、德高为范'的真正含义。"

第三，顶岗实习能够激发师范生献身基础教育的热情。

通过顶岗实习支教，学生在农村中学进行为期一个学期的"全职"教师岗位锻炼，师范生可经风雨、知国情、长才干、作贡献，使从教信念更加坚定。通过参与顶岗实习，在基层中学进行锻炼，师范生可更加了解基础教育特别是农村基础教育的现状，坚定从教信念，甚至产生献身农村基础教育的热情。

### 三、顶岗实习推动学校教师教育综合改革走深、走实

第一，创新教师教育课程体系。

从开展顶岗实习之初，学校积极争取教育部、河北省教育厅"硕师计划"指标，努力探索"顶岗实习支教＋特岗计划＋农村教育硕士"优质教师培养计划（简称"优师计划"），即从参加顶岗实习支教且成绩优秀的学生中选拔农村教育硕士，经批准免试参加"特岗计划"，特岗期间接受专业硕士课程教育，结束后到河北师范大学脱产学习一年，完成教育硕士培养的其他任务。为实现"学得好、下得去、用得上、流得动"的培养目标，笔者所在学校对录取的农村教育硕士进行了本科毕业前"八个环节"（即心理素质环节、人文艺术修养环节、体育素养环节、组织管理能力环节、课堂教学技能环节、礼仪仪表环节、生活技能环节、师德和纪律教育环节）的教师职业技能训练，以保证优质师资。

第二，促进教师专业发展，实现"教学做合一"。

2010年河北师范大学承担了"国培计划"中西部农村中小学教师培训项目中的骨干教师培训、短期培训、培训者培训、置换脱产研修等共17000余名教师培训任务。笔者所在学校利用师范生半年实习的机会，与实习学校的教师进行置换，使被置换的教师接受业务知识补充和专业技能培训，这就是置换脱产研修。自2006年以来，有1000余名顶岗下来的教师、管理干部参加置换培训，基层中学教师有五万多人（次）接受了笔者所在学校组织的新课标宣讲、特级教师送教下乡、课题合作、办讲座、听评课教研、个别指导等多种形式的校外培训。经过几轮"顶岗置换"的尝试，河北师范大学教师职后培养模式逐渐成型。根据半年实习、置换培训实际情况，制定了脱产研修、网络跟进和实践反思三阶段培训方案。为实现"培养河北省教育事业的

高素质专业化的一流师资"的目标，设计了"2.5+0.5+1"基础教育师资培养模式，即"两年半专业学习＋半年顶岗实习＋一年实习后相关知识学习"，并根据这一模式建构由公共教育、专业教育、教师教育三大模块组成的课程体系。针对免费师范生，采用独立管理的方式，独立编班、独立培养、独立管理。建立由本校教师和中小学优秀教师组成的导师组，指导免费师范生的学习、实践与研究。为免费师范生配备双导师，即学校学科教育专业导师和来自中小学的兼职导师，为免费师范生提供从课程学习到教学实践的全程指导。

第三，深化改革，打造优质教师教育团队。

打造一支优质教师教育团队是服务农村基础教育的前提。优质教师教育团队绝不是几方面人员的简单组合，而是具有明确发展目标、共同成长规划、明晰职业定向的共同体和聚合体。在团队建设中，要强化团队意识、培养团队精神、构建团队文化，以培养为农村基础教育服务的优质师资为团队建设的核心工作。为此，学校从机构设置、政策导向、人员选聘等各方面围绕这个主题开展工作。首先，学校成立教师教育中心，统领学校师范类专业教师教育课程的设置和监控、农村教育硕士的培养及被顶岗教师的置换培训工作，形成职前、职中、职后一体化的教师教育协同管理和发展模式；其次，依据实际，为更好地体现学校师范性特色，学校发挥自身实践教学优势，单独对学科教学论教师进行评聘、考核，充分调动学科教学论教师从事实践教学的积极性。在学校的努力下，其初步实现了把"想干事、能干事、会干事"的人组织在一起的目的，为打造优质教师教育团队，实现"强教必先强师"奠定了基础。

第四，盘活现有存量，做好被顶岗教师置换培训工作，提升教师能力。

服务基础教育是高等师范院校的义务，也是顶岗实习支教社会价值的具体表现。为此，学校十分重视置换培训工作。教师成长与发展一般要经历新手、熟练新手、胜任型教师、业务精干型教师和专家型教师五个阶段，从新手到专家型教师需要 10 到 15 年时间。为了帮助更多的实习教师缩短成长时间，使其早日成为专家型教师，笔者所在学校以"更新观念、传递知识、发展能力、提高素养"为目标，调动学校各方面力量，充分利用学校丰富的教育教学资源，采取"走出去、请进来"的办法，面向实习学校开展了被顶岗教师的置换培训工作。

为突出培训的针对性，学校根据不同培训对象、不同培训时长制定了多套置换培训方案，实行"订单式"培训，同时依据不同学习者的特点选择了多种培训方式，在培训中坚持"以问引思、以仿提能、以验导悟"的原则，用问题引导思考、用跟岗见习提高能力、用亲身体验引导领悟，把教师的知识学习与体验感悟、专业成长与个人成长结合了起来；在课程设置中体现明确的问题意识、发展意识，具体内容安排体现组合弹性模块制和订单培训特色，而且一般设置课程后要请县、市教育局修正、选定方案，确定最后的培训内容，确保取得实实在在的效果。下一步，为做好农村中学被顶岗教师置换培训工作，笔者所在学校将积极争取"国培计划"指标，进一步完善课程设置、教师选聘、培训考核、后续追踪等一系列制度，建立被顶岗教师置换培训档案，使置换培训工作在数量、质量、效果上都达到前所未有的新高度。

第五，共建教师发展学校，建立师德建设联动新格局。

教师专业发展学校是由大学与中小学共同创建的一种"新型学校"，是笔者所在学校与中小学实现双赢的共同选择，它不仅为未来的教师提供了理论和实践相结合的氛围与场景，也为职前和在职教师的各种学习提供了制度支持，为在职教师提供了提升自己、专业发展的机会。

笔者所在学校以教师专业化为目标，努力构建高等师范院校、教师专业发展学校、县以下基层中学三位一体分工合作、共同发展的教师专业发展新格局：高等师范院校承担研究基础教育、中学教师培养、入职培训等主要任务；教师专业发展学校负责教师职前培养中的见习、研习，被顶岗教师跟岗观摩研修任务；县以下中学负责师范生顶岗实习支教、接受农村教育硕士、派出教师接受置换培训等任务。三方共同努力，使高等师范教育与基础教育实现双赢。下一步，笔者所在学校将建立一批省级教师专业发展示范学校，扶植城乡中学教师实现共同发展。

顶岗实习支教一方面加强高等师范教育与基础教育的互动交流，有效改善了高等师范院校长期以来关门教书，教学脱离基础教育实际的局面，可打造出一支符合教师专业发展和中学新课改要求的教师教育师资队伍。通过指导实习生教学、教育帮扶、项目合作、置换培训等工作，教师可深入到基础教育第一线，对专业工作目标定位更准确，同时高等教育可与社会需求顺利对接，为笔者所在学校教师教育改革注入活力。另一方面，为农村中学教师提供再充电的机会，即利用高等师范院校丰富的教育教学资源，对实习基地教师进行多种形式的置换培训。顶岗实习支教促进了高等师范院校和农村中学的联动，也促进了高等师范人才培养和农村师资水平可持续提高的联动。

第六，创新人才培养新模式，推进师德建设创新发展。

作为具有百年办学历史和光荣传统的高等师范院校，河北师范大学一直致力于突出教师教育新的办学特色，探索人才培养的新模式。学校通过顶岗实习实践，探索出了一条培养高素质人才与服务河北省基础教育相结合的新路，益于推进学校教师教育改革，使百年老校焕发新的生命力。

用人单位尤其是各基层中学，特别重视师范大学生的能力素质，因此推动教师教育改革，改革人才培养模式，已成为摆在各师范院校面前的共同课题。然而，因高校连年扩招等客观原因，实践教学的内在价值和现实意义并没有得到各师范院校的普遍重视，甚至出现了相对弱化的普遍现象。以河北省为例，在众多师范院校中，开展顶岗实习支教的只有河北师范大学一家。全国开展顶岗实习支教的师范院校，也只有河北师范大学等少数几家，且其余几家还没有形成较大规模。导致师范院校实践教学现状与社会要求相距甚远的原因主要有三点：一是传统师范教育培养观念的束缚，即重视知识传授，轻视实践环节和创新能力培养；二是缺乏培养适应社会需要的应用型人才的战略眼光，对实践教学烦琐的组织工作和人力物力的投入有畏难情绪；三是学校内部责权划分不清，使有些人员缺乏组织热情。

近年来，笔者所在学校克服了轻视教学实践环节观念的束缚，开始重视学生实践能力养成，重视教学实践环节对于整体提升教师教育质量的意义。在顶岗实习推动下，学校将原来的教学计划进行了大规模调整，不断深化教育教学改革，明确提出了"3.5+0.5"人才培养模式，即用本科四年中的三年半时间对高等师范大学生进行系统的学校专业教育，半年的时间让学生参加顶岗实习，以强化师范生的从教意识和专业素质，同时提高农村教师的专业素质，促进农村教学改革深入发展。

## 四、顶岗实习实现了服务社会的良好效果

第一，响应中央建设社会主义新农村号召，深化农村教师队伍建设。

实习生的到来，一是对农村中学师资起到适当补充作用，二是一定程度上激发了农村教师的工作热情。笔者通过调研发现，顶岗实习学生的加入，可为学校注入新的生机与活力。一方面实习生积极向上、主动发展的状态使

广大教师看到了自己初为人师的影子，激活了他们的职业理想和职业信念，重新点燃了他们的工作激情；另一方面，在与实习生结对发展的过程中，教师们强烈地感受到"同样的环境、同样的学生却有着不同的体会、不同的感悟、不同的收获"，这一认识会让他们重新审视自己的工作历程，在理性思考中进一步树立对教育事业的神圣使命感，进而在充分认识自身差距的基础上增强不断提升、不断完善自我的信心和动力。此外，实习生和中学生之间的相处方式也为老教师改变管理方式和沟通方式起到了榜样和示范作用。通过反思，老教师们深刻地感悟到"孩子们需要的是心灵上能够交流、感情上可以依赖的朋友，而不是板起面孔的教师"；教师们开始改变权威至上的做法，开始放下架子，弯下身子，深入学生生活，走进学生心灵，新型的师生关系日趋完善。

第二，缓解农村师资短缺难题，促进基础教育均衡发展。

服务基础教育，是高等师范院校的重要职责。河北省农村中学教师匮乏，水平低下。农村中学一方面有着巨大的人才需求，另一方面却普遍存在着待遇偏低、要人难、留人难的现象。这些都严重制约了农村基础教育的发展。通过顶岗实习，既可以为农村中学输送源源不断的师资力量，满足农村中学实际师资需求；又可以改变高等师范院校与基础教育脱节的弊端，架起大学生和农村教师"双向培训"的桥梁，而这则是服务基础教育的有效载体，有利于提高农村中学的教育教学水平，促进教育均衡发展。

顶岗实习一定程度上破解了农村中学师资不足的困境，改善了农村师资结构。比如，沙河城镇中学按国家规定编制应有教工63人，而实际只有53人，没有大学本科毕业生。笔者所在学校选派了12名大学生到这所学校顶岗，该校校长李社民觉得"就像一夜间天上掉下一个大馅饼"。顶岗实习的过程中，学生分担了基层中学大量的教学工作。许多实习生早上五点半起床带操，和学生们一起锻炼，盯早读、午读、晚自习，白天上课，晚上批改作业，讨论、备课直到深夜。有的学生甚至承担着过量的教学任务，如临漳一中一名教语文的实习生一周要上20节课，威县二中实习的语文教师同时要带8个班的古诗文鉴赏，每天批改140多本作业。

第三，顶岗实习是加强师德师风建设的动力源。

当前，一些农村中学依然存在教育观念落后，教育、教学方式单调的现象，有的教师管理手段比较简单，导致许多学生厌学、逃学。而顶岗实习为农村中学输送了先进的理念。实习生年轻，头脑灵活，知识面较宽，懂得用欣赏的眼光对待学生，课堂民主平等意识比较强，极大地激发了当地学生的学习兴趣，对实习学校的教师产生了启迪和示范作用，益于他们紧密结合新课标，把新课改的精神落实到自己的课堂教学中。

顶岗实习为被顶岗学校教师提供了系统的职后培训。顶岗实习为工作任务繁重的农村中学教师提供了一个"休养生息"的机会。由于现实存在的经济压力，学校无力投入足够资金选送大批教师参加各种提高培训，实习生的到来从一定程度上缓解了农村因教育经费紧张而无力开展教育教学交流和教师培训的状况。农村中学教师可以利用被顶岗的时间，进行业务知识的学习和专业技能培训。顶岗支教可给实习学校带来教学质量和社会声誉的提高。以威县为例，几所实习学校的在校生人数比顶岗前都有了大幅度的提高，二中由顶岗前的 4260 人，增加到 5600 人；实验中学由顶岗前的 1200 人，增加到 2400 人；梨园屯中学由顶岗前的 790 人，增加到 1200 人；章台中学由原来的 900 人，增加到 1200 人；县直幼儿园由顶岗前的 97 人，增加到 180 人。实习基地的教育局局长和学校的校长们形象地把顶岗实习工程誉为助力农村基础教育的"及时雨"，促进教育均衡发展的"助推器"，以及加强师德师风建设的"动力源"。

# 第三节　新时代推进师德建设再谱师大华章

走进新时代，对全面推进师德师风建设提出了更高要求。教育部等七部门印发的《关于加强和改进新时代师德师风建设的意见》(以下简称《意见》)，对系统加强师德师风建设提出了全方位的要求，是新时代推进师德师风建设的政策依据。准确把握师德师风建设的核心点，从《意见》中提出的具体要求入手，全面落实各项规定和约束性措施，是新时代推进师德建设的必由之路，也是河北师范大学在新时代推进教师教育、加强师德师风建设的根本依据。具体可以从以下四个方面来总体把握推进师德建设的具体路径和方法。

## 一、进一步提振师道尊严

《意见》充分体现了新时代国家和民族走向伟大复兴的历史进程中，对于源源不断产生好老师的时代呼唤。《意见》中第一次将师德师风建设从教育系统内部放到整个党和国家工作当中，放到整个社会环境之中，重塑我国尊师重教的优秀传统文化，使"国将兴，必贵师而重傅"在新时代有了新的生命力；第一次提出了"维护教师依法执教的职业权利"，尤其提出要推动完善相关法律法规，研究出台教师惩戒权办法，明确教师教育管理学生的合法职权；第一次提出了"教师优先"，营造教师光荣社会氛围；第一次提出了"将尊师重教观念渗透进学生的价值体系"，从幼儿园开始加强尊师教育。这一系列政策、措施，既利于吸引一大批优秀人士热心从教，也利于促进教师队伍加强自身建设、增强育人本领。其主要内容如下。

第一，强化依法执教权利保护，维护教师职业尊严。《意见》首次提出了"维护教师依法执教的职业权利"，且特别提出要推动完善相关法律法规，明确教师教育管理学生的合法职权，研究出台教师惩戒权办法，通过一系列保障教师依法执教权利的举措，使教师工作的积极性、创造性得到保护和激发，为教师营造安心工作、大胆工作、全心育人的良好环境。教师尊严不可侵害，对教师进行侮辱、谩骂、肢体侵害，或者通过网络对教师进行诽谤、恶意炒作等行为要严惩，构成违法犯罪的，依法追究相应责任。这一方面可鼓励引导教师大胆履职，积极工作，另一方面传递出了教师对于学生的爱和积极期待，使享有教育惩戒权的教师更注重提升立德树人的教育本领，用更加专业的教育方法引导每个孩子健康发展。这既是尊重教师对学生教育权的体现，也符合服务中华民族伟大复兴中国梦人才培养的需求，可为教师安心、热心、舒心、静心从教创造良好的社会舆论基础和法治保障。

第二，尊重学校教育安排，支持教师专业施教。《意见》明确提出，要引导家长尊重学校教育安排，尊重教师创造发挥，配合学校做好学生教育工作，同时引导家长建立更加科学的育人观念，尊重教师的育人主张，形成家校间良性的沟通互动。良好的师生关系建立在教师与学生相遇每一刻的积极互动中，一所学校最珍贵的资源是教师对学生的关注，相信教师是家校良性互动的前提。因此，支持教师就是支持孩子，社会各方都要朝着"让教师更专业地教学、更静心地陪伴孩子"而努力，给教师和孩子互动的空间，尊重教师的专业主张，加强沟通交流，形成一致的教育观念，做与教师并肩同行的"同伴"，信任、支持和尊重教师，真正让提振师道尊严具备坚实的社会基础。

第三，提倡"教师优先"，提升教师社会声望。教师的幸福感不仅仅来自学生的成功，也来自对自身职业的认同，来自社会给予的尊重与认可。营造尊师氛围，不仅仅在口头上，也在行动中，需要全社会的支持，形成敬重教师的优良风气。《意见》第一次提出了"教师优先"理念，支持鼓励行业企业在向社会公众提供服务时"教师优先"。教师优先，也就是教育优先，这是在全社会进一步弘扬尊重教优良传统的一个有效措施。相信通过尊师教育的开展、"教师优先"理念的践行，能大大提高教师的政治地位、社会地位、职业地位，让广大教师得到应有的社会声望。

第四，厚植师道文化，赋能教师专业成长。《意见》第一次提出了"将尊师重教观念渗透进学生的价值体系"，而要在校园内形成尊师重教之风，就要从幼儿园开始加强尊师教育，加快形成接续我国优秀传统、符合时代精神的尊师重教文化，推进尊师文化进教材、进课堂、进校园。于此而言，传承尊师文化是新时代每一所学校的责任担当。进而言之，尊师从制度保障上、社会氛围中得到有效保障，教师在获得更高社会地位、社会赞誉的同时，更需要他们修炼内功，提升专业水平，为自身赋能，不断突破。教师要用高尚的师德获得学生的敬重，要特别富有爱心、耐心，并进行专业和学术上的引领示范，努力成为有理想信念、有道德情操、有仁爱之心、有扎实学识的"四有"好老师；用勤勉的师风赢得学生尊重，脚踏实地，对一节节教学设计反复推敲，用一次次的谈心、一次次的家访、一篇篇作业的耐心辅导修改，精耕细作，让教师的实践中增添许多平凡而又深刻的教育故事；要用专业的水平赢得学生的尊重。教师作为学生人生中的关键人物，要行为世范，始终保持学习和进取的姿态，将教育情怀融入日常教育教学，给予学生积极的影响，做好学生成长路上的引路人。

## 二、建立健全师德师风长效机制和系统治理体系

党的十八大以来，习近平总书记从坚持和发展中国特色社会主义、实现中华民族伟大复兴的长远大计出发，多次就师德师风建设发表重要讲话，科学阐明了新时代师德师风建设的重大意义、时代内涵和建设路径。党的十九

大报告也提出明确要求，要"加强师德师风建设，培养高素质教师队伍，倡导全社会尊师重教"。《意见》把师德师风建设视作教师队伍建设的首要任务，倡导着力健全师德师风建设的长效机制，用制度的力量确保师德师风建设常态化、机制化。其主要内容如下。

第一，建立思想铸魂的引领机制。用习近平新时代中国特色社会主义思想武装教师头脑，是新时代师德师风建设的根本前提。高校要建立健全学习制度，推进理论学习系统化、经常化，往实走、往心里走，确保广大教师学懂弄通，领会其精神实质，努力做到学以致用，并引导广大教师自觉运用马克思主义立场、观点、方法，认清中国和世界发展大势，增进其对中国特色社会主义的政治认同、思想认同、理论认同、情感认同；坚持价值导向，引导教师带头践行社会主义核心价值观，并将其融入教育教学全过程，充分发挥文化涵养师德师风的功能，同时不断引导广大教师深入了解世情、党情、国情、社情、民情，强化教育强国、教育为民的责任担当；坚持党建引领，健全党内政治生活制度、"三会一课"制度，以制度的力量涵养初心、坚定使命担当，充分发挥教师党支部的战斗堡垒作用和党员教师的先锋模范作用。

第二，建立内外结合的激励机制。科学的内部激励和良性的教育生态环境是师德师风建设的关键机制。从外部环境来看，政策导向和舆论激励机制是促进师德师风建设的有效途径。各地教育主管部门和学校在制定政策时，要做到"顶层设计"与"具体实践"相统一，通过有效的激励手段推动教学改革和教学管理良性发展，形成学风端正、校风良好、学术行为规范的教学氛围和制度环境；构建舆论导向机制，综合运用授予荣誉、事迹报告、媒体宣传、创作文艺作品等手段，充分发挥典型引领和辐射带动作用。从内部环境来看，建立行之有效的考核评价体系是加强和改进师德师风建设的关键。高校要严把教师入口关，规范教师资格申请认定，完善教师招聘和引进制度，严格思想政治和师德考察，建立科学完备的标准、程序；严格进行对入职教师的考核评价，落实师德第一标准，在教师聘用、职称评审、人才推荐、评优评先、年度考核、干部选任等方面采用多种评价方式，严把政治关和师德关。同时，要坚持与时俱进和问题导向，结合新时代环境下出现的新问题，出台新举措、新办法，不断完善评价主体、评价内容、评价方法及评价程序，有效实现考核评价的科学化、规范化。

第三，建立广泛参与的监督机制。高校要建立行之有效、多种形式的师德投诉举报平台，充分发挥广大师生在民主监督、社会舆论监督中的作用，预防、调控和制约教师违背师德规范要求的行为。针对群众反映强烈的问题、师德师风问题，要及时发现和规劝，督促当事者端正态度并及时纠正；不断加强政府对各级各类学校的监督，探索建立师德师风监督员制度，定期对学校师德师风建设情况进行监督、评议，及时研究加强和改进师德建设的政策与措施；探索构建由政府、学校、教师、学生、家长和社会广泛参与的"六位一体"师德监督体系，并在制度设计、工作机制和信息渠道建设等方面下功夫，力争将违反师德的行为消除在萌芽状态。

第四，建立严格的惩戒机制。全面贯彻落实《中华人民共和国教师法》《新时代高校教师职业行为十项准则》《教育部关于高校教师师德失范行为处理的指导意见》等系列文件精神，制定具体细化的教师职业行为负面清单，对于不良的思想或行动苗头，要及时规劝纠正；对于有违师德的不端行为，要做到发现一起、严肃查处一起；对于触犯法律的，要依法追究有关当事人的法律责任；建立师德失范曝光平台，健全师德违规通报制度，引导广大教师时刻自重、自省、自警、自励，坚守师德底线；建立并共享有关违法信息库，健全教师入职查询制度和有关违法犯罪人员从教限制制度。

第五，狠抓落实责任机制。高校要发挥制度先导作用，引导广大教师切实将人才培养当作最核心的本职工作，回归和坚守教书育人的初心正道，强化立德树人责任，在岗位评聘、年度考核、评优奖励中，优先考虑教学业绩突出、学生评价高、教学水平和教学效果得到师生公认的教师；建立健全责任落实机制，坚持失责必问、问责必严；通过教师社会实践平台，以专项重点投入的方式，引导广大教师积极投身教育事业，瞄准学科前沿，树立问题意识，勤于探索、勇于创新，多出精品成果；落实教师队伍建设各项要求，按规定统筹现有资金渠道，支持师德师风建设，加强工作支撑，提高师德师风建设工作的科学性、实效性。

## 三、全面推进教师专业发展，助力师德养成

《意见》指导和督促各级教育行政部门和各级各类学校全面贯彻和落实中央有关要求，把"全面加强师德师风建设"当作首要任务，进一步建立和完善师德师风建设制度规范体系。高校要结合新的任务和要求，加快师德养成，

促进教师专业发展，全方位推进新时代师德师风建设。其具体内容如下。

第一，师德素养要与育德能力同步发展。《意见》明确提出"突出课堂育德，在教育教学中提升师德素养"，这既揭示了教师所承担工作的基本特点和教师专业发展的基本规律，也指出了师德素养提升的重要场域和关注点。从师德素养与育德能力的关系上看，两者有着紧密的联系。"师德"是教师和一切教育工作者在从事教育活动中必须遵守的道德规范和行为准则，包括与教育活动相适应的道德观念、情操和品质，具体又可以分为教师的道德认识、道德情感、道德意志、道德信念、道德行为、道德习惯等；"育德"是教师有目的地培养受教育者道德品质的活动，教师育德能力，很大程度上取决于教师本身的道德情感、意志、信念、行为、习惯。由此可见，确立高尚师德是教师育德能力发展的关键，提升教师育德能力是促进师德发展的进一步要求，也是对教师教育教学专业能力全面要求的应有之义。师德素养的提升需要在育德过程中以及育德能力逐步发展的过程中加以实现。

第二，师德素养要在落实学科育德中提升。基础教育学校有一项任务，就是要帮助全体教师深刻认识、科学把握学校各项工作的育人功能和育德价值。学科教学是育德的重要阵地，也是师德对学生产生"润物细无声"影响的重要场域，所以高校应当引导教师以学科本体认识为突破口，合理挖掘教学内容和载体所蕴含的德育元素，同时以自己的正确价值观、人生态度和人格，去追求学科教学中的德智融合。任何学科的任教教师都要向学生解释知识是什么，而且要让学生了解所有的学科对学生成长的意义，让所学的知识和学习过程成为学生个人和社会相联系的纽带。知识的学习与品德的养成应该是融合、统一的。教师在所任教学科教学中，应该把学科知识内化为学生精神发展和品德提升的智力基础，同时教学组织形式应该对学生合作、包容心理品质的形成产生潜移默化的影响，教学过程所营造的自由、民主、平等的氛围，要有利于学生形成创新精神和追求真理与正义的品德。教师在教学中严谨的治学态度和敬业精神，在学校生活中体现的人生准则和处世规范，应该成为学生学习的内容。因此，师德素养以及师德建设要和"学科育德"的使命紧密联系。

第三，师德素养要与教师的专业生活紧密结合。由于师德问题不仅仅是单纯的道德或品格的问题，而更多的是体现在具体教育教学实践活动中、与教师专业行为融合在一起的综合性问题。因此，师德建设中应深度关注教师专业生活，全面制定师德素养提升举措。教师专业发展需要创造各种主客观条件，教师师德素养的提升同样如此，具体需要关注其提升的不同场域：教育的场域和非教育的场域。教育的场域包含了课堂内、外，在非教育的场域中又涉及社会和个人。这足以说明师德既有社会属性，又有个人属性。促进师德提升措施的设计与实施，既要关注师德的社会发展需求，又要关注师德的个人发展需求。

第四，师德素养需要通过师德培训得以提升。有效的师德培训往往需要依托教育实践的场域，结合教学实践进行。引导教师在育德实践活动中，包括在学科课堂教学中，通过实践、反思，逐步加深对"立德树人"本质的理解和感悟，增强教师在所任教学科教学中践行教育规律、体现育人导向的自觉，这些都是比较接地气的师德培训，也是落实《意见》提出的"把握学生身心发展规律，实现全员全过程全方位育人，增强育人的主动性、针对性、实效性，避免重教书轻育人倾向"的路径。因此，师德提升途径应当更多地依赖师德践行的场域，而不是脱离实践场域的说教，从而促进师德素养和育德能力同步发展。

第五，师德培训要深度结合教师的专业生活。对新入职教师而言，首要的是帮助其形成良好的职业道德和职业认同感，在此基础上帮助其建立职业生涯和职业发展的清晰目标。对中小学、幼儿园教师培训而言，核心目标是教师专业素养和教育境界的提升，要达到这一目标，需要设计师德与素养、知识与技能、实践体验三大类课程。其中，"师德与素养课程"建设的目标应定位为强化师德教育，实施爱岗敬业、热爱学生、严谨治学、为人师表等为主要内容的教师职业理想和职业道德培训；着眼于教师育德意识和能力提高，开展以法制素养、人文素养、科学素养、情操修养和身心健康等为主要内容的综合素养培训。其余两类课程也都要结合立德树人根本要求，贯彻融合师德要求，避免出现"两张皮"的现象。

## 四、尊重规律，推动新时代师德建设重回教育本真

进入新时代，随着人民群众享受公平优质教育的需求日益迫切、立德树人目标任务逐步清晰，研究把握师德师风建设的系统性、整体性、协同性及其内在规律性，就显得越发重要。《意见》将尊重规律当作重要原则，将师德

师风建设置于教育规律之下、置于人才成长发展规律之下，并结合此前出台的《教育部关于高校教师师德失范行为处理的指导意见》《新时代高校教师职业行为十项准则》，构成完备的师德师风建设制度体系，为基层推进师德师风建设指明了目标路径、提供了实践依据。学校在贯彻落实《意见》的过程中，应该按照文件研制的基本原则和主要精神，充分把握教育规律、职业发展规律、师德师风建设规律，切实担起教师思想政治建设和专业化成长以及师德建设生态营造的重任。其主要内容如下。

第一，尊重教育规律，担负教师队伍政治品德建设重任。教育规律千万条，立德树人第一条。政治品德又是头条中的头条。习近平总书记在庆祝改革开放 40 周年大会上指出，"信仰、信念、信心，任何时候都至关重要"。崔卫平教授有句著名的话："你怎么样，中国便怎么样；你是什么，中国便是什么；你若光明，中国便不再黑暗。"对于新时代伟大征程而言，教师是什么样，中国教育便是什么样，新时代中国便是什么样。《意见》将教师队伍的思想政治工作当作头版头条，确保教师在落实立德树人任务中不走样、不变形、不跑偏。具体而言，高校要做到以下三点。一是用伟大思想铸魂。高校将落实"育人者先受教育"的重要思想，继续把习近平关于教育的重要论述和全国教育大会精神当作教师的重要学习内容，用习近平新时代中国特色社会主义思想武装头脑，积极引导广大教师自觉用"四个意识"导航，用"四个自信"强基，用"两个维护"铸魂。二是用核心价值导向。高校将按照《意见》要求，用社会主义核心价值观凝聚共识，将新时代教师队伍建设的战略重点转到夯实信仰支撑、增厚信念土壤、激发信心力量上来，进而从根本上解决发展教育事业究竟需要什么人的问题。三是用党的建设引领。高校将进一步建好教师党支部、建好党员教师队伍，充分彰显党组织坚强堡垒地位，充分发挥优秀党员教师典型示范作用，用党风涵养引领师德师风。

第二，尊重教师成长发展规律，强化教师职业道德建设。习近平总书记对教师提出"三个传播者""三个塑造者""四个引路人""四有好老师"等一系列具体要求，其核心就是明确教师职业道德的基本标准。一是立足课堂这个主要阵地。《意见》明确要求广大教师充分发挥课堂主渠道作用，真正做到以心育心、以德育德、以人格育人格，最终在教育教学中提升师德素养。我们将教育和引导教师敬畏教育教学规律，摒弃、修正不当的教育认知与行为，同时寻求"解惑前置"的教学之道，不断向课堂教学革命的深处探索，"让教育成为教育""让课堂成为课堂",在学生管理、教育教学上真正为学生着想，真正符合教育教学规律和青少年成长规律，切实回答好"怎样培养人"的问题。二是强化典型这个榜样。一个有希望的民族不能没有英雄，一个有前途的国家不能没有先锋。习近平总书记指出：榜样的力量是无穷的。高校将按照《意见》要求，自觉学习卫兴华、于漪、高铭暄等时代楷模，同时注重发现和宣传基层学校一线教师中的先进代表和典型，通过各种宣传方式，用身边人感动身边人，真正让教书育人典型"立"起来、"亮"起来。三是画出底线这个雷池禁区。"心有所戒，方能行有所界。"《意见》既注重高位引领，又划定底线要求，教育引导教师坚守底线，不越"红线"，同时明确《中华人民共和国教师法》《新时代高校教师职业行为十项准则》等系列文件是师德建设的纲领性文件。高校将认真学习有关法律法规，心存敬畏、心有敬仰，坚决贯彻"法定职责必须为、法无授权不可为"的法治思维，推动师德建设走上常态化、规范化、法治化轨道。

第三，尊重师德师风建设规律，营造师德建设良好生态。师德师风建设的复杂性及其内在规律性，决定了这项工作不可能是一夕之功，也绝不会一蹴而就，更不能仅靠教育一己之力。《意见》正是充分意识到这一点，不仅要求教育主管部门将师德师风建设贯穿教师管理全过程，还就"着力营造全社会尊师重教氛围"明确了具体措施。首先，在内部管理上突出严管。习近平总书记强调：对教师提出高标准、严要求，是天经地义的。《意见》提出，严格招聘引进、严格考核评价、严格师德督导、严格违规惩处，将师德师风建设要求贯穿教师管理全过程。按照"四个严格"明确要求，无论是教师入口把关还是教师清除退出，都力求做到师德要求一以贯之，真正把习近平总书记"评价教师队伍素质的第一标准应该是师德师风"的明确要求落到实处。其次，在外部环境上突出厚爱。《意见》将教师置于更加崇高的地位，要求通过健全表彰体系、完善奖励办法以及赋予教师合法惩戒权等举措，保障教师政治地位、生活待遇和职业权利。我们将按照《意见》要求，在营造良好师德建设生态上做好文章，坚持高位引领与底线要求相结合、严管与厚爱并重，既向外强化各方联动，又向内严格规范要求，内外兼顾、内外兼修，营造尊师重教的良好氛围。

# 附录　师德师风案例介绍

教师是教育之本，师德是教师之本。抓好师德师风，是建设高素质教师队伍的内在要求和重要保证。我们择取了正反两方面的师德师风案例，其中既有被公开曝光的师德失范行为，也有弘扬良好师德师风的优秀做法。广大教师应引以为戒、引以为鉴，明确行为规范，坚守行为底线，加强自我修养，自觉追求高尚，做到教书和育人相统一、言传和身教相统一、潜心问道和关注社会相统一、学术自由和学术规范相统一，以德立身、以德立学、以德施教、以德育德，做让党和人民满意的"四有"好教师。

## 一、反面案例

### 案例1：上海震旦职业学院一教师发表不当言论

2021年12月14日，正值第八个国家公祭日第二天，上海震旦职业学院教师宋庚一公然在课堂上质疑南京大屠杀的遇难者人数。宋庚一在给学生讲解"南京大屠杀"事件的时候，频出枉为国人的言论，她首先否定了在南京大屠杀中遇难的30万中国人，并表示："当年的侵华日军到底在南京屠杀了多少人？30万人是没有数据支持的。"事情发生后，上海震旦职业学院发布通报，表示由于宋庚一的言论对社会造成不良影响，学校根据相关规定，给予宋庚一开除处理。

（来源：上海震旦职业学院、澎湃新闻）

### 案例2：青岛大学一教辅实验人员发表不当言论

2021年12月11日，有网友在微博发帖反映青岛大学教辅实验人员高薇嘉在微博发表不当言论。据了解，高薇嘉在自己的微博中多次发布"亲日"

言论，并表示自己曾经三次去往靖国神社。同年 12 月 16 日，青岛大学发布通报，表示教辅实验人员高薇嘉在微博发表不当言论的行为严重违背了教师的职业道德和行为规范。学校研究决定，将高薇嘉调离教学岗位，停止其一切教学活动，取消其教学资格，并给予行政记过处分。

（来源：青岛大学、澎湃新闻）

### 案例 3：西北农林科技大学教师谢某某学术不端问题

谢某某通过网络联系中介公司对其拟投稿论文进行润色和论文代投。2020 年 2 月，因内容与别的期刊论文内容重复、虚构通讯作者等原因，该论文被编辑部撤稿。谢某某的行为违反了《新时代高校教师职业行为十项准则》第七项规定。根据《事业单位工作人员处分暂行规定》《教育部关于高校教师师德失范行为处理的指导意见》等相关规定，给予谢某某降低岗位（职称）等级处分，取消其研究生导师资格，取消其在评奖评优、职务晋升、职称评定、岗位聘用、工资晋级、干部选任、申报人才计划、申报科研项目等方面的资格，追回其利用被撤稿论文所获得的科研奖励。其所在学院党政主要负责人向学校党委作出检讨。

（来源：教育部网站）

### 案例 4：九江学院教师朱某某在网上发表不当言论

2021 年 4 月，朱某某在微信群发表不当言论，散布不良信息。朱某某的行为违反了《新时代高校教师职业行为十项准则》第一项规定。根据《事业单位工作人员处分暂行规定》《教育部关于高校教师师德失范行为处理的指导意见》等相关规定，给予朱某某行政警告处分，并将其调离教学岗位。其所在学院党政主要负责人向学校党委作出检讨。

（来源：教育部网站）

### 案例 5：南京财经大学一教师发表不当言论

近日，网传南京财经大学教师冯济海在网络上发表侮辱辽宁男篮及球迷的言论，还借"九一八"侵华历史事件侮辱同胞。2021 年 11 月 28 日，南京财经大学回应称，学校高度重视，启动调查。当天晚上，南京财经大学通过官方微博回应称：冯济海以微博回复留言方式发布错误言论属实，违反了政治纪律，师德失范。学校经研究决定：责令冯济海作出深刻检讨，并就其不当言论在新浪微博平台公开道歉。给予冯济海党内严重警告处分；将其调离教师岗位，给予其降低岗位等级的行政处分。

（来源：南京财经大学、搜狐网）

### 案例 6：湖北科技学院一教师剽窃学生毕业设计成果

湖北科技学院 2015 届毕业生孟玉朋举报该校老师在 2017 年剽窃他的毕业设计成果，并且申报了 3 项专利。孟玉朋于 2015 年毕业于湖北科技学院，今年他所创办的公司申请高新技术企业，才意外发现毕业设计成果被他人于 2017 年申报了专利，专利发明人包括湖北科技学院医学部生物医学工程与医学影像学院副教授叶华山，及该学院院长郑敏。另外还有两人：叶思文、夏培。据了解，叶思文系叶华山侄女，夏培系叶华山外甥。

2021 年 11 月 9 日，湖北科技学院学术委员会在内部公布了《湖北科技学院关于叶华山学术不端行为处理意见的函》，认定其存在剽窃他人学术成果和不当使用他人署名的学术不端行为。校方针对叶华山的学术不端行为作出了以下处理：对叶华山进行科研诚信诫勉谈话；给予叶华山通报批评；暂缓 2 年申报高一级专业技术职务岗位；取消 3 年内研究生导师的申报资格；责令叶华山向孟玉朋、王邦辉、龚惠红和郑敏公开赔礼道歉；追回相关专利所获科研奖励。

（来源：湖北科技学院、澎湃新闻）

### 案例 7：北京第二外国语学院一教师出版的专著抄袭国外作者作品

2021 年 4 月，网友举报芈岚《越界性主体——奥克塔维亚·巴特勒的性别身份政治研究》一书涉嫌抄袭，该书与国外的一本巴特勒研究专著雷同，正文部分有超过 80% 的文本属于完全直译。北京第二外国语学院科研处工作人员 4 月 21 日回应，学校已经成立了专门的调查小组对这个问题进行调查，调查结果将会在第一时间予以公布。2021 年 4 月 29 日，北京第二外国语学院通报"芈岚被举报学术不端"，校学术委员会经调查，认为情况属实，认定芈岚在学术研究中存在学术不端行为。根据国家及北京市相关规定，经学校研究决定，对芈岚学术不端行为作出如下处理：给予党内严重警告处分、行政记过处分；调离教学岗位，停止教学活动；取消研究生导师资格；取消三年内科研项目申报、晋升晋级及各类评优评先资格。

（来源：北京第二外国语学院、搜狐网）

### 案例 8：湖南大学硕士研究生毕业论文严重抄袭事件

赵连伟系北京理工大学 2016 届硕士研究生，其导师为张华平。陈杰系湖南大学 2016 届硕士毕业生，其导师为唐克龙。2021 年 7 月，赵连伟向有关部门举报陈杰几乎 100% 抄袭其毕业论文。2021 年 11 月 3 日，湖南大学在官方微博上公布了湖南大学 2016 届软件工程硕士毕业生陈杰学位论文涉嫌学术不端事件的核查说明。核查说明表示，收到有关举报后，学校高度重视，立即成立了专门工作组，认真开展核查。经查，陈杰的硕士学位论文《面向新媒体的新闻缩写关键技术研究》构成学术不端，抄袭北京理工大学 2016 届研究生赵连伟的硕士论文。依据相关规定，已撤销陈杰硕士学位，取消其导师唐克龙研究生指导教师资格。

（来源：湖南大学、澎湃新闻）

### 案例 9：湖北大学梁艳萍发表错误言论

梁艳萍原系湖北大学教授，2020 年 4 月，有多位网友反映梁艳萍在其个人社交平台发布不当言论。相关媒体使用大数据分析工具分析了梁艳萍以"漫游者粒子"为网名的个人微博，发现在 2016—2018 年三年内，有接近五千条转发微博已经被删或者违反了公约；在其微博互动榜中，有关日本的话题是最多的，抑中扬日的话题也很多。2020 年 4 月 26 日，据湖北大学官方消息，学校高度重视梁艳萍在其个人社交平台发布不当言论一事，已经成立了调查组，正在进行深入调查，将视调查情况依纪依规进行严肃处理。2020 年 6 月 20 日，湖北大学通报，经校纪委研究、校党委审议，决定给予梁艳萍开除党籍处分。经学校研究；决定给予梁艳萍记过处分，取消其研究生导师资格，停止教学工作。

（来源：湖北大学、搜狐网）

### 案例 10：天津某高校副教授虚构合同、虚开发票套取科研经费

严某某原系天津某高校副教授，马某某原系天津市某科技发展有限公司法定代表人。2019 年 9 月至 12 月，为套取学校 20% 配套科研经费，严某某与被告人马某某商定，严某某作为项目负责人先后与被告人马某某实际控制或介绍的 10 家公司签订虚构的 17 份横向科研技术开发合同，同时严某某又与另外 6 家公司签订虚构的 7 份横向科研技术开发合同，24 份合同金额为人民币 14 700 130 元，上述款项作为横向科研经费打入天津某高校账户内。后

严某某指使马某某虚开购买科研材料增值税发票，从学校应当下拨的占合同额 20% 的配套科研经费中报销，共计报销 2462102.25 元。在扣除学校管理费 249702.6 元，以及未报销的配套科研经费 10462.76 元后，被告人严某某、马某某共同将配套科研经费 2201936.89 元据为己有。2020 年 10 月 13 日，天津市津南区监察委员会对严某某案进行调查。2020 年 12 月 24 日，对被告人马某某立案调查，12 月 25 日将其传唤到案。二人归案后，均如实供述犯罪事实，后共同退缴违法犯罪所得 2181140.19 元。

（来源：中国检察网、搜狐网）

## 二、正面案例

### 案例 1：华北电力大学名师领航助力师德建设

华北电力大学先后出台了《关于进一步加强和改进师德建设的实施意见》《落实师德建设长效机制实施细则》等一系列文件，并将每年 4 月定为"师德建设月"，在不断建设和总结的过程中，探索出了一条通过名师领航助力师德建设的新路，并取得了良好效果。

一是邀名师上好第一课。在入职培训中，每年邀请全国师德先进个人林碧英、全国优秀教师付忠广等知名教师为新教师上好师德第一课。二是请名师"传、帮、带"。定期举办学术沙龙和华电大讲堂，为青年教师搭建学术交流平台，使他们在探讨科学知识的同时，学习领悟实事求是的科学精神、严谨的治学态度、把一切现身给国家科技事业和全心全意服务社会需要的崇高精神。三是展名师示范作用。坚持将师德建设与树立典型结合起来，开展"三育人"等先进个人评选活动，充分宣传优秀教师典型的感人事迹，以榜样的力量鼓舞人、教育人。四是选名师担任班主任。要求各院系选拔最优秀、最有奉献精神的名师和骨干教师担任学生班主任，更好地引导学生成长。五是引名师走进班级。深入开展"我的老师我的班"师生互动主题教育活动，鼓励校领导、教授和青年骨干教师走进班级、走进宿舍、走进学生，让学生聆听名师名家的谆谆教诲，充分感受其师德魅力、气质风范，从而将师德建设和教风、学风更加紧密地结合在一起，收到良好效果。

（来源：山东省教育科学研究院）

**案例 2：北京师范大学学习习近平总书记重要讲话以着力培养"四有"好老师**

2014 年教师节前夕，习近平总书记视察北京师范大学并发表重要讲话。学校将学习贯彻习近平总书记重要讲话精神、践行"四有"好老师标准当作师德建设的根本任务，注重内外结合、系统推进、常抓不懈，取得了有益经验。

一是将"四有"好老师标准贯穿师德建设全过程。推出"每月一星"，宣传黄祖洽、李小文院士等一批"四有"好老师典型。每年评选"感动师大新闻人物""教书育人模范党员教师""十佳教师"，发挥示范带动作用，激励全体师生学习师德榜样，争做"四有"好老师。将师德建设和促进青年教师成长结合起来，举办青年教师教学基本功大赛，启动"种子工程"，实施"优秀青年教师支持计划"，设立"优秀青年教师特聘岗位"，重点扶持一批优秀青年教师。实施卓越教师培养计划，不断深化教育硕士、免费师范生培养模式改革，提高师德素养和教师专业发展能力。

二是在全社会弘扬"四有"好老师风范，助力提升师德修养。发起并设立"启功教师奖"，重奖全国县以下长期坚守、贡献突出的优秀教师，彰显"学为人师，行为世范"的师德风范。启动"中国好老师"行动计划，建设中华师德研修基地，开展"中华优秀传统文化养德""师恩 99"等一系列师德研修项目，带动社会形成尊师重教的浓厚氛围。

（来源：山东省教育科学研究院）

**案例 3：天津大学以"青椒会"为载体加强青年教师师德建设**

天津大学面对青年教师尤其是海外引进青年人才比例逐年提高的形势，以青年教师联谊会（以下简称"青椒会"）为载体，切实加强青年教师师德建设。

一是充分发挥先进群体在师德建设中的带动作用。组建高水平的青椒会理事队伍，聚焦青年教师群体需求，创意设计了青年学术沙龙、校领导联系青年教师午餐会等系列活动品牌，引领和服务全校青年教师。举办师德演讲比赛，通过深情讲述全国师德楷模杨敏、天津市德业双馨十佳教师赵黎明等身边的师德楷模先进事迹，营造崇尚师德的校园文化，影响和感化青年教师，树立优良师德师风。

二是充分发挥社会实践在师德建设中的教育作用。从 2011 年开始，连续举办五期优秀青年教师暑期实践营，每期精选 15 名左右骨干教师赴井冈山、延安等红色圣地学习实践。通过理想信念教育、革命传统教育和国情世情教育，加强青年教师群体师德建设。

三是充分发挥竞赛评比在师德建设中的促进作用。通过师德演讲比赛、青年教师讲课大赛和青年管理干部基本功竞赛，强化对青年教师师德师风的考核培养，促进青年教师在师德素养和业务能力方面的同步提升。

（来源：山东省教育科学研究院）

### 案例 4：同济大学持续开展"师德师风优秀教师评选"工作

同济大学坚持开展"师德师风优秀教师"评选工作，将其当作学校师德师风建设的重要内容，引导全校教师自尊、自律、自强，既做学问之师，又做品行之师。

一是健全机制，评选工作始终为学校师德建设中心内容。学校成立评选领导小组，建立党委统一领导、党政齐抓共管、院系具体落实、师生集体参与的评选体制和工作机制，并制定评选工作具体细则，设置健全的监管机制，确保评选工作公平、公正、公开。将评选结果当作教师考核的重要内容，在职务晋升、科研学术管理、评优奖励等过程中突出师德师风优秀教师奖项的加分作用，强化评选激励作用。

二是完善过程，确保评选工作公正公平。评选工作以学校党委文件形式发布，由各级党委主抓落实，体现权威性。设置各基层单位推荐和学生联名推荐两种推荐渠道，体现全面性。实行网络投票，吸引师生参与，体现广泛性。严格过程监管，将评选纪律当作"一票否决"的红线，体现公正性。

三是创新引领，营造师德建设良好风尚。每两年开展一次评选工作，每次评选出 10 位师德师风优秀教师和 10 位提名教师，起到良好的宣传带动作用，营造崇尚师德、争创师德典型的良好舆论环境和校园氛围。

（来源：山东省教育科学研究院）

### 案例 5：华中师范大学构建"四维一体"师德建设长效机制

华中师范大学基于教师职业生涯发展阶段的特点及其需求，探索形成了"四维一体"的师德建设长效机制。

一是配置"发动机"：建立教育机制，引导教师树立职业信仰，强调师德建设的整体性。坚持政治理论学习，坚定教师的理想信念和精神追求。建立师德培训档案，建立职前职后一体化教育体系。实施全员育人，鼓励在育人实践中提高自身素质。

二是构筑"防火墙"：建立管理机制，促进教师坚守职业操守，实现师德建设的规范性。专门出台《华中师范大学教师职业道德规范》，把师德建设纳入教师考核体系，在教师职务聘任、各类专家推荐、履职考核、评优评先等工作中实行师德"一票否决制"。

三是提供"助推器"：建立工作机制，合力打造尊师重教人文环境，推动师德建设的协同性。管理服务上多部门协同，工作发展上多角度帮扶，生活待遇上多方面关注，通过细心、周到的工作，为教师创造良好师德氛围。

四是安装"过滤网"：建立奖惩机制，营造为人师表文化氛围，凸显师德建设的发展性。发挥典型模范带头作用，同时警示处罚各类师德失范行为。凝练传承百年优良师德文化，形成博爱、博学、博雅的文化氛围，为全面提升师德水平奠定坚实基础。

（来源：山东省教育科学研究院）

### 案例6：中南大学探索建设师德宣传长效机制

中南大学通过整合校内外宣传资源，促进校园传统媒体与新兴媒体融合发展，构建了师德宣传的全新模式。

一是明确一个中心。学校成立新闻中心总编室，作为师德宣传的总协调和运营中心，负责师德宣传信息资源的发掘、汇总，重大典型宣传的整体策划和媒体运作的协调。

二是实现两个联动。实现全媒体联动和内外宣传联动。校内媒体整体策划、统一布局，结合自身优势进行创意诠释，形成"一个内容，多个创意；一个创意，多个产品；一个产品，多种形态"的师德宣传态势。同时加强内外宣传协调，一个选题内外宣传协同推进。

三是推行三个步骤。从机构设置上打通媒体间的传统壁垒，实现融通共享；新设立总编室、采编部、制作部、联络部、新媒体工作室，对原有资源和功能进行整合；通过岗位责任制和工作流程再造，提升师德宣传体系的整体工作效率和能力水平。

四是促进四个转化。讲好中南故事，将故事内容化；多头并举、内外联动，促使传播方式多元化；统筹资源、优化流程，使管理模式扁平化；整体规划、协同推进，促进师德宣传与师德建设一体化。

（来源：山东省教育科学研究院）

### 案例7：西藏大学深入推行"三联三进一交友"，开启师德师风建设新气象

西藏大学按照"忠诚教育、严谨治学、为人师表、开拓创新"的师德规范要求，建立了"三联三进一交友"活动机制，拓展了师德师风建设新内涵，赢得了家长和社会的广泛好评。

一是丰富活动内容，搭建师德师风建设新平台。"三联三进一交友"活动是指学校每3～5名教师或干部联系一个班级，每名教师或干部联系5～10名学生，实现对班级和学生联系的全覆盖。"三联"即结对教职工联系班级、联系学生、联系家长；"三进"即教职工经常进宿舍、进教室、进食堂；"一交友"即和学生真心诚意地交朋友。

二是完善活动措施，创建师德师风建设新机制。学校制定了实施方案，开发了"三联三进一交友"活动信息管理系统，制作发放了专用记录本，并将活动经费单独预算，一年多来共投入经费160余万元，专用于为学生办实事、解难事。每年年底开展专项检查和考核，将考核结果当作教师职称评聘的重要衡量指标，有效激励了教职工投入活动的积极性。

三是确保活动实效，拓展师德师风建设新内涵。活动开展一年多来，800多名参与结对的教职工累计深入"三进"2万余次、与学生谈心近9万次、为学生办实事2500余件，还自掏腰包资助家庭经济困难学生近200人、资助金额达18万余元。

（来源：山东省教育科学研究院）

### 案例8：保定学院实施"文化+"师德建设模式的实践创新

保定学院实施以"培养敬业精神、塑造师德风范、提高育人水平"为宗旨的师德建设工程，完成了"文化+"师德建设模式的实践创新，全面提高了教师的职业道德素质和整体水平。

一是文化+平台：构筑社会主义核心价值观教育的运行载体。建设课程引导平台，通过教师博客、校园微信公众账号等新媒体建设和师德专题网络

培训，培养了一批网络名师；建设环境育人平台，实施校园文化"五个一"工程，形成了具有地方特色的大学文化生态；建设实践历练平台，选定狼牙山五壮士纪念碑等红色文化教育基地，提升教师爱党爱国情怀。

二是文化＋工程：具化社会主义核心价值观教育的有力抓手。实施传承精神文脉的"润德工程"，组建保定学院西部支教毕业生先进事迹报告团进行巡回支教，将总书记回信、"七·六"烈士纪念园等当作教师校本师德教育基地；实施加强师德建设的"春雨"工程，将师德教育纳入师资队伍建设规划，强化师德培养机制，同时建立"学校、教师、学生"三级师德监督网络，完善师德监督机制；实施助力文明养成的"修身"工程，深入开展"讲传统、讲感恩、讲文明、讲法制、讲修身"主题教育活动；实施注重典型引导的"培树"工程，开展"三育人四十佳"等评选活动，充分发挥榜样的示范和激励作用。

（来源：山东省教育科学研究院）

**案例 9：杨凌职业技术学院"讲、学、做、评"四位一体建设举措，取得积极成效**

四位一体建设的核心理念是将师德教育与教师实际工作充分结合，注重师德建设的日常化和持续性。"讲"是邀请省级以上师德标兵和先进个人举办师德专题报告会，宣讲师德先进典型案例，解析师德内涵，提高师德修养；"学"是定期组织教师进行政治理论和相关政策、制度、文件学习，提高教师师德理论认知水平；"做"是教师在教学过程及日常工作中做学生的楷模，通过言传身教影响、教育学生，同时严格规范自身言行；"评"是开展师德先进个人和省级师德标兵评选及表彰活动，树立师德先进典型，以榜样的力量带动全院师德建设工作。"讲、学、做、评"四位一体建设四个环节相辅相成，前三者层层递进，是师德建设理论到实践不断细化深入的过程；"评"是对建设成果的巩固和发扬，为前三者的顺利实施并取得实效提供了良好的客观环境。

"讲、学、做、评"四位一体建设举措使组织领导机构更加健全、制度更加完善、监督管理和考核评价更加科学合理，实现了师德建设的常态化和持续性，增强了教师的荣誉感和责任感，营造了崇尚师德的良好校园环境氛围。

（来源：山东省教育科学研究院）

**案例 10：福建水利电力职业技术学院建筑工程系齐心共建师德"三千工程"**

福建水利电力职业技术学院建筑工程系精心打造"三千工程"师德建设品牌，逐步形成风清气正、积极向上、敢为人先的良好氛围。

"三千工程"为：党员教师牵头结对联系千名学生、专业教师提升千名学生专业技能、千名师生志愿奉献社会公益。"三千工程"强调党员教师榜样引领作用，明确了高职院校师德师能的要求，倡导教师将"崇尚文明、精求技能"校训精神传递给每位学子，最终让师生共同成长、共同进步。

建筑工程系将"三千工程"当作师德教风建设的重要抓手，多次召开党政联席会确定实施方案，专门成立工作领导小组进行督促，每年划出专项经费予以支持。实施"青年教师培养计划""新老教师结对帮教工程"，分老、中、青三个年龄段进行针对性师德培育。通过"梯队化""项目化""团队化"的"三化"建设模式，每一名教师都能在"三千工程"中成为不可或缺的"梁"与"柱"，使师德建设体现在教师日常生活和工作中，从而带动学风教风改善和教学质量提升。

（来源：山东省教育科学研究院）

**案例 11：郑州大学扎实推进师德师风建设**

郑州大学紧紧围绕立德树人根本任务，完善制度保障，严格师德考核，强化宣传教育，着力建设一支政治素质过硬、业务能力精湛、育人水平高超的高素质教师队伍。

强化制度设计，构建师德建设长效机制。由党政教师工作部牵头，相关部门协同配合，守住风险警戒线。建立学校党委统一领导、党政齐抓共管、各部门各司其职的师德师风工作体制机制。压实院系主体责任，建立问题整改台账，采取项目化方式推进师德师风工作落实落细，提升师德师风教育实效。将师德师风与年度考核结合起来，建立教师思想政治和师德师风考核档案。严把新入职教师思想政治关和师德关，坚持把师德师风当作评价教师队伍素质的第一标准，实行师德师风"一票否决"制。

强化教育引导，线上线下培训协调联动。线上开展"师德云课堂"直播系列活动，融合"微课堂"与"大讲堂"，邀请有关专家开展"师德与教师个人成长"主题讲座，打造师德师风宣讲大课堂。开展教师思想政治轮训，充分利用国家教育行政学院和中国教育干部网络学院的培训资源，分类制订针对新入职教师、骨干教师、思想政治课教师等的培训计划，引导教师开展社会实践，深入了解党情国情社情，强化其为党育人、为国育才的责任担当。

强化宣传引领，发挥先进典型示范作用。举办"礼赞建党百年，矢志为党育人"等系列主题活动，启动师德教育主题征文和优秀案例评选活动，引导广大教职员工弘扬高尚师德，肩负起立德树人的光荣使命。开设"郑人正己"微信公众号，打造《郑人正说》栏目，邀请师德师风榜样和在岗30年优秀教育工作者走进讲堂。组织开展"出彩河南人"最美教师宣传推介和"教育世家""十大师德标兵""我最喜爱的老师""我心目中的好导师"评选等活动，选取思想品德好、业务素质高、群众威信强的青年教师进行重点培养。

（来源：教育部）

### 案例 12：东北师范大学着力加强师德师风建设

东北师范大学突出师德师风第一标准，扎实推进师德专题教育，引导广大教师坚定理想信念、厚植爱国情怀、涵养高尚师德，争做"四有"好老师。

强化师德教育。实施"青椒"导引计划，在新任教师入职培训中设置"教师职业道德规范"专题，组织深入学习《新时代高校教师职业行为十项准则》。设计宣传展板，开辟师德文化空间，确保教师随处可见、随时可学。将学院师德建设小组负责人宣讲《新时代高校教师职业行为十项准则》等内容纳入基层党组织主题党日活动，重视发挥教师党支部在涵养师德师风方面的重要作用。邀请全国教书育人楷模、教学名师等开展师德宣讲活动，分享为人、为学、为师的感受体会。

强化实践涵育。组织优秀骨干教师赴大别山、大庆等地，开展"行知中国"社会实践活动，了解国情、社情、民情，切实增强教师政治认同、思想认同、理论认同和情感认同。连续5年开展全校专任教师思想动态调研，对教师政治立场、思想认识、工作生活等方面进行摸底调查，形成学校整体报告和学院分报告，促使教师思想政治工作更具针对性和实效性。发挥马克思主义理论学科优势，设立新时代师德师风建设课题，进一步强化研究与实践应用，推动形成系列成果。

强化宣传引导。一是加强典型事迹宣传。通过设立陈列室、组建宣讲团、树立塑像、编撰图书、制作视频等多种方式，持续深入学习郑德荣教授等先进典型事迹，用身边的榜样传递师德力量。二是加强典型选树。连续开展两届"郑德荣式好老师"评选，在教师节隆重举行表彰大会，广泛宣传先进事迹，激励广大教师见贤思齐。

（来源：东北师范大学）

### 案例 13：中央戏剧学院扎实推进师德师风建设

中央戏剧学院坚持师德师风第一标准，不断完善师德师风建设工作机制，积极引导广大教师弘扬高尚师德、潜心立德树人，不断提升教师思想政治素质和职业道德水平。

完善师德师风建设机制。明确党委书记和院长为学校师德师风建设第一责任人，制定《教师职业行为规范》《教师师德失范行为处理办法》《教师师德考核办法》等文件，注重高位引领与底线要求结合、严管与厚爱并重，不断激发教师发展内生动力。将师德师风建设要求贯穿教师管理全过程，明确师德师风建设的方向目标、工作重点、任务举措，构建多层面、多环节、多主体参与的师德师风建设格局，引导广大教师把教书育人和自我修养结合起来，以德立身、以德立学、以德施教。建立健全科学严格的师德师风考核评价体系，规范师德失范问题核查处置机制，严格落实"一票否决制"，每年对教师进行师德考核，并将考核结果存入教师档案。

强化教师思想政治工作。组织教师集中开展习近平新时代中国特色社会主义思想专题学习，制订学习计划，明确规定要求，进一步推进学习常态化、制度化。实施教师党支部书记"双带头人"培育工程，发挥"领头雁"作用。

构建全覆盖培训体系。持续开展新入职教职工师德师风专项培训，邀请师德先进个人与青年教师交流教学心得与体会，发挥传帮带作用，帮助青年教师尽快熟悉教育规律、掌握教育方法，在育人实践中锤炼高尚道德情操。每年组织教师开展国情教育专项培训，增强教师家国情怀、强国之志、报国行动，着力打造全方位、多维度国情教育体系，引导教师珍惜教师岗位、以教师身份为荣，争当新时代的"四有"好老师。

（来源：中央戏剧学院）

### 案例 14：西南财经大学大力加强师德师风建设

西南财经大学突出全员全过程全方位师德养成，以实施师德师风提升工程为抓手，全力建设一支政治素质过硬、业务能力精湛、育人水平高超的高素质教师队伍。

突出"三个重点"，强化教育引导。加强创新理论武装，坚持以习近平新时代中国特色社会主义思想铸魂育人，实施创新理论铸魂工程，持续完善教师思想政治理论学习体系，通过集中学习、主题教育、专题研讨等多种形式，不断提升教师政治理论水平。加强理想信念教育，通过教育思想大讨论、"尊师重教"主题课程、师德大讲堂、社会实践研学和征文比赛等，加强社会主义核心价值观教育，组织"奋斗的我 最美的国"新时代先进人物进校园、"西财红色讲堂·名家进思政课堂"等活动，引导教师自觉做社会主义核心价值观的坚定信仰者、积极传播者、模范践行者。

完善"三个体系"，健全长效机制。完善教师荣誉体系，分层分类建立教师荣誉制度，增强教师立德树人内驱力、使命感和荣誉感；通过评选学校师德先进个人（团队）等方式，持续选树宣传一批立德树人先进典型，引导广大教师从"被感动"到"见行动"。完善师德制度体系，制定《关于建立健全师德建设长效机制的实施办法》等系列文件，推动构建系统完备的制度体系。完善监督评价体系，设置师德监督网络平台，将学生评价引入教师师德考核和评优评奖过程，推动构建学生、教师、学校和社会多方参与的师德监督和评价体系，强化课堂听课、学生评教、教学督导等，加强师德师风监督。

搭建"三个平台"，助推职业发展。搭建职业生涯规划平台，健全青年教师职业生涯规划制度，引导青年教师进行职业生涯规划与设计；搭建教师培养培训平台，统筹推进入职培训与后续培养、通用能力培训与业务素质培养，完善校院两级培养培训工作机制，探索教师终身学习学时学分制度；搭建社会实践研学平台，立足人文社会科学学科特点，制定实施教师参加社会实践管理办法及相应配套制度，实施"知行天下"社会实践行动，五年为一周期推动教师社会实践全覆盖，提升教师认识和解释中国经济社会发展的能力。

（来源：西南财经大学）

案例 15：兰州大学扎实推进师德教育，争做"四有"好老师

兰州大学牢牢抓住教师队伍建设这一关键，落实师德第一标准，突出思想铸魂、制度保障、典型树德，稳步推进师德专题教育，持续深化拓展教育成果，引导教师争做"四有"好老师、"四个引路人"，努力培养堪当民族复

兴大任的时代新人。

坚持思想铸魂，强化创新理论武装。将学习习近平新时代中国特色社会主义思想当作教师思想政治教育"必修课"，通过"三会一课"、主题党日、专题组织生活会等形式，系统化常态化加强理论学习。制定《教职工政治理论学习管理办法》，推动各二级单位党组织规范和加强教职工政治理论学习，抓好计划、考勤、记录等，确保学习时间、内容、人员、效果"四落实"。

强化制度建设，完善师德教育体系。将师德专题教育列入学校2021年工作要点，制定《"学党史 悟思想 铸师魂"师德专题教育方案》，召开校院两级师德专题教育启动部署会，明确工作重点，推进工作落实。

突出典型树德，营造见贤思齐氛围。召开学习贯彻习近平总书记给全国高校黄大年式教师团队代表重要回信精神座谈会、院士师生共话发展座谈会、教授专家座谈会等，组织教师围绕如何发挥优势特色、更好地服务国家战略开展交流研讨，引导广大教师在落实"四个服务"中实现自我价值。制定《教职工荣誉体系建设方案》，组织开展"国华杰出学者奖""师德标兵""我最喜爱的十大教师"等评选表彰工作，举办新入职教职工入职宣誓仪式、从教30周年教职工感谢仪式等活动，提升教师的荣誉感、获得感、幸福感。

（来源：教育部网站）

### 案例 16：中南财经政法大学以"四个突出"深入推进师德师风建设

中南财经政法大学抓牢教师队伍这一关键，落实师德师风第一标准，不断完善教师思想政治和师德师风建设工作机制，突出全员全方位全过程师德养成，努力建设政治素质过硬、业务能力精湛、育人水平高超的高素质教师队伍。

突出党建引领，健全责任落实机制。构建学校党委集中统一领导、党政齐抓共管，教师工作部门统筹协调，各部门履职尽责、协同配合的工作格局。建立健全学校、学院、系、党支部、个人五级责任体系，出台并严格执行《师德师风建设职责清单》。实施"领航计划"，在优秀青年教师、高层次人才群体中培养和发展党员，以加强党的建设，促进师德师风建设。

突出规则立德，强化思想政治教育。建立多元师德评价机制，把师德表现当作教师引进录用、业绩考核、职称评聘、评优奖励、项目申报等的首要要求，严格落实师德"一票否决"制。出台《师德失范处理办法》等，严格师德失范惩处，完善课堂督导、学生评教和师德师风投诉等监督渠道。

突出课堂育德，严把教育教学过程。加强对新入职教师、青年教师的指导，不断完善岗前培训、在职培训、初任教师导师制、离岗进修与访学、离岗社会实践五位一体培养体系，党委书记和校长为新进教职工讲授"入职第一课"，强化全体教师立德树人的思想自觉和行动自觉。搭建多样化的教师教学交流研讨平台，成立"课程思想政治教学研究与实践中心"，组织开展专题培训、集体备课、研讨观摩等，推动课程思想政治优质资源建设及推广共享。

突出典型树德，厚植尊师重教文化。发掘师德典型、讲好师德故事，编写出版《中南财经政法大学学者学术人生系列丛书》，深入挖掘专家学者的学术经历、治学方法、育人经验，传承弘扬严谨治学、经世致用的品格，树立标杆、激励后学，在学校营造贵师重傅的浓厚文化氛围。通过"教书育人奖""光荣从教 30 年"教师庆典、教师荣休仪式等，健全教师荣誉制，提升职业荣誉感、使命感和责任感。

（来源：中南财经政法大学）

### 案例 17：浙江师范大学"三力·三长"提升师德师风

浙江师范大学（以下简称"浙师大"）以教师素质提升为着力点，促进教职工师德与师能同成长、教书育人好声音和正能量共增长、师生亲近度和满意度齐生长，切实提升师德师风。

一是事业发展增强聚合力，教职工师德与师能同成长。

浙师大出台《进一步加强和改进教职工思想政治工作的若干意见》，构建"学校—职能部门—学院（部门）—教工党支部、系所（学科）、学院工会"四级覆盖型工作网络，形成师德师风建设的良性机制。学校制定尖峰、致远、砺新等人才队伍建设计划；成立教师教学发展中心；举办青年教师教学基本功大赛、教学研修班等，为教师创造更多发展机会。

二是榜样引领发挥感召力，教书育人好声音和正能量共增长。

浙师大通过全校师德报告会、"最美教师"展示和评选等，感召和引领更多的教师坚守职业理想、弘扬职业道德。全国优秀教师、全省师德标兵等优秀教师面向全校近三千名教师开展师德巡回报告会。师生观看"最美教师"候选人展示，投票评选出心中的"最美"老师、科研人员、食堂员工。

三是"三全育人"提升服务力，师生亲近度和满意度齐生长。

浙师大出台《深入推进全员育人工作的实施意见》等，将"三全育人"工作模式制度化，提升教职工为学生成长成才服务的能力。学校多年来坚持实施"新生之友"工作制、辅导员和班主任谈心谈话制，使越来越多的教授、博士义务为学生组织讲课、沙龙等学习活动。

（来源：浙江省教育厅）

### 案例 18：北京林业大学大力促进师德师风建设

北京林业大学制度建设为先，措施落实在后，大力促进师德师风建设。

以业务提升促进内涵建设。学校坚持施行青年教师导师制，充分发挥老教师在教学科研工作中的示范和帮带作用。坚持实施中青年教师培养计划，形成了涵盖公派出国留学、新教师科研启动基金等在内的人才培养特色项目。坚持设立青年教师教学研究项目，鼓励青年教师开展教学改革研究。坚持开展青年教师教学基本功比赛，奠定人才质量基础。

以宣讲教育促进思想建设。开展以"弘扬社会主义荣辱观，加强师德师风建设"为主题的师德师风专项宣传教育活动。邀请学校师德先进个人进行专场报告，弘扬高尚师德。开展新时期教师师德内涵大讨论和高校教师职业道德规范专题学习活动。成立科学道德和学风建设宣讲团，引导广大教师坚守学术诚信、完善学术人格、维护学术尊严，摒弃学术不端行为。

以宣传表彰促进氛围建设。组织"我心目中的好老师"评选活动，进行"爱校敬业、尚德爱生""感恩教师节""北林学者""流金岁月"等专题宣传。编辑《加强师德建设，提高教师素质》理论调研文集，出版《北林学者》《北林青年学者》《绿海红帆》等系列丛书，集中展现北林学者风采。

以督导调研形成反馈机制。教学督导员通过听课参与各学院教研室的教学研讨活动，指导青年教师教学基本功比赛、毕业论文（设计）答辩抽查，开展对教学问题的研究讨论，及时反馈教学过程和教学管理中存在的问题并提出改进建议。

以关怀服务促进条件建设。学校成立北京市教育工会心理咨询中心，面向北京市教职工，提供心理咨询热线电话和网络咨询、个案心理咨询及心理健康讲堂、心理健康排查等服务。

（来源：北京林业大学）

# 参考文献

[1] 中共中央马克思恩格斯列宁斯大林著作编译局 . 马克思恩格斯选集（第 1 卷）[M].
北京：人民出版社，1995.

[2] 卡尔·马克思，费里德里希·恩格斯 . 马克思恩格斯全集（第 2 卷）[M]. 北京：
人民出版社，1957.

[3] 卡尔·马克思 . 马克思恩格斯全集（第 42 卷）[M]. 北京：人民出版社，1979.

[4] 苏联教育科学院 . 马克思恩格斯论教育 [M]. 北京：人民教育出版社，1985.

[5] 费里德里希·恩格斯 . 反杜林论 [M]. 北京：人民出版社，1970.

[6] 列宁 . 列宁全集（第 15 卷）[M]. 北京：人民出版社，1959.

[7] 列宁 . 列宁全集（第 23 卷）[M]. 北京：人民出版社，1958.

[8] 毛泽东 . 毛泽东选集（第 5 卷）[M]. 北京：人民出版社，1977.

[9] 中共中央文献研究室 . 毛泽东文集（第 7 卷）[M]. 北京：人民出版社，1999.

[10] 毛泽东 . 毛主席论教育革命 [M]. 北京：人民出版社，1967.

[11] 中共中央文献编辑委员会 . 邓小平文选（第 2 卷）[M]. 北京：人民出版社，
1994.

[12] 中共中央文献编辑委员会 . 邓小平文选（第 3 卷）[M]. 北京：人民出版社，
1993.

[13] 中共中央文献编辑委员会 . 江泽民文选（第 2 卷）[M]. 北京：人民出版社，
2006.

[14] 中共中央文献编辑委员会 . 江泽民文选（第 3 卷）[M]. 北京：人民出版社，
2006.

[15] 胡锦涛 . 胡锦涛在全国优秀教师代表座谈会上的讲话 [M]. 北京：人民出版社，
2007.

[16] 胡锦涛. 胡锦涛在全国教育工作会议上的讲话 [M]. 北京：人民出版社，2010.

[17] 中央教育科学研究所. 陶行知教育文选 [M]. 北京：教育科学出版社，2006.

[18] 习近平. 习近平关于实现中华民族伟大复兴的中国梦论述摘编 [M]. 北京：中央文献出版社，2013.

[19] 习近平. 决胜全面建成小康社会夺取新时代中国特色社会主义伟大胜利 [M]. 北京：人民出版社，2017.

[20] 习近平. 习近平谈治国理政 [M]. 北京：外文出版社，2014.

[21] 习近平总书记系列讲话精神学习读本编写组. 习近平总书记系列讲话精神学习读本 [M]. 北京：中共中央党校出版社，2013.

[22] 习近平. 决胜全面建成小康社会夺取新时代中国特色社会主义伟大胜利——在中国共产党第十九次全国代表大会上的报告 [M]. 北京：人民出版社，2017.

[23] 康斯坦丁·德米特里耶维奇·乌申斯基. 人是教育的对象（第1卷）[M]. 李子卓，译. 北京：科学出版社，1959.

[24] 昆体良. 昆体良教育论著选 [M]. 任钟印，译. 北京：人民教育出版社，1989.

[25] 约翰·洛克. 教育漫话 [M]. 傅任敢，译. 北京：人民教育出版社，1989.

[26] 卢梭、爱弥儿 [M]. 李平沤，译. 北京：商务印书馆，1996.

[27] 爱弥儿·涂尔干. 职业伦理与公民道德 [M]. 渠东，付德根，译. 上海：上海人民出版社，2006.

[28] 爱德华·希尔斯. 教师的道与德 [M]. 徐弢，李思凡，姚丹，译. 北京：北京大学出版社，2010.

[29] 教育部人事司. 高等学校教师职业道德修养 [M]. 北京：北京师范大学出版社，2000.

[30] 段文阁，赵昆. 教师职业道德 [M]. 济南：山东人民出版社，2012.

[31] 余玉花. 高校教师职业道德 [M]. 上海：华东师范大学出版社，2013.

[32] 林崇德. 师魂——教师大计　师德为本 [M]. 北京：高等教育出版社，2014.

[33] 朱水萍. 教师伦理：现实样态与未来重构 [M]. 南京：南京大学出版社，2014.

[34] 李旭炎. 立德树人实践论 [M]. 北京：中国文史出版社，2014.

[35] 钱焕琦. 教师职业道德 [M]. 上海：华东师范大学出版社，2015.

[36] 徐廷福. 教师职业道德修养 [M]. 北京：北京师范大学出版社，2015.

[37] 李建华. 高校教师职业道德修养 [M]. 长沙：湖南师范大学出版社，2015.

[38] 王世忠.教师专业化与中小学教师资源配置研究 [M].北京：世界图书出版公司，2011.

[39] 苏霍姆林斯基.给教师的一百条建议 [M].北京：教育科学出版社，2010.

[40] 杨贤金，石凤妍.师德新论——以德治教与师德建设 [M].南京：江苏教育出版社，2006.

[41] 张学强，李爱民.《弟子规》《茶经》解读 [M].天津：天津古籍出版社，2011.

[42] 中共中央文献研究室.十五大以来重要文献选编( 中 )[M].北京:中央文献出版社，2011.

[43] 王豫生.中小学教师读物建设研究 [M].上海：上海人民出版社，2012.

[44] 朱国军.务实、开拓、创新培养专业化教师队伍 [M].上海：学林出版社，2009.

[45] 建党以来重要文献选编（第 15 册）[M].北京：中央文献出版社，2011.

[46] 中共中央文献研究室、中央档案馆.十六大以来重要文献选编（中）[M].北京：中央文献出版社，2006.

[47] 檀传宝.走向新师德——师德现状与教师专业道德建设研究 [M].北京：北京师范大学出版社，2009.

[48] 杨芷英.教师职业道德 [M].北京：高等教育出版社，2007.

[49] 孙学策.教育教学中师德修养案例研究 [M].南京：中国轻工业出版社，2006.

[50] 爱德华·希尔斯.教师的道与德 [M].北京：北京大学出版社，2010.

[51] 张国臣.高校廉洁文化建设理论与实践 [M].北京：人民出版社，2010.

[52] 中国教育部教师资格认定指导中心.教师资格制度的选择与理论建构 [C].第二届教师资格制度国际学术研讨会论文集 [C].北京：北京师范大学出版社，2010.

[53] 李雪.新世纪教师职业道德 [M].北京：开明出版社，2004.

[54] 袁锐锷.教师专业化与高素质教师经验、理论与改革实践 [M].广州：广东高等教育出版社，2007.

[55] 傅维利.师德读本 [M].北京：高等教育出版社，2003.

[56] 中共中央党史研究室.中国共产党的九十年 [M].北京：中共党史出版社、党建读物出版社，2016.

[57] 陈学凤.市场经济条件下教师职业道德建设研究 [D].苏州：苏州大学，2008.

[58] 杨欢.基于"四有教师"的中学教师师德培养研究 [D].重庆：西南大学，2016.

[59] 陈嶝.中学青年教师队伍建设研究 [D].武汉：华中师范大学，2011.

[60] 陈曦.曲靖市中学教师队伍建设探究 [D].昆明：云南师范大学，2015.

[61] 韩裕.中学新教师教学能力发展对策研究 [D].重庆：西南大学，2016.

[62] 魏静园.文化社会学视域下中学教师教育信念的调查研究 [D].锦州：渤海大学，
2018.

[63] 周丽莉.高中生法治意识培养研究 [D].南充：西华师范大学，2016.

[64] 王小光.高中思想政治课对学生批判性思维培养研究 [D].大连：辽宁师范大学，
2012.

[65] 喻婷.增强中学教师师德评价实效的对策研究 [D].上海：华东师范大学，2012.

[66] 高升燕.当前中学教师职业道德现状及对策的研究 [D].呼和浩特：内蒙古师范
大学，2014.

[67] 罗丽君，刘丹，乔德吉，等.以习近平新时代中国特色社会主义教育思想引领
高校师德建设 [J].西藏大学学报（社会科学版），2018,33（1）：12-16.

[68] 张祎.论习近平道德观指导下的高校师德师风建设 [J].潘博师专学报，2018（1）：
68-72.

[69] 刘建军.论师德师风建设的"四个统一" [J].中国高校社会科学，2017（2）：
11-19.

[70] 张森年.习近平师德愿想研究 [J].中国德育，2017（22）：11-16.

[71] 戚如强.习近平师德观遂论 [J].社会主义研究，2018（3）：27-33.

[72] 赵培举.加强师德师风建设  培养高素质教师队伍 [J].中国高等教育，2013（2）：
66-68.

[73] 刘尚明.学习习近平关于高校师德建设的重要思想 [J].广州社会主义学院学报，
2017（4）：91-94.

[74] 韩泽春，王秋生.社会主义核心价值体系视域下的高校师德师风建设 [J].新疆
师范大学学报（哲学社会科学版），2013,34（3）：97-102.

[75] 谢琳.师德建设中出现的问题及其对策研究 [J].学校党建与思想教育，2010（9）：
70-71.

[76] 余扬，薛梅，姜世虎，等.试论加强中小学教师队伍建设的途径 [J].教育探索，
2004（8）：112-114.

[77] 汪明帅，谢赛.基于教师入职标准的教师准入制度：国外的经验与启示 [J].教
育发展研究，2011,31（8）：53-58.

[78] 王志勇.国外教师荣誉制度的特点及借鉴 [J]. 现代中小学教育，2015,31（6）：
    124-126.

[79] 潘莉.国外教育督导制度对我国高职院校教师职业发展的启示 [J]. 职教通讯，
    2014（11）：60-62.

[80] 蒋伯惠.苏联对中小学教师的培养与素质要求 [J]. 师范教育，1987（4）：26.

[81] 周景坤，黎雅婷.国外区分性教师绩效评价制度体系研究 [J]. 高教探索，2017
    （2）：98-104.

[82] 罗晓杰.国内外教师专业发展阶段研究述评 [J]. 教育科学研究，2006（7）：
    53-56.

[83] 程妍涛，顾荣芳.21 世纪以来国内外教师专业发展阶段研究述评 [J]. 教育导刊，
    2017（11）：17-22.

[84] 司宛灵，桑彬彬.国内外教师专业化现状研究综述 [J]. 广西电视大学学报，
    2018,29（6）：48-52.

[85] 陈旭晟.苏联普通学校教师的现状、培训、待遇及对我们的启示 [J]. 外国教育
    研究，1986（1）：46-54.

[86] 康秀云，郗厚军.国外高校师德建设的实践特质、内在逻辑及经验借鉴 [J]. 东
    北师大学报（哲学社会科学版），2016（6）：195-200.

[87] 申国昌，申慧宁.陶行知师范教育思想与实践 [J]. 教师发展研究，2018,2（3）：
    88-94.

[88] 陈宝生.认真学习贯彻全国教育大会精神　开启加快教育现代化、建设教育强
    国新征程 [J]. 中国大学生就业，2018（23）：4-7.

[89] 田文君，刘宝杰.习近平教师队伍建设观初探 [J]. 西安航空学院学报，2018,36（4）：
    10-14.

[90] 邓如涛.师德师风建设探析 [J]. 中学政治教学参考，2018（30）：95-96.

[91] 施洁，贾汇亮.新时代习近平教师队伍建设思想研究 [J]. 广东第二师范学院学报，
    2018，38（4）：7-11.

[92] 崔莹莹.新时期高职高专院校师德师风建设长效机制构建 [J]. 林区教学，2018
    （12）：33-35.

[93] 岳俊冰，杨焱荔.我国师德研究热点分析——基于 CSSCI（2007—2017 年）数
    据 [J]. 教育导刊，2018（11）：18-22.

[94] 邓如涛. 师德师风建设探析 [J]. 中学政治教学参考, 2018 (30): 95-96.

[95] 李宝生. 习近平新时代教师队伍建设思想探究 [J]. 黑龙江教育学院学报, 2018,37 (8): 1-4.

[96] 赵敬春. 习近平教育思想指引新时代教师队伍建设改革步入战略新高度——基于对《中共中央 国务院关于全面深化新时代教师队伍建设改革的意见》的学习理解和认识 [J]. 黑龙江教育学院学报, 2018,37 (9): 1-3.

[97] 徐海, 王晶, 徐峰. 习近平新时代教育思想背景下教师再进修培训的思考 [J]. 教育教学论坛, 2018 (48): 10-13.

[98] 吕妍. 习近平新时代理想信念教育思想的多维解析 [J]. 继续教育研究, 2018 (11): 5-8.

[99] 石国亮. 论习近平总书记关于教育的重要论述——以新时代第一次全国教育大会为重点的分析 [J]. 中国青年社会科学, 2018,37 (6): 8-16.

[100] 毛连军, 成容容. 大学教师文化构建与高校师德建设 [J]. 东南大学学报 (哲学社会科学版), 2005,7 (5): 121-123.

[101] 曹黔英. 刍议加强师德建设的时代意义 [J]. 学校党建与思想教育月刊, 2005 (4): 43-44.

[102] 黄永. 高校教师职业道德建设现状分析与意义 [J]. 黑龙江科技信息, 2010 (1): 1.

[103] 童宗红, 陈健琼. 新形势下高等学校的师德师风建设 [J]. 企业家天地: 下旬刊, 2008 (6): 2.

[104] 宋东颖, 李炎. 浅谈新形势下的高校师风师德建设 [J]. 中国科技信息, 2009 (23): 263-264.

[105] 董爱华. 师德师风建设的起点、重点与切入点 [J]. 高等教育研究 (成都), 2008,25 (2): 3.

[106] 傅昌盛. 师德师风建设现状及对策研究 [J]. 湖州师范学院学报, 2002,24 (4): 4.

[107] 王蓓颖. 21 世纪高校师德建设初探 [J]. 江苏教育学院学报 (社会科学版), 2005,21 (4): 3.

[108] 赵雅芳. "以人为本"促进高校师德师风建设 [J]. 鸡西大学学报 (综合版), 2004,4 (3): 2.

[109] 喻永红, 汪庆春. 大学生对高校师德师风建设的评价研究 [J]. 黑龙江高教研究,

2005（5）：2.

[110] 张国平. 当前高校中青年教师理想信念问题的调查与分析 [J]. 湖南医科大学学报（社会科学版），2001,3（4）：4.

[111] 祝亚荣. 高校党风建设与高校育人目标的融合 [J]. 陕西师范大学学报（哲学社会科学版），2004（S1）：3.

[112] 王有存. 高校教师师德师风建设中存在的问题及对策研究 [J]. 长春教育学院学报，2011（11）：2.

[113] 刘尚新. 高校师德师风建设初论 [J]. 北京林业管理干部学院学报，2006（3）：18-20.

[114] 黄少强. 高校师德师风建设面临的挑战与应对措施 [J]. 莆田学院学报，2008,15（1）：5.

[115] 唐陈绍，甘益甜，谢晓波. 基于学生眼中的高校师德师风状况调查分析 [J]. 时代金融，2011（23）：103-104.

[116] 赵凤琴. 网络文化与高校宣传思想工作 [J]. 北京工业大学学报（社会科学版），2002,2（3）：4.

[117] 程新治. 网络文化对高校师德建设的影响及对策 [J]. 科技创业月刊，2005（5）：39-41.

[118] 肖芳. 论师德建设中的"以人为本"思想 [J]. 湖南师范大学教育科学学报，2005（5）：50-52.

[119] 周介铭. 着力制度建设构建师德建设的长效机制 [J]. 中国高等教育，2005（Z3）：7-8.

[120] 白立娟. 论高校思想政治理论课教师的师德修养 [J]. 改革与开放，2011（10）：162-163.

[121] 张小秋，王立仁. 高校思想政治理论课教师师德诠释 [J]. 思想政治教育研究，2014,30（3）：38-42.

[122] 高林. 师生关系视域下高校思想政治理论课教师师德建设研究 [J]. 学校党建与思想教育，2014（2）：83-84，94.

[123] 田春园. 高校思想政治理论课教师师德师风建设的问题及对策研究 [J]. 教育与职业，2011（15）：77-79.

[124] 蔡娟. 论社会主义核心价值体系与思想政治理论课教师师德建设 [J]. 黑龙江高

教研究，2012,30（4）：76-78.

[125] 曲澎.高校思想政治理论课教师师德的思考[J].思想政治教育研究，2006（4）：73-74.

[126] 孙登敏.略论高校思想政治理论课教师师德建设[J].学校党建与思想教育，2005（7）：66-67.

[127] 贾秀莲.对高职院校思想政治理论课教师师德建设的研究[J].教育与职业，2005（15）：52-53.

[128] 呼艳芳.高校思想政治理论课教师师德建设的现状及对策[J].教育与职业，2015（6）：83-85.

[129] 刘卫平.论高校思想政治理论课教师师德的自觉提升[J].思想政治教育，2016,32（4）：101-104.

[130] 张煜.论师风师德建设在高校思想政治理论课中的重要性[J].学校党建与思想教育，2014（15）：84-86.

[131] 林金辉.高校思想政治理论课教师师德建设的问题及对策[J].湖北财经高等专科学校学报，2012,24（1）：79-81.

[132] 张雷声.试论思想政治理论课教师的素质构成[J].思想理论教育导刊，2006（2）：22-28.

[133] 施群丽.高校思想政治理论课教师职业道德内涵浅探[J].新课程（下），2011（4）：34-35.

[134] 陈志娟，王敏.高校思想政治理论课教师师德师风建设的思考[J].才智，2016（31）：170.

[135] 冯海伦，王霞娟.略论高校思想政治理论课教师师德建设[J].山西高等学校社会科学学报，2016,28（1）：97-100.

[136] 曹莉莉.高校思想政治理论课教师专业道德建设研究[J].六盘水师范学院学报，2016,28（3）：72-75.

[137] 林美群.社会主义核心价值观引领下的高校思想政治理论课教师师德建设[J].湖北函授大学学报，2017,30（21）：40-41,45.

[138] 胡海德.论教育和自我教育[J].华东师范大学学报（教育科学版），1998（4）：17-24.

[139] 张红专.加强师德建设的系统思考[J].湖南社会科学，2008（4）：165-168.

[140] 娄淑华，马超．大学生思想政治理论课和谐师生关系的生成路径 [J]. 西北师大
学报（社会科学版），2017,54（4）：89-96.

[141] 王耀媛．高校教师在"思想道德修养与法律基础课"教学中提升个人魅力的途
径和方法 [J]. 湖北广播电视大学学报，2012,32（5）：42-43.

[142] 彭建国，李彤．增强高校思想政治教育吸引力问题研究的回顾与展望 [J]. 思想
政治教育研究，2011（3）：107-110.

[143] 梁舒鹃．浅谈高校"两课"教师的师德情操及其培育 [J]. 科教文汇，2013（2）：
31-32.

[144] 杨志超．加强青年教师思想政治工作的现实思考 [J]. 思想理论教育导刊，2015
（3）：120-123.

[145] 薛峰，李彦杰．从失范到示范：新时代教师师德建设审思 [J]. 黑龙江高教研究，
2019（12）：89-92.

[146] 张晓能．新时期师德师风建设的路径 [J]. 中学政治教学参考，2019（30）：14.

[147] 戚如强．习近平师德观述论 [J]. 社会主义研究，2018（3）：27-33.

[148] 徐志雄，孟德秋．把学校党建工作做实做新——上海市大同中学党总支书记徐
志雄访谈录 [J]. 思想·理论·教育，2002（11）：55-56.

[149] 刘兰英，田金宝．用科学发展观指导普通中学党建工作 [J]. 学校党建与思想教
育，2010（6）：8-9.

[150] 徐颖．把握师德内涵 构建师德建设长效机制 [J]. 教学与管理，2010（6）：37-
38.

[151] 王红，张云婷．以德育德：新时代师德师风建设的初心、路径与保障 [J]. 中小
学德育，2020（1）：7-12.

[152] 刘兴华，黄利军，刘思静．新时期教师党员党性修养与师德师风建设研究 [J].
教育教学论坛，2017（15）：26-27.

[153] 周波．试析新时期师德师风建设的有效途径 [J]. 科技咨询导报，2007（2）：
246.

[154] 林琳．论新时期中小学教师的师德师风建设 [J]. 科学咨询（教育科研），2019
（9）：98.

[155] 傅维利，朱宁波．试论我国教师职业道德规范的基本体系和内容 [J]. 中国教育
学刊，2003（2）：55-59.

[156] 刘兴友，赫兴无. 论新时代高校师德师风建设长效机制的构建 [J]. 新乡学院学报，2021,38（4）：74-76.

[157] 张希昌. 加强师德师风建设切实提高教师队伍素质 [J]. 长春教育学院学报，2020,36（12）：70-74.

[158] 刘月. 高校师德师风建设的问题与对策 [J]. 船舶职业教育，2021,9（1）：64-66.

[159] 习近平. 决胜全面建成小康社会夺取新时代中国特色社会主义伟大胜利——在中国共产党第十九次全国代表大会上的报告 [N]. 人民日报，2017-10-28（1）.

[160] 姜虹羽，熊旭. 坚持把教师队伍建设作为基础性工作 [N]. 中国教育报，2018-09-21（10）.

[161] 习近平. 在文艺工作座谈会上的讲话 [N]. 人民日报，2015-10-15（002）.

[162] 习近平. 在中央党校建校 80 周年庆祝大会暨 2013 年春季学期开学典礼上的讲话 [N]. 人民日报，2013-03-03（002）.

[163] 习近平. 做党和人民满意的好老师——同北京师范大学师生代表座谈时的讲话 [N]. 人民日报，2014-09-10（1）.

[164] 朱永新. 好教师是民族的希望——深入学习习近平总书记教育思想 [N]. 中国报，2017-09-07（001）.

[165] 习近平. 习近平总书记给"国培计划（2014）"北师大贵州研修班参训教师的回信 [N]. 人民日报，2015-09-10（001）.

[166] 田学军. 认真学习贯彻全国教育大会精神 努力开创教育改革发展新局面 [N]. 中国教育报，2018-10-25（1）.

[167] 习近平. 把思想政治工作贯穿教育教学全过程 [N]. 人民日报，2016-12-09（10）.

[168] 习近平. 在同各界优秀青年代表座谈时的讲话 [N]. 人民日报，2013-05-05（002）.

[169] 习近平. 在同全国劳动模范代表座谈时的讲话 [N]. 人民日报，2013-04-29（002）.

[170] 习近平. 努力培养出更多更好的人才——习近平总书记在北京市八一学校考察时的讲话引起热烈反响 [N]. 人民日报，2016-09-11（1）.

[171] 习近平. 致中国人民大学建校 80 周年的贺信 [N]. 人民日报，2017-10-04（1）.

[172] 习近平. 全面贯彻落实党的教育方针努力把我国基础教育越办越好 [N]. 光明日报，2016-09-10（1）.

[173] 习近平. 在北京大学师生座谈会上的讲话 [N]. 光明日报，2018-05-03（2）.

[174] 习近平 . 在纪念马克思诞辰 200 周年大会上的讲话 [N]. 光明日报，2018–05–05
（2）.

[175] 习近平 . 深入开展学习宣传道德模范活动　为实现中国梦凝聚有力道德支撑
[N]. 光明日报，2013–09–27（1）.

[176] LOUZSE AVDERSON.International encycloped of teaching and teacher education[M].
New York：Bergamo,1995.

[177] MAYE DZEZ.Looking back and moving forward：three tensions in teacher dispos
itions discourse[J].Journal of teacher education,2007（5）：388–396.

[178] ELIZABETH CAMPBELL.The ethics of teaching as a moral profession[J].Curriculum
inquiry,2008,38（4）：111–115.

[179] GOODLAD J I ,SODER R ,SIROTNZK K A .The moral dimensions of teaching[M].San
Francisco：Jossey–Bass,1990.

[180] STRZKE K A ,SOLTLS J F .The ethics of teaching[M].New York：Teachers College
Press,1992.

[181] RICHARDSON V , GDFENSTER MACHER.Mannerin teaching：the study in four
parts[J].Journal of curriculum studies,2001，33（6）：12–15.

[182] BRYAN R WARNLCK, SARAH K SILVER MAN.A framework for professional ethics
courses in teacher education[J].Journal of teacher education,2015，62（3）:23–30.

# 后　记

　　我在为博士论文开题查阅检索资料期间，对高校师德师风这一课题进行了关注。针对当前党和国家对高校教师队伍的高度重视以及教师队伍本身应承担的工作使命，结合自己在高校工作的实际，对搜集到的资料和日常思考的关于师德师风建设的一些问题进行梳理提炼、升华反思，形成了这本小书。

　　时光荏苒，春秋流逝。从 2011 年 7 月硕士毕业，参加工作已 11 年有余。曾经在学生时代，我对于自己的职业生涯有过许多设想、规划和憧憬。但当一名老师，而且是在高校当老师，从来都没有在我的职业备选选项中存在过。可就是从来没有预测过的可能，偏偏还成了现实。但细细想想，可能早已是命中注定。

　　我来自一个"教师世家"，父亲、大姐、大姐夫、二姐都是教师。我的父亲与共和国同龄，是村里第一批初中毕业生，也是当时村里绝对的"高知分子"。毕业正好赶上"文革"，求学的脚步被迫终止。后来村里小学急需任课教师，就这样被选拔进入了村办小学任教。父亲从教 36 年，先后担任小学数学老师、语文老师、音乐老师，还做过幼儿园和小学的校长。自我年幼记事起，就记得父亲在学校工作的场景。

　　大姐、大姐夫、二姐都是非常优秀的教师，无论是班级成绩，还是学生评价，都是学校中的佼佼者。大姐任教的班级，年终考试成绩一直位居全县前列。大姐夫任教班级的体育成绩，多年保持全县最高体育成绩纪录。二姐是幼儿园老师，兢兢业业，热爱岗位，默默奉献。

　　就像习近平总书记提出的，一个人遇到好老师是人生的幸运。我的学生时代，最大的幸运就是遇到的每一位老师都是真心关爱学生、认真教育学生的好老师。每一位老师都给我留下了深刻的印象，他们教给我知识，教给我做人的道理，让我受益无穷。虽求学多年，很多老师联系较少，但每每想起一帧帧、一幕幕的画面，仍心存感念。虽然当初有的老师管理严苛，但现在想想，都是作为老师的职责所在。特别是大学期间，我遇到了很多至亲至爱的老师，他们在学习、工作、生活等方面都给予了我极大的鼓励和帮助。

随着入职高校，我对教师队伍和师德建设的重要性认识更加深刻。特别是认真学习了习近平总书记关于教师队伍发展的系列重要论述后，对师德师风建设有了更加全面的理解和认识。教育是提高人民综合素质、促进人的全面发展的重要途径，是民族振兴、社会进步的重要基石，是对中华民族伟大复兴具有决定性意义的事业。教师是人类历史上最古老的职业之一，也是最伟大、最神圣的职业之一。人们常说："教师是太阳底下最崇高的职业。"自古以来，中华民族就有尊师重教、崇智尚学的优良传统，正所谓"国将兴，必贵师而重傅；贵师而重傅，则法度存"。在古代，孔子被推崇为"大成至圣先师"，被誉为"万世师表"。在中华民族5000多年文明发展史中，英雄辈出，大师荟萃，都与一代又一代教师的辛勤耕耘分不开。

邓小平同志曾经指出："一个学校能不能为社会主义建设培养合格的人才，培养德智体全面发展、有社会主义觉悟的有文化的劳动者，关键在教师。"教师重要，就在于教师的工作是塑造灵魂、塑造生命、塑造人的工作。一个人遇到好老师是人生的幸运，一个学校拥有好老师是学校的光荣，一个民族源源不断涌现出一批又一批好老师则是民族的希望。国家繁荣、民族振兴、教育发展，需要我们大力培养造就一支师德高尚、业务精湛、结构合理、充满活力的高素质专业化教师队伍，需要涌现一批批好老师。

陶行知先生说，教师是"千教万教，教人求真"，学生是"千学万学，学做真人"。老师肩负着培养下一代的重要责任。正确的理想信念是教书育人、播种未来的指路明灯。不能想象一个没有正确理想信念的人能够成为好老师。唐代韩愈说："师者，所以传道授业解惑也。""传道"是第一位的。一个老师，如果只知道"授业""解惑"而不"传道"，不能说这个老师是完全称职的，充其量只能是"经师""句读之师"，而非"人师"。古人云："经师易求，人师难得。"一个优秀的老师，应该是"经师"和"人师"的统一，既要精于"授业""解惑"，也要以"传道"为责任和使命。好老师心中要有国家和民族，要明确意识到肩负的国家使命和社会责任。

河北师范大学作为培养老师的学校，加强师德师风建设意义更加重大。

撰写此书，既是为加强师德师风建设提供一些参考，也是总结高校师德师风建设的理论积淀和实践成果，让健康的师德蔚然成风，让尊师重教更加深入人心。

感谢河北师范大学各位领导的关心和支持，感谢学校办公室的领导和同事们的帮助与关心，大家以不同的方式支持我写作，铭记感恩。感谢党委教师工作部的各位领导和同志们为本书写作提供的案例资料。感谢晏梁学智中心、顶岗支教指导中心的资料支持。

岁值不惑，又逢艰难之期，生活艰辛，但更需勇毅向前。工作中经常加班加点，陪伴家人的时间就更显珍贵，所幸孩子健康成长，长辈平安顺遂，幸莫大焉。

由于时间匆忙，尤其能力所限，此书定有许多不周、不妥之处，有些观点也不一定妥当，敬请指正。

张保同

2022 年 2 月 25 日